운명을 건 머니 파워게임의 진실
화폐전쟁 3.0

New and accurate Mappe of the World, drawne

― 운명을 건 머니 파워게임의 진실 ―

화폐전쟁 3.0

CURRENCY WAR 3.0

윤채현 한국시장경제연구소 소장

[머리말]

미래 화폐전쟁에서
승리하려면

2010년 초 미국 조지아주 애틀랜타에서 미국경제학회 연례총회가 열렸다. 참석자는 2008년 노벨경제학상 수상자 폴 크루그먼 프린스턴 대학 교수, 2001년 노벨경제학상 수상자 조셉 스티글리츠 컬럼비아대학 교수, 'S&P 케이스실러 지수' 개발자 로버트 실러 예일대학 교수, 토머스 서전트 뉴욕대학 교수 등이다. 토의 주제는 '경제학자들은 왜 2008년 미국발 금융위기를 예측하지 못했나?'였다.

당시 폴 크루그먼 교수는 "대부분의 경제학자들이 미국의 금융시스템이 얼마나 허약한지 이해하지 못했고, 금융시스템 붕괴의 심각성을 포착하지 못했고, 위기 대응도 제대로 하지 못했다."라고 말하며 경제학자들의 총체적인 문제점을 지적했다. 또한 그는 "금융위기 이후 오바마 대통령의 사상 최대 규모 경기부양책에 대해서도 경제학자들은 부작용을 초래하는 정책이라고 비난했지만, 이 논리는 80년 된 경제이론의 오류다."라고 지적했다.

조셉 스티글리츠 교수는 "경제활동 참가자들이 합리적으로 행동하고, 금융시장이 경쟁적이고 효율적일 것이라는 경제이론의 전제가 오류다."라며, "경제 주체들의 현실적인 행동에 근거한 새로운 경제이론을 만들어야 한다."라고 주장했다. 나아가 그는 "보이지 않는 손은 보이지 않는 것이 아니라 아예 없는 것일 수 있다."라고 말하며 애덤 스미스의 기본 전제를 정면으로 비판했다.

이뿐만이 아니다. 화폐현상에 대한 연구실적을 인정받아 노벨경제학상을 수상한 밀턴 프리드먼의 '화폐경제 이론'도 오늘날 화폐와 실물경제 현상을 제대로 설명하지 못하고 있다. 경제는 화폐부문과 실물부문이 상호작용하면서 성장, 발전하기 때문이다.

오늘날 세계 주요 국가들은 통화 및 금융정책을 이용해 경제성장을 도모하고, 경상수지 적자 및 재정적자 문제를 해결하고 있다. 그리고 이들 국가의 공격적이고 방어적인 화폐정책(통화, 금융, 외환정책) 때문에 화폐전쟁이 벌어지기도 한다. 이는 경제활동 참여자들 모두 화폐정책의 성격을 이해하지 못하면 경제성장률 전망에 실패하고, 주식시장, 부동산시장, 채권시장 및 원자재 시장에서 실패할 수밖에 없음을 의미한다. 그렇지만 대부분의 경제활동 참여자들은 이러한 화폐경제학 이론의 오류를 알지 못하고, 환율결정원리를 오해한 나머지 시의적절한 대응을 하지 못하고 있다.

　이 책은 경제활동 참여자들이 화폐와 실물경제 및 금융시장 관계에 대한 이해부족 때문에 경제활동에 실패하지 않도록 하는 데 목적이 있다. 그래서 화폐경제학 이론의 모순을 구체적으로 지적했고, 화폐전쟁을 피할 수 없게 된 경제 환경변화를 기술했다. 나아가 화폐전쟁은 실물경제는 물론, 주식시장, 채권시장, 부동산시장, 원자재시장 전반에 걸쳐 영향을 주기 때문에, 정책 당국자와 기업, 가계와 재테크시장 참여자들이 어떻게 대응해야 피해를 줄일 수 있고, 수익을 극대화할 수 있는지에 대해서도 기술했다. 또한, 지난 30년 동안의 중요한 화폐전쟁 사례를 분석함으로써 경제활동 참여자들이 미래의 화폐전쟁에서 승리할 수 있는 길을 모색했다. 이와 함께 거품발생 초기 국면 및 거품붕괴 초기 국면 여부를 판단할 수 있는 정보해석 방법도 다뤘다.

　학문은 보편타당성이 있어야 학문으로서 가치를 인정받을 수 있다. 따라서 화폐경제학도 화폐 현상과 실물경제 관계를 보편적으로 설명할 수 있어야 한다. 하지만 기존의 화폐경제이론은 50~100년 전 화폐경제 현상을 설명하고 있어서 현실성이 결여됐다. 그러나 이 책은 오늘날의 화폐경제 현상을 설명하고 있어서 경제학을 공부하는 학생들과 금융회사 종사자, 재테크시장 참여자들에게 많은 도움이 될 것이다.

[시작하기 전에] — 이 책이 《화폐전쟁》과 다른 점 20가지

《화폐전쟁》vs《화폐전쟁3.0》

1 쑹훙빙은 '화폐전쟁'을 정치가와 금융재벌의 음모로 설명한다.

화폐는 인간이 필요로 하는 재화와 서비스를 교환하기 위해 발명된 것이다. 그리고 화폐제도는 편리성과 비용절감, 경제성장 및 고용창출에 기여하는 방향으로 발전해왔다. 다만, 정치가들이 이용할 뿐이다.

2 쑹훙빙은 중앙은행이 모든 국채를 인수하는 것처럼 얘기한다.

중앙은행이 국채를 인수하는 양은 많지 않다. 대부분 기존에 발행한 본원통화량에 기초하여 인수한다.

3 쑹훙빙은 미국 중앙은행을 민간이 소유하기 때문에 달러가 남발된다고 주장한다.

화폐는 재화 및 서비스의 교환수단이라는 점에서 미국의 통화량은 다른 나라보다 엄격하게 관리되고 있다. 다만, 2008년 리먼 사태 이후 큰 폭으로 증가한 것은 부인할 수 없다. 그러나 기축통화인 달러로 결제되는 전 세계 GDP와 비교해보면 다른 나라보다 통화량이 상대적으로 적다.

4 쑹훙빙은 미국이 달러의 수요 증대와 금에 대한 달러가치 하락을 막기 위해 중동전쟁을 일으켰다고 주장한다.

전쟁이 일어나면 금값이 상승하기 때문에 금에 대한 달러가치는 오히려 하락할 수밖에 없다. 그리고 전쟁으로 유가가 상승하면 전 세계경제가 충격을 받기 때문에 달러의 수요는 감소한다.

5 쑹훙빙은 종이화폐가 인플레이션의 주범이라고 주장하면서 금을 화폐로 사용해야 한다고 주장한다.

금을 화폐로 사용하면 생산량 부족 문제가 발생한다. 만약 이를 해결하기 위해 금화에 새겨진 숫자를 높인다면 종이화폐를 남발하는 것과 같다. 따라서 금이 화폐로 사용되더라도 물가는 상승할 수 있다.

6 쑹훙빙은 역사적인 금융위기를 음모론으로 설명한다.

주가하락 요인은 환율상승(통화가치 하락) 요인이기 때문에 국제 투기성 자본은 위험관리를 할 수밖에 없다.

7 쑹훙빙은 본원통화량만 보고 통화량이 증가하면 인플레이션이 발생한다고 주장한다.

본원통화량이 증가하더라도 화폐유통속도가 둔화되면 통화량과 물가의 관계는 불확실해진다. 그리고 본원통화량이 감소하더라도 소비자물가는 상승할 수 있다.

8 쑹훙빙은 중국 위안화가 달러를 대체할 수 있는 기축통화라고 주장한다.
위안화는 기축통화가 갖추어야 할 요건을 제대로 충족하지 못하고 있다. 위안화가 기축통화가 되려면 많은 시간이 걸릴 것이고, 기축통화가 된다 해도 달러 못지않은 부작용이 발생할 것이다.

9 쑹훙빙은 한국의 외환위기를 국제 금융재벌의 음모라고 주장한다.
국제 투기성 자본 입장에서 보면 당시의 한국은 음모의 실익이 없었다. 그들은 환율과 실물경제, 금융시장과의 관계를 이용했을 뿐이다.

10 쑹훙빙은 은행이 대출금리를 인하해 거품발생을 유도한 다음, 거품이 발생하면 다시 대출금리를 인상하는 방법으로 고객의 재산을 착취한다고 설명한다.
오늘날 은행이 이런 방법을 쓴다면 고객과 함께 망할 수밖에 없다. 실제로 은행은 경기불황기에 대출금리를 인상하지 않고 오히려 인하하고 있다.

11 쑹훙빙은 경기불황기에 은행이 대출금을 회수한다고 주장한다.
대출금을 회수하는 대신 오히려 늘린다. 담보물로 잡은 부동산을 처분하기가 어렵기 때문이다.

12 쑹훙빙은 은행만이 신용을 창출한다고 설명한다.
기업과 가계도 신용을 창출할 수 있다.

13 쑹훙빙은 1985년 미국이 일본을 공격한 것도 음모론으로 설명한다.

국제 투기성 자본은 환율과 실물경제, 금융시장과의 상호관계를 이용했을 뿐이다. 투자원금을 회수하는 데 150년이나 걸리는 주식시장에 투자하도록 유도한 일본의 증권전문가들이 오히려 음모세력이라고 할 수 있다.

14 쑹훙빙은 2008년의 글로벌 금융위기도 금융재벌의 음모라고 주장한다.

음모세력으로 지목된 금융재벌이 부도가 났다는 점에서 설득력이 없다. 일본 엔화 차입으로 거품발생을 유도할 경우, 거품이 붕괴되는 과정에서 음모세력도 희생될 수밖에 없다.

15 쑹훙빙은 화폐를 남발하면 통화가치가 떨어진다고 설명한다.

통화증발의 목적에 따라 통화가치가 안정될 수도 있고, 안 될 수도 있다. 미국은 중장기적으로 달러의 기축통화 지위를 유지하기 위해, 화폐전쟁에서 승리하기 위해 통화량을 늘리고 있다.

16 쑹훙빙은 미국의 통화정책을 음모론으로 해석한다.

미국은 외환정책으로 경제를 회복시키려 하고 있다.

17 쑹훙빙은 기축통화 이동이 해당 국가의 경제성장에 기여하는 점을 간과했다.

기축통화의 이동은 해당 국가의 경제성장과 기술발전에 기여하고, 나아가 세계경제 성장에도 기여한다. 그리고 국제 투기성 자본의 거품붕괴 전략은 거품이 지나치게 발생하는 것을 막아주는 효과도 있다.

18 쑹훙빙은 자본이 국가 간에 이동하는 원리를 설명하지 못했다.
국제 투기성 자본은 환율결정원리를 중시하는 방법으로 접근한다.

19 쑹훙빙은 거품발생과 붕괴를 국제 투기성 자본의 음모로 설명한다.
투기성 재화시장의 가격결정원리상 거품발생과 거품붕괴는 반복될 수밖에 없다.

20 쑹훙빙은 국회의원과 정치지도자의 주장을 음모론의 근거로 제시한다.
정치가들의 정치적 발언보다는 통계가 훨씬 믿을 만한 근거가 된다.

CONTENTS

머리말 **미래 화폐전쟁에서 승리하려면** 4
시작하기 전에 **《화폐전쟁》vs《화폐전쟁3.0》** 7

1장 화폐전쟁은 피할 수 없다

인간의 화폐가치 보전심리 21
대외의존도가 높아진 세계경제 25
절대우위 시대로의 이행 28
무역은 기축통화 확보 전쟁 31
자본의 국제화 35
국제 투기성 자본의 투자 전략 41

【화폐전쟁 깊이 읽기 1 — 화폐의 발달 과정】
화폐제도의 진화 과정 45
금이 화폐가 될 수 없는 이유 50
유동성 정도에 따른 화폐의 구분 53

2장 화폐전쟁의 과거와 미래

더욱 복잡해진 화폐전쟁 59
1970~2010년까지의 화폐전쟁 63
변동환율제도와 미국의 금 태환정지 선언 63
1985년 프라자 합의와 화폐전쟁 68
1990년 일본의 자산시장 거품붕괴 71
1997년 아시아 외환위기에 대한 오해 76
1998년 국제 투기성 자본의 일본 엔화 공격 81
2000년 닷컴시장의 붕괴 84

【화폐전쟁 깊이 읽기 2 — 자본의 이동과 화폐전쟁】
국제간 자본이동과 화폐전쟁 88
자본의 이동에 따른 양극화 90

2009년 이후의 화폐전쟁 94
세계경제와 외환시장 환경의 변화 94
달러 패권시대 지속 96
미국의 위안화 평가절상 요구 101
원자재시장과 금시장의 부상 104
가장 큰 화폐전쟁터로 떠오르는 중국 109
향후 국제 투기성 자본의 전략 113
대형 은행도 파산하는 화폐전쟁 시대 115

【화폐전쟁 깊이 읽기 3 — 기존 화폐경제학의 오류】
본원통화량과 소비자물가의 관계 **121**
기업과 가계의 신용창출 **130**
통화량과 경상수지의 관계 **133**

국제 투기성 자본의 공격 목표는 재테크시장 137
국제 투기성 자본의 공격유형1: 정보의 과장과 왜곡 **138**
국제 투기성 자본의 공격유형2: 연환계連環計 **144**
국제 투기성 자본의 공격유형3: 현물과 파생상품 동시 공격 **147**
국제 투기성 자본의 공격유형4: 부동산시장 공격 **149**

3장 화폐전쟁의 승패는 정보분석에 달려 있다

정보분석 실패로 화폐전쟁에서 패한 사례 155
어빙 피셔 교수의 오판 **155**
2008년 미국발 금융위기에서 오판 **157**
2009년 경제위기 극복 과정에서 오판 **162**
다수결은 통하지 않는다 **168**
2008년 이후 외환시장 전망 실패 **170**

【화폐전쟁 깊이 읽기 4 — 통화량 증가에 대한 오해】
경제성장률 전망 실패의 원인 174
통화량과 정부의 부채 관계 178

아는 것이 힘이다 183
중국의 경제위기 가능성 183
글로벌 금융위기에 대한 음모론 187
화폐전쟁 시대의 진정한 음모세력 190
도깨비방망이 변동환율제도 191
3~5년을 주기로 반복되는 거품발생과 거품붕괴 193
은행의 거품생성과 거품붕괴 전략 196
화폐개혁이 실패할 수밖에 없는 이유 200

【화폐전쟁 깊이 읽기 5 — 화폐수량방정식 제대로 이해하기】
화폐수량방정식 거꾸로 이해하기 204
출구전략과 화폐수량방정식 209
화폐수량방정식은 왜 성립하지 않나? 212

정보에 대한 판단능력을 향상시켜라 215
투기성 재화의 가격결정원리를 이해하라 215
서로 반대되는 주장을 비교하라 219
재테크시장의 환경 변화를 읽어라 221
정부 정책의 성공 여부를 판단하라 224
정보와 지식의 사각지대를 없애라 227
상상력을 키워라 234

4장 화폐전쟁을 이용하는 미국의 경기 회복 전략

미국은 채권시장의 거품붕괴를 어떻게 막을 것인가? 241
기축통화 지위를 이용하는 전략 246
일본 등 선진국 경제를 이용하는 전략 250
중국과 중남미 경제를 이용하는 전략 254
외환정책을 통한 위기극복 전략 258
대체에너지 분야에서 미래 성장 동력 찾기 261

【화폐전쟁 깊이 읽기 6 ― 달러 기축통화 질서에 대한 도전】
기축통화 질서 도전에 대한 미국의 응전 264
달러 붕괴와 유로화 붕괴 시나리오 269
위안화의 기축통화 요건 273

5장 화폐전쟁의 화약고 대한민국

1997년, 2000년, 2008년, 그 다음은? 279
가계발 금융위기 가능성 283
부동산발 금융위기 가능성 288
중소기업 붕괴로 인한 금융위기 가능성 293
해외 악재로 인한 금융위기 가능성 297

【화폐전쟁 깊이 읽기 7 — 정부 정책을 이용하는 화폐전쟁】
경제정책을 이용하는 화폐전쟁 302
금융정책을 이용하는 화폐전쟁 305
정부의 경기불황 극복 전략은 화폐전쟁의 시작 308

6장 위기를 기회로 바꾸는 지혜

경기불황 때 부자가 된 사람들 315
유비무환有備無患 319
위기는 곧 기회다 323
때를 살펴라 326
지형지물을 이용해라 329
스스로에게 질문하라 331

【화폐전쟁 깊이 읽기 8 — 거품발생과 붕괴의 반복】
거품발생과 거품붕괴 반복의 원인 335
재정위기 극복 전략과 부작용 339

맺음말 **최근 환율전쟁이 실물경제에 미치는 영향** 342

New and accurate Mappe of the World, drawne

1장
화폐전쟁은 피할 수 없다

대부분의 사람들은 화폐전쟁을 자신과는 무관하다고 생각한다. 그러나 환율 수준에 따라 정부의 경상수지가 달라지고, 상장기업의 매출액과 당기순이익이 달라지고, 가계의 실질 소득이 달라지기 때문에 무관하다고 할 수 없다. 또한 인간의 화폐가치 보전심리와 대외의존도가 높은 산업구조, 기축통화 시스템도 우리가 화폐전쟁을 피해갈 수 없는 경제 환경이다.

인간의 화폐가치
보전심리

　인간이 필요로 하는 것은 궁극적으로 돈이 아니다. 생활에 필요한 재화와 서비스이다. 살기 위해 먹어야 하고, 추위를 극복하고 멋을 내기 위해 옷을 입어야 하며, 잠을 잘 수 있는 집도 필요하다. 문제는 대부분의 재화는 정도의 차이만 있을 뿐 희소하다는 것이다. 그렇기 때문에 인구가 증가하고 소득수준이 높아질수록 수요가 증가하면서 가격은 점차 상승한다. 희소가치가 증가할수록 돈의 쏠림 현상까지 나타나 가격이 큰 폭으로 상승하기도 한다. 금값이 다른 재화보다 매우 높은 이유도 매장량은 한정되어 있지만 수요자가 많기 때문이다. 골동품이나 유명 예술가의 작품이 천문학적인 금액으로 거래되는 이유도 찾는 사람은 많은데 희귀하기 때문이다.
　그래서 돈을 현금으로 보관하고 있으면 화폐가치를 보전할 수 없게 된다. 원자재가 부족한 국가들이 원자재 사재기를 하는 배경도 화폐가치를 보전하기 위한 것이고, 보통 사람들이 주택가격 상승 국면에서 은행 차입을 통해 공격적으로 주택에 투자하는 것도 화폐가치 보전심리 때문이다. 화폐가치 보전심리 때문에 가격이 하락하는 반대의 경우도 있다. 주택은 가격이 상승할수록 건설업체가 공급량을 늘리기 때문에 희소가치가 감소하면서 가격이 떨어지게 된다. 심할 땐 거래가 실종되면서 가격이 예상보다 큰 폭으로 하락하기도 한다.

은행예금 금리보다 주택이나 생활필수품 가격이 빠르게 상승하면 재테크시장 참여자들은 화폐가치를 보전할 수 없게 된다. 이에 따라 여유자금을 주식에 투자하거나 대출을 통해 주택을 구입하는 방법으로 화폐가치 보전 내지는 재산증식을 추구한다. 그러나 보유하고 있는 주식이나 부동산의 가격이 예상과 달리 하락할 경우, 오히려 화폐가치 보전을 못하게 된다.

투기성 재화시장*에서 거품발생과 거품붕괴가 반복되는 이유도 재테크시장 참여자들의 이러한 화폐가치 보전심리와 관계가 있다. 화폐가치 보전을 위해서 부동산이나 주식가격이 상승하면 추격매수하고, 큰 폭으로 하락하기 시작하면 추격매도하기 때문에 거품생성과 거품붕괴가 반복되고 있다.

---

* 투기성 재화시장이란 가격 변동이 크기 때문에 기대수익률도 높지만, 예상손실도 큰 주식, 부동산, 원자재시장 등을 말한다.

인간의 화폐가치 보전심리를 역으로 이용하는 집단도 있다. 증권시장, 부동산시장, 원자재시장, 외환시장 이해관계자들이 대표적이다. 이들은 호재는 침소봉대하고 악재는 숨기는 방법으로 주가지수와 부동산가격 상승을 유도한다. 특히, 외환시장 이해관계자들은 악재를 확산하는 방법으로 환율상승을 유도하는 경향이 있다. 원자재시장 이해관계자들은 생활필수품 성격이 강한 재화의 원자재를 사재기하는 방법으로 거품발생을 유도한다.

하지만 아무리 희소가치가 큰 재화라고 하더라도 가격이 끝없이 상승할 수는 없다. 가격이 지나치게 상승하면 해당 재화를 소비하기가 어려워지기 때문이다. 이에 따라 국제 투기성 자본은 화폐가치 보전을 위해 주식이나 채권, 원자재를 가격이 낮을 때 매수해 큰 폭의 가격 상승을 유도한다. 그리고 어느 정도 시간이 되면 이를 공격적으로 매도해서 수익률 극대화를 추구한다.

그리고 투기성 재화시장에는 승자가 있다면 반드시 패자가 있기 마련이다. 더구나 은행 차입을 통해 투기성 재화시장에 참여한 사람들은 부동산과 주가지수가 취득 가격보다 큰 폭으로 하락할 경우, 은행 부채만 남고 본인의 재산을 모두 잃어 중산층에서 저소득층으로 전락하기도 한다. 1990년대 이후 일본경제가 15년 이상 회복되지 못한 것과 2008년 이후 미국경제 성장률이 크게 둔화된 것도 금융회사와 중산층 다수가 화폐전쟁에서 실패했기 때문이다.

인간은 화폐가치 보전심리 때문에 물가가 은행예금 금리 이상으로 상승할 것 같으면 가격 상승이 예상되는 생활필수품을 구입하거나, 주식, 부동산, 원자재에 투자해서 화폐가치를 보전하려고 한다. 그러나 인간은 누구도 미래를 정확하게 예측할 수 없다. 더구나 화폐가치 보전심리를 역으로 이용하는 이해관계자들 때문에 오히려 화폐가치를 보전하지 못하기도 한다. 즉, 누군가가 화폐가치를 보전하면 거래의 상대방인 다른 사람은 화폐가치를 보전하지 못하기 때문에 화폐전쟁은 피할 수가 없는 것이다.

대외의존도가 높아진
세계경제

    2008년 기준으로 전 세계 GDP 규모는 54조 달러이고, 수출과 수입을 합한 무역 총계는 32조 달러이다. 이는 국가경제의 대외의존도가 GDP에서 60%를 차지한다는 얘기다. 한국은 이보다 훨씬 높은 92%인데, 원자재를 수입, 가공해서 수출하는 산업구조 때문이다.

    원자재를 수입하는 국가는 가능한 낮은 가격으로 원자재를 수입해서 제품을 만들고, 가능한 비싼 가격으로 수출해야 지속적으로 성장할 수 있다. 만약 원자재가격이 상승하면 생산원가가 상승해서 경쟁력이 약화된다. 반대로 원자재를 생산하는 국가는 더 높은 가격으로 원자재를 수출하고, 수입품은 더 낮은 가격으로 매수해야 지속적으로 성장할 수 있다. 이처럼 원자재를 수출하는 국가와 완성품을 수출하는 국가는 서로의 이해가 충돌할 수밖에 없다. 이는 한 국가 안에 있는 회사들도 마찬가지다. 특정 기업이 생산한 제품이 많이 팔리면 경쟁회사가 생산한 물건은 판매량이 감소하기 때문이다.

그래서 국제 투기성 자본은 원자재가격 등락을 유도하는 방법으로 수익률을 추구하기도 한다. 원자재가격이 부담하기 어려운 수준까지 상승하면 원자재를 수입하는 국가의 경제는 성장률이 둔화되면서 경상수지가 악화되고, 이에 따라 자산시장의 거품이 붕괴된다. 증권시장도 마찬가지다. 주식과 채권가격은 상장기업의 매출액과 영업이익을 반영하는데, 실물경제의 대외의존도가 높아지면 증권시장의 대외의존도도 높아질 수밖에 없다. 즉, 미국과 중국의 실물경제 동향이 한국 증시에 영향을 미치고, 미국과 중국의 증시 역시 한국 증시에 영향을 미친다. 미국 주가지수가 상승하면 다음날 한국과 아시아의 주가지수가 상승하고, 미국 증시가 충격을 받으면 한국 증시도 충격을 받게 된다. 2008년 미국에서 부동산 거품이 붕괴되고 주식시장이 붕괴되자, 한국도 주가지수가 크게 하락하면서 재테크시장에 참여하지 않은 사람까지 큰 피해를 입었다.

이처럼 세계경제는 시간이 갈수록 대외의존도가 높아지고 있다. 이제는 대외 경제 환경을 무시하고 부동산이나 주식에 투자하면 투자자 본인의 재산은 물론, 국민 경제 전반에 걸쳐 부정적인 영향을 줄 수밖에 없다. 그리고 돈 많은 사람이 지배하는 자본주의질서를 감안할 때, 화폐전쟁에서의 패배는 곧 피지배를 의미한다. 그래서 대외의존도가 높아질수록 국제 투기성 자본과 국내 투기성 자본의 화폐전쟁은 치열

할 수밖에 없다.

　선진국은 물론, 개도국까지 수출주도형 산업구조를 지향하는 것도 화폐전쟁을 피할 수 없는 중요한 이유다. 만약, 중국의 산업구조가 부가가치가 높은 산업으로 재편돼서 중국계 상장기업의 수출경쟁력이 강화되면, 중국 수출을 통해 생존하는 국가의 기업들은 어려워질 수 있다. 이 경우 국제 투기성 자본은 중국 시장으로 이동한다. 수출경쟁력이 약화되는 국가에 머물고 있으면 주식투자손실과 환차손이 발생하기 때문이다.

　국제 투기성 자본은 특정 국가의 기업들이 수출시장에서 시장점유율과 영업이익을 늘려가면, 이들이 발행한 현물주식과 주가지수선물을 매수하고 선물환을 매도하는 방법으로 수익률을 극대화한다. 반대로 이들이 수출시장에서 경쟁력을 상실했다고 판단하면, 현물주식을 매도하고 선물환을 매수하는 방법으로 손실을 최소화한다.

　이와 같이 세계경제의 대외의존도가 높아지고 국가의 산업구조가 수출주도형으로 전환될수록, 국제간 자본이동이 활발해지고 재테크시장의 가격변동 폭도 커지게 된다. 자본이 빠져나가는 국가는 통화가치가 하락하고 주가지수가 하락하면서 실물경제 성장률이 둔화되는 반면, 자본이 유입되는 국가는 통화가치가 상승하면서 주식시장과 실물경제가 동반 성장한다. 이러한 현상은 경제활동 참여자들이 화폐전쟁을 피할 수 없는 이유이면서, 화폐전쟁 관련 경제이론을 공부해야 하는 이유이기도 하다.

절대우위 시대로의 이행

경제학 교과서에서는 특정 제품을 생산할 때 나라마다 노동투입량 대비 생산량이 다르기 때문에, 노동생산성 측면에서 비교우위에 있는 제품을 생산하는 방법으로 국제간 교역이 이루어진다고 기술되어 있다. 그러나 기업이 제품을 생산할 때는 노동만 투입하지 않고, 기술과 자본도 투입하기 때문에 기술과 자본도 수출경쟁력을 결정하는 중요한 요소다. 게다가 개방경제 시대에는 자본은 물론, 노동을 비롯한 모든 생산요소들의 국제간 이동이 자유롭다. 특히, 국제간 기술 수준이 평준화되면서 선진국에서 높은 인건비를 투입하여 생산된 제품은 부가가치가 낮아지고, 개도국에서 생산된 제품은 부가가치가 높아지고 있다. 즉, 시간이 갈수록 선진국과 개도국 간의 기술격차가 좁혀지면서 생산원가가 상대적으로 높은 선진국에서 생산된 제품은 가격경쟁력이 약화되고 있다. 이에 따라 대부분의 기업들은 자국에서 생산할 때보다 생산원가가 낮은 국가로 공장을 옮기거나, 아예 생산원가가 낮은 국가로부터 수입하여 판매하고 있다. 오늘날 중국이 세계의 생산 기지로 바뀌고 있는 이유도 대부분의 선진국들이 자국에서 생산하는 것보다 중국에서 생산하는 것이 유리하다고 판단하기 때문이다.

중국이 생활에 필요한 거의 모든 재화를 생산한다는 것은 거의 모든 제품이 다른 나라에서 생산하는 것보다 비교우위에 있으면서 동시에 절대우위에 있다는 의미로 해석할 수 있다. 이는 과거와 달리 비교우위만으로는 부족하고 절대우위에 있는 제품을 생산해야 수출시장에서 경쟁력을 확보할 수 있음을 의미한다. 이 경우, 무역수지 적자가 발생하는 국가는 자국의 산업을 보호하기 위해 화폐전쟁을 벌일 수밖에 없다. 자국의 통화가치를 인하하면 수출기업에게 수출보조금을 지원해주는 효과가 있고, 수입업체에게는 관세를 부과하는 효과가 있어서 경상수지 적자를 줄일 수 있기 때문이다.*

경제학 교과서 이론대로라면 비교우위가 있는 제품을 생산하면 무역수지 적자가 누적되지 않아야 하는데, 현실은 일본을 제외한 선진국 대부분이 대중국 무역에서 매년 적자를 보고 있다. 위안화가 저평가되어 중국과의 무역에서 적자가 증가하는 것도 원인이지만, 중국의 낮은

---

* 그러나 무역수지 흑자 국가도 환율이 적정한 수준 이하까지 하락(자국 통화가치가 상승)하면 수출경쟁력을 상실할 수밖에 없기 때문에 정부가 외환시장에 개입한다.

생산원가와 기술 발달로 선진국 기업들이 계속해서 중국으로 공장을 옮기거나 중국 제품을 수입하기 때문이다. 이에 따라 중국은 무역수지 흑자가 지속되고 있고, 나머지 국가들은 대중국 무역수지 적자가 누적되면서 중국과 '환율전쟁'을 벌이고 있다.

미국이 2008년부터 통화증발을 통한 달러가치 하락 유도로 금융 산업을 지원하고 있는 것도, 제조업 분야의 만성적인 무역수지 적자 문제를 환율전쟁을 통해 해소하기 위한 전략이다. 그러자 제조업 경쟁력이 미국보다 상대적으로 강한 중국과 유럽 국가들이 미국의 통화정책을 비난했다. 달러가치 하락은 자국의 통화가치 강세로 이어져 수출경쟁력을 약화시키기 때문이다.

결국 2010년 이후 세계적으로 확산된 환율전쟁은 비교우위 산업만으로 무역수지적자 문제를 해소할 수 없는 국가들이 자국의 산업을 보호하기 위해 벌인 무역전쟁의 성격을 띠고 있다.

[표1-1] 2008년 하반기 이후 미국 본원통화량 추이 (단위: 억 달러)

2007년 말	2008년 6월	2008년 말	2009년 6월	2009년 말
8,298	8,328	16,592	16,794	20,219

자료 : 한국은행

무역은
기축통화 확보 전쟁

　기축통화란 국제간 무역 및 자본거래에서 결제수단으로 이용되는 통화를 말한다. 1944년 브레튼우즈 체제 이후 미국의 달러가 기축통화로 정착되면서 국제무역은 70% 정도가 미국 달러로 이루어지고 있다. 예를 들어, 석유를 수출하는 중동은 석유를 판매한 대금으로 받은 달러로 곡물 등의 생활필수품을 구입한다. 반면에 석유가 생산되지 않는 국가는 자국에서 생산된 재화를 수출하거나, 해외 차입 또는 금융시장을 통해 달러를 확보하여 석유를 수입한다. 이 과정에서 기축통화가 부족한 국가는 경제가 위축되고 통화가치도 하락하게 된다. 따라서 국제간 무역은 기축통화인 달러확보 전쟁이라고 할 수 있다.
　한국을 살펴보자. 원자재를 수입, 가공한 후 국내에서 소비하거나 수출하는 산업구조이기 때문에, 달러나 유로화가 부족하면 국민경제 전체가 마비된다.* 1997년 발생한 외환위기도 결국은 기축통화인 달러 부족이 원인이다. 한국은행 통계에 의하면 1997년 당시 한국의 연간 수입액은 1,446억 달러였다. 그러나 대외 부채는 1,742억 달러에 육박했고, 이중 1년 이내 상환해야 하는 부채만 637억 달러였다. 그리고 연말 외화보유액은 204억 달러뿐이었다. 이러한 사실이 알려지자 한국에 돈을 빌려준 일본계 금융회사들은 앞다투어 부채상환을 요구했고, 우리경제는 불과 2~3개월 사이에 마비되고 말았다.

다행히(?) 환율이 외환위기 이전 달러 당 950원에서 1,500원 이상으로 50% 이상 급등한 결과, 상장기업의 수출경쟁력이 높아지면서 1998년에 400억 달러 이상의 경상수지 흑자가 발생했다. 이 사이 외국인 투자자들은 한국의 산업구조가 수출주도형이라는 사실에 착안하여 삼성전자와 같은 수출비중이 높은 기업에 대한 투자를 늘렸다. 이에 힘입어 주가가 급등하고 부동산시장이 회복되는 등 외환위기는 조기에 극복될 수 있었다. 당시 김대중 정부는 외환위기 극복을 치적으로 내세웠지만, 실질적인 일등공신은 김대중 정부가 아니라, 높은 환율 수준 자체라고 평가할 수 있다.

이처럼 환율은 국제무역에서 매우 중요하다. 환율이 지나치게 낮으면 수출의존도가 높은 국가는 큰 폭의 무역수지 적자가 발생할 수 있고, 주식시장과 채권시장, 외환시장이 충격을 받을 수 있다. 반대로 환

---

* 기축통화가 부족하면 주식시장과 부동산시장은 아수라장이 되고 환율은 급등할 것이다.

율이 높아지면 수출의존도가 높은 국가는 큰 폭의 무역수지 흑자가 발생하면서, 경제성장률이 높아지고 주가지수가 상승하고 일자리가 창출된다. 미국과 중국이 위안화 평가절상을 놓고 2005년부터 계속해서 갈등하는 것도, 양국이 환율을 통해 국부를 창출하려고 하기 때문이다. 즉, 중국은 무역을 통해서 달러를 확보하려고 하고, 미국은 금융시장을 통해서 부족한 달러를 확보하려고 한다.

국제 투기성 자본이 환율을 이용해 수익률을 높이는 원리를 살펴보자. 예를 들어, 원자재가격이 오르면 생산원가가 높아지고 제품 가격이 올라간다. 이 경우 매출액에 영향은 주지만 영업이익에는 그리 영향을 주지 않는다. 그러나 환율이 상승하면 수출업체와 수입업체의 경상이익은 크게 달라진다. 예를 들어, 자본금이 100억 원인 수출업체가 연간 5,000만 달러(환율이 1,000원이면 500억 원) 상당액을 수출할 경우, 평균 환율이 20%(200원) 상승하면 연간 자본금에 상당하는 영업이익이 증가한다. 영업이익이 증가하면 해당 기업의 자금조달 비용도 낮아지기 때문에 해당 기업의 영업이익은 더 증가한다. 이때 해당 기업의 적정 주가는 100% 이상 상승하게 된다. 환율변동이 없을 때 수출업체의 주가수익률(PER)이 10배라고 하면, 환율이 20% 정도 상승할 경우 주가수익률은 절반 이하로 낮아지기 때문이다. 국제 투기성 자본이 환율 수준이 높을 때 대외의존도가 높은 국가의 주식이나 채권에 공격적으로 투자하는 이유도 여기에 있다.

반대로 환율 수준이 낮은 상태에서 경상수지가 악화되는 등 환율상승 조짐이 나타나면 보유 주식을 공격적으로 매도한다. 그대로 있으면 큰 폭의 주식투자 손실은 물론, 환차손까지 발생하기 때문이다.

향후 화폐전쟁은 과거보다 훨씬 더 환율이 중요한 무기로 부각될 것이다. 선진국과 개도국의 기술격차가 좁혀지면서, 선진국에서 생산된 제품의 수출경쟁력은 환율 수준에 의존할 수밖에 없기 때문이다. 원자재시장이 투기성 재화시장으로 부상한 것도 환율의 중요성에 힘을 보태고 있다. 따라서 이제는 환율결정원리를 모르면 주식시장, 채권시장, 외환시장, 부동산시장과 같은 투기성 재화시장에서 실패할 확률이 훨씬 더 높아졌다. 국제 투기성 자본이 대외의존도가 높은 국가에서 환율변동에 필요한 조건이 충족되면 외화(달러)를 이동시켜 해당 국가의 통화가치 변동을 유도할 수 있기 때문이다. '환율이 실물경제와 금융시장에 미치는 영향 및 경기를 자동적으로 조절하는 성질을 이용하는 투자전략'이라고 할 수 있다.

자본의 국제화

자본의 국제화란 자본이 국제간에 자유롭게 이동하는 것을 말한다. 돈은 성질상 기대수익률이 낮거나 위험이 큰 시장에서, 기대수익률이 높고 위험이 낮은 시장으로 이동하기 마련이다. 물이 높은 곳에서 낮은 곳으로 흐르는 원리와 동일하다.

먼저 국가 간 금리차이 때문에 발생하는 자본이동을 살펴보자. 한국의 시장금리가 연 10%이고, 미국이 5%라고 가정해보자. 환율변동이 없다면 미국에 투자하는 것보다 기대수익률이 연 5% 더 높다. 따라서 돈의 흐름은 미국에서 한국으로 바뀌게 되고 한국의 외환시장에 달러가 공급된다. 만약, 국제간 자금이동으로 환율까지 연 10% 정도 하락한다면 미국계 자본은 만기 이전에 15% 정도의 투자수익률을 얻게 된다. 즉, 미국에 투자할 때보다 수익률이 3배 정도 높은 것이다.

1980년 일본에서 미국으로 돈이 이동한 것도 미국과 일본의 금리 차이를 이용한 화폐전쟁 사례다. 당시 일본의 프라임레이트(우대금리)는 연 6.0%였고, 미국은 연 21.5% 수준이었다. 미국의 금리가 일본보다 3배 이상 높아지자, 일본계 투기성 자금이 미국 채권시장을 공격했다. 일본에서 자금을 운용하면 3년 동안 18% 수익률을 내지만, 미국 채권에 투자하면 같은 기간 60% 이상의 높은 수익률을 낼 수 있었기 때문이다. 더구나 일본에서 미국으로 자본이 이동하면서 달러가치가 강세로 반전되자 일본계 투기성 자본은 환차익도 10% 이상 얻을 수 있었다.

다음으로 주식투자를 위한 국제간 자본이동을 살펴보자. 일본 상장기업의 영업환경이 미국보다 호전될 것으로 예상되면 일본에 대한 투자 비중을 늘리는 것이 유리하다. 반대로 일본 상장기업의 영업환경이 악화될 것으로 예상되면 일본에 대한 투자 비중을 줄이는 것이 안전하다. 1985년부터 1989년 초까지 미국계 투기성 자본이 일본 주식시장을 공격한 것이 대표적인 사례다.

일본 니케이지수는 국제 투기성 자본의 유입과 경상수지 흑자에 힘입어 5년 동안 400% 이상 상승했고, 엔화가치는 1985년 말 달러 당 200엔에서 1988년 126엔까지, 약 3년 동안 37% 상승했다. 주식시세 차익과 환차익을 합한 투자수익률은 5년 동안 430% 이상이다. 이 기간 미국 다우지수 상승률은 35%도 되지 않았다. 그러나 엔화가치 급

[그림1-1] 1986~1990년 일본과 미국의 경상수지 추이

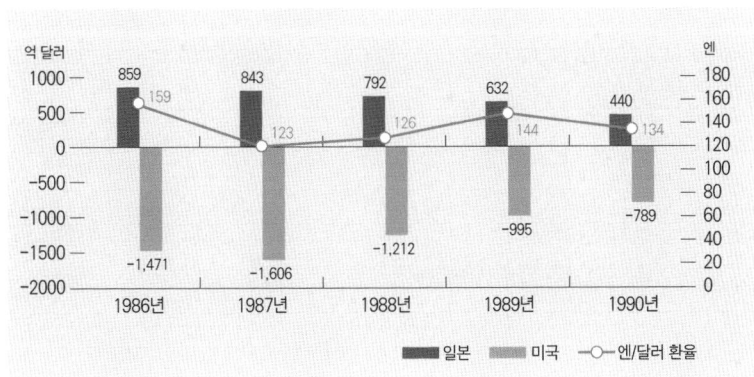

자료 : 한국은행

등으로 일본 상장기업의 수출채산성이 1989년부터 악화되기 시작하자 주식시장이 거품논쟁에 휩싸였다. 이에 국제 투기성 자본은 보유 주식을 공격적으로 매도했고 달러로 환전하여 미국으로 이동시켰다. 그러자 일본의 주가지수는 급락했고 엔화가치도 함께 하락(엔/달러 환율 상승)했다.

그림1-1을 보면 1989년 일본의 경상수지는 전년 대비 약 20% 감소했다. 경상수지 흑자가 감소했다는 것은 일본 상장기업의 엔화표시 매출액 증가율이 둔화되고 영업이익이 크게 감소했다는 것을 의미하기 때문에 중요한 주가지수 하락 요인이다. 더구나 일본 니케이지수의 단기 급등에 따른 거품논쟁까지 있었으므로 주가지수가 큰 폭으로 하락하는 것은 시간 문제였다. 반대로 미국은 1989년부터 경상수지 적자가 큰 폭으로 감소했다. 상장기업의 매출액이 증가하고 영업이익이 개

[그림1-2] 1990~1995년 미국과 일본의 경제성장률 및 다우지수 추이

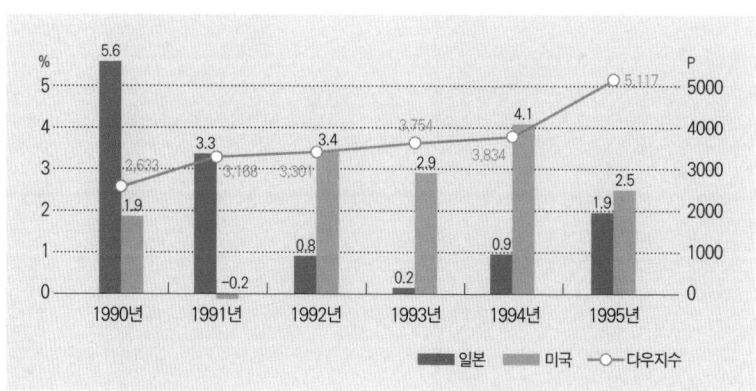

자료 : 한국은행, 연말 주가지수

선되는 등 주가지수가 상승할 수 있는 환경이 조성되었다. 이에 따라 국제 투기성 자본은 물론, 일본계 투기성 자본까지 보유하고 있던 일본 주식을 처분했고, 그 자금으로 미국 증시에 투자했다. 그 결과 미국 다우지수는 1989년 말 2,750선대에서 1995년 말 5,110선대까지 약 85% 상승했다. 반면에 일본 니케이지수는 이 기간 약 50% 하락했다.

1998년부터 2000년까지 한국의 금융시장도 국제 투기성 자본이 유입될 수 있는 필요하고도 충분한 환경이 조성되었다. 높은 환율 수준에 힘입어 수출업체의 매출액과 영업이익이 급증할 수 있다고 판단한 것이다. 대표적인 예가 삼성전자의 주가상승률이다. 1998년 5월 삼성전자의 주가는 3만 원대 초반 수준이었다. 그러나 2년 후인 2000년 6월에는 38만 원으로 약 12배(1,200%) 상승했다. 환율이 외환위기 이전 달러 당 950원대 수준에서 1,500원까지 상승하자, 매출액에서 수

출비중이 높은 삼성전자 영업이익이 급증한 것이다. 당시 미국의 금리가 연 8~9% 수준임을 감안할 때, 미국계 투기성 자본은 2년 동안 미국 우대금리 예금상품에 100년 이상 투자했을 때와 맞먹는 주식투자 평가 차익을 올렸다. 반면 대부분의 한국 투자자들은 환율효과를 몰라서 삼성전자 주식을 6만 원 수준에서 팔고 말았다.

이외에도 1998년 이후 환율과 상장기업 매출액을 반영하는 GDP 증가율과 외국인 투자자의 상관관계를 보면 투기성 자본의 투자전략을 확인할 수 있다. 즉, 환율하락 국면에서는 투자 규모를 늘렸고, 환율 상승 국면에서는 투자 규모를 크게 줄였다.

[표1-2] 1998년 이후 한국의 경상수지 및 외국인 증권 투자 추이

	1998년	1999년	2000년	2001년	2002년
경상수지(억 달러)	404	245	122	80	54
GDP 성장률(%)	-5.7	10.7	8.8	4.0	7.2
원/달러 환율(원)	1,399	1,189	1,130	1,290	1,251
외국인투자(억 달러)	-12	92	122	67	3

자료 : 한국은행. 환율은 연평균 환율

한국이 자본시장을 개방한 1992년부터 1997년 말까지 외국인 투자자들이 한국에 투자한 금액은 412억 달러 이상이다. 하지만 외환위기 당시 유출된 금액은 겨우 12억 달러에 불과하다.《화폐전쟁》의 저자 쑹훙빙은 "한국도 국제 투기성 자본의 공격을 받아 외환위기가 발생했다."라고 주장하고 있으나, 1997년 당시 한국에는 국제 투기성 자본이 주식을 팔아서 가지고 나갈 외화가 없었다는 점에서 그의 주장은

설득력이 없다. 오히려 한국은 국제 투기성 자본 덕택에 외환위기 충격이 적었다고 볼 수 있다.

다만, 외환위기 수습 과정에서 국제통화기금^{IMF}이 구제금융 지원조건으로 금리를 비정상적으로 높게 유지할 것을 요구했고, 국제 투기성 자본이 이를 이용한 것은 부인할 수 없다. 국제 투기성 자본은 한국이 IMF의 요구를 수용하자, 기다렸다는 듯이 가격이 폭락한 우량주식과 국채를 매집했고, 서울 핵심지역에서 부동산을 매수했다. 하지만 2009년 3월 이후 국제 투기성 자본이 한국을 비롯한 아시아와 중남미 증시에 공격적으로 투자한 전략을 감안할 때, 외환위기 이후의 외국인 투자전략도 IMF의 도움이 없었더라도 환율효과를 기대하고 공격적으로 투자했을 것이다.

국제 투기성 자본의
투자 전략

1997년 아시아 외환위기가 발생하자 말레이시아 마하티르 수상은 헤지펀드의 대부인 조지 소로스를 거론하면서 국제 투기성 자본이 아시아 외환위기의 주범이라고 비난했다. 그리고 그는 IMF의 구제금융을 정중히 거절했다.*

그러나 마하티르 수상의 주장이 옳다고 하더라도 말레이시아가 헤지펀드에게 공격의 빌미를 제공한 것은 부인할 수 없다. 당시 외환위기의 원인을 두고 경제전문가들의 견해가 엇갈리고 있지만, 말레이시아와 한국 모두 상환능력 이상으로 외국에서 돈을 빌려 낭비한 것이 문제다. 돈을 빌려간 국가의 경상수지 적자가 계속돼서 펀더멘털이 악

---

* 반면에 한국은 외환위기 직후 조지 소로스 회장에게 도움을 요청한 것으로 알려졌다.

화되면, 돈을 빌려 준 일본계 은행이 상환을 요구할 것이라는 사실을 외환위기 국가들이 간과한 것이다.

안정성과 높은 수익률을 추구하는 국제 투기성 자본은 어떤 국가든지 자산시장에 거품이 지나치게 생성되거나, 감당하기 어려울 정도의 재정적자가 있다거나, 외화유동성 부족 우려가 있으면 위험을 관리할 수밖에 없다. 따라서 거품붕괴의 근본적인 원인제공자는 해당 국가의 경제정책 당국 및 국민이라고 할 수 있다.

2007년 하반기 이후 붕괴된 미국의 부동산시장이 대표적이다. 2000년 나스닥시장 거품붕괴 이후 금융정책 당국은 기준금리를 연 1.0%까지 인하했고, 가계는 낮은 금리를 이용해 부동산시장에 투자했다. 주택가격이 상승하자 주택대출은 더욱 증가했고 거품논쟁이 발생했다. 투기성 자본은 이런 상황을 이용하여 모기지 채권을 기초로 하는 파생상품을 남발했다. 그러나 2007년 원자재가격 급등으로 미국 중산층의 실질소득이 감소하면서 거품이 발생한 주택시장은 더 이상 유지될 수 없었다. 부동산가격은 하락하기 시작했고, 가격 상승을 전제로 남발된 파생상품이 휴지조각이 되었다. 미국 부동산시장과 주식시장은 거품붕괴를 피할 수 없게 되었다.

거품이 순식간에 붕괴되는 이유는 투기성 자본이 자신이 보유한 대규모 금융상품에서 천문학적인 투자손실이 발생할까봐 위험을 관리하기 때문이다. 결국, 2008년 미국발 금융위기는 미국 국민과 미국계 투기성 자본이 남의 돈을 빌려서 부동산시장과 주식시장, 국제 원자재시장을 공격한 결과 무너진 것으로 평가할 수 있다. 남의 돈을 빌려 투자한 시장은 가격이 상승할수록 모래성이 되기 때문이다.

투기성 자본의 모럴 해저드도 문제다. 2010년 미국 증권거래위원회가 투기성 자본의 핵심 세력인 골드만삭스 등을 사기혐의로 피소한 것이 대표적이다. 투기성 자본은 부동산가격이 하락할 것을 알면서도, 부동산가격이 상승할 때 수익을 낼 수 있는 금융상품을 판매했다. 이러한 모럴 해저드는 골드만삭스뿐만이 아니다. 전 세계 거의 모든 금융회사가 공통적으로 범하는 영업행태다. 2007년 4분기 주가수익률이 50배 이상인 중국 증시에 추가적인 주가지수 상승을 호도하면서 금융상품을 판매한 것도 전형적인 모럴 해저드라고 할 수 있다.

하지만 투기성 자본은 긍정적인 역할도 수행한다. 그대로 두면 사망하게 될 암 환자를 의사가 조기에 발견해서 수술하는 것처럼, 암에 걸린 미국경제를 투기성 자본이 조기에 수술한 것으로 평가할 수 있다. 즉, 국제 투기성 자본이 2005년 무렵에 미국경제가 가지고 있었던 암적 요소를 공격했다면, 거품붕괴의 충격은 2009년보다 크지 않았을 것이고 수습하는데 소요되는 비용도 훨씬 적게 들었을 것이다.

또한 투기성 자본은 금융위기의 원인제공자를 응징하는 역할을 담당하기도 한다. 1997년 아시아 외환위기 당시 희생자를 보면 투기성 자본의 긍정적인 역할을 찾을 수 있다. 투기성 자본의 공격으로 상환능력 이상으로 외화를 차입했던 많은 은행과 기업이 파산했고, 은행에서 무리하게 돈을 빌려 주식이나 부동산에 투자했던 투기꾼들도 대가를 톡톡히 치렀다. 한국에서는 1997년 외환위기의 주범인 독재정권이 붕괴되기도 했다. 투기성 자본을 대표하는 헤지펀드의 대부 조지 소로스 회장에 대한 평가가 엇갈리는 이유도, 국제 투기성 자본이 독재정권의 집권기반을 붕괴시킨 역할에 대해서 긍정적으로 평가하기 때문이다.

투기성 재화시장의 가격결정원리를 감안할 때, 국제 투기성 자본은 자본주의의 건전한 성장과 발전을 위한 '필요악'이라고 할 수 있다. 미국 정부가 헤지펀드에 비교적 관대한 이유도 헤지펀드가 건전한 자본주의 질서 확립에 긍정적인 역할을 하는 것은 물론, 미국의 정치, 경제적 위상을 제고하기 때문이다. 따라서 재테크시장 참여자들은 국제 투기성 자본이 어떤 경제적 환경에서 거품발생을 유도하고 어떤 상황에서 거품붕괴를 유도하는지를 알면, 투자수익률도 제고하고 위험도 관리할 수 있다.

화폐전쟁 깊이 읽기 ❶
화폐의 발달 과정

화폐제도의 진화 과정

화폐는 '일반적인 교환수단'이면서 '가치저장수단'이다. 그래서 화폐는 보관과 수송이 편리해야 한다. 화폐발행비용 및 관리비용도 가능한 적어야 한다. 이와 같은 화폐의 조건 때문에 화폐는 긴 시간을 두고 진화에 진화를 거듭해 왔다. 인류가 곡물이나 가축을 화폐로 사용하다가 금속으로 바꾼 이유도 보관이 편리하고 부패하지 않으며, 화폐제작 기간을 단축시킬 수 있고, 수송비를 절약할 수 있는 장점 때문이다.

그러나 금속화폐도 많은 문제점이 있었다. 화폐주조비용이 많이 들기 때문에 이 비용을 누군가에게 전가시킬 수밖에 없었다. 또한, 당시 기술 수준으로는 화폐주조에 많은 시간이 소요돼서 돈을 제 때에 공급할 수 없는 문제도 있었다. 거래금액이 큰 재화를 구입하려면 화폐수송비용이 발생했고, 수송 과정에서 도난 등의 문제도 발생했다. 이런 문제점 때문에 금속화폐가 폐지되고 '금환본위제도'가 도입됐다. 금환본위제도란 금으로 된 화폐를 보관하고 이에 기초하여 종이화폐를 발행해 사용하는 제도다. 종이화폐에 인쇄된 일정 금액을 보관하고 있는 금과 교환할 수 있도록 한 것이다.

여기서 잠깐, 1944년 이후 미국 달러가 금환본위제도의 중심 통화로 부상한 배경인 브레튼우즈 체제$^{Bretton\ Woods\ System}$를 살펴보자. 브레튼우즈 체제란, 1944년 세계 44개국 정상들이 미국의 브레튼 우즈에 모여서 새로운 금 태환 화폐를 영국 파운드에서 미국 달러로 전환하기로 결정한 국제 협약이다. 브레튼우즈 체제의 기본 이념은 고정환율과 미국 달러 중심의 금환본위제를 통해 각국 환율의 안정, 국제무역의 확대, 세계경제 성장을 통한 고용창출이었다. 그리고 이러한 목표를 실현하기 위해 국제통화기금^{IMF}과 세계부흥개발은행^{IBRD}을 창설했다. IMF는 세계 각국에 외화(달러)를 공급하는 역할을 맡았고, IBRD는 제2차 세계대전 이후 세계경제의 부흥과 개발도상국의 경제성장을 지원하는 역할을 맡았다.

그렇다면, 미국이 금환본위제도를 폐지하고 지폐본위제도를 채택한 이유는 무엇일까? 결론부터 말하면, 미국의 막대한 재정적자와 무역수지 적자 때문이다. 미국은 베트남전쟁 수행 과정에서 재정적자가 눈덩이처럼 불어났고 무역수지 적자까지 크게 증가했다. 그러자 미국과의 무역에서 달러를 확보한 영국과 프랑스 등이 미국의 쌍둥이 적자로 인한 달러가치 하락을 우려하여, 미국 중앙은행 금고에 보관된 금과 그들이 보유한 달러의 태환을 요구했다. 초기에는 금과 달러의 태환을 수용했지만 금 유출 규모가 커지자, 미국의 닉슨 대통령은 1971년 달러와 금의 태환을 중지시켰다. 엄청난 규모의 무역수지 적자에 해당되는 금을 태환해주고 나면 사실상 금고에 금이 없어지게 되므로, 금을 기초로 하는 화폐제도인 금환본위제도를 유지할 수 없기 때문이다.

일부 화폐전문가들은 "종이화폐제도를 도입하면 금환본위제도보다 은행이 더 많은 이익을 추구할 수 있기 때문에, 정치권에 압력을 가하는 방법으로 금환본위제도를 폐지하고 지폐본위제도를 도입했다."라고 주장한다. 그러나 이는 다음과 같은 이유로 설득력이 없다. ①금환본위제도에서도 종이화폐에 해당되는 은행권이나 달러는 사실상 필요 이상으로 발행되어 유통됐기 때문에, 은행은 신용창출(은행권 발행)을 통해 이익을 창출할 수 있었다. ②미국 정부가 종이화폐 남발을 법률로 제한하기 위해 만든 '금융통화운영위원회(현재 FOMC에 해당)'에서 금융전문가들이 회의를 통해 통화량을 조절하는 것이나, 금환본위제도에서 금과 태환이 가능한 종이화폐인 달러의 발행한도를 제한하는 것이나 동일한 화폐공급량 억제정책이라는 점에서, 지폐본위제도가 금환본위제도보다 더 큰 이익을 창출할 수 있다는 보장도 없다.

이외에도 민간 은행가들이 미국 연방준비제도이사회를 지배하기 때문에 통화량을 남발한다는 주장도, 2008년 미국발 금융위기 이전까지 미국의 통화량 증가율이 정부가 통화량을 조절하는 중국이나 한국보다 훨씬 낮은 사실을 보면 설득력이 없다.

[표1-3] 2000~2008년 미국, 중국, 한국의 본원통화량 추이

	2000년(A)	2002년	2004년	2006년	2008년(B)	B/A(%)
미국(십억 달러)	590	686	765	808	829	140.6
중국(조 위안)	3.6	4.5	5.9	7.8	12.9	358.3
한국(조 원)	28	38	39	51	65	232.1

자료 : 한국은행, 연말 기준

화폐경제학자들 중에는 지폐본위제도가 가진 여러 문제점을 지적하면서 종이화폐의 탄생을 비난하는 사람도 있는데, 그 내용은 다음과 같다.

첫째, 지나치게 화폐를 많이 공급할 경우 나타나는 인플레이션 현상이다. 하지만 금속화폐든 종이화폐든 화폐를 남발하면 돈의 가치는 하락하기 마련이다. 금과 은의 생산량 부족을 이유로 금속화폐 표면에 실제 가치보다 높은 금액을 숫자로 표시해 주조하더라도, 금화와 은화를 받고 생활필수품을 공급하는 입장에서 보면 통화량이 많아진 것을 의미한다. 이는 오늘날의 지폐본위제도처럼 인플레이션 요인이 될 수 있다.

실제로 19세기 중반, 미국과 캐나다, 호주 등에서 금이 많이 생산되면서 금 가격이 크게 하락했고, 금과 교환되는 재화와 서비스의 가격이 큰 폭으로 상승했다. 또한 1933년 미국의 루즈벨트 대통령이 농민과 은 생산자를 보호하기 위해 '은 구매법'을 제정해서 은화 공급을 늘렸는데, 이때도 물가는 급등했다. 밀턴 프리드먼의《화폐경제학》에 의하면, 1932~1937년 미국의 소비자물가는 14%, 도매물가는 32%, 농산물 가격은 79% 상승했다. 이는 금속화폐도 통화량이 증가하면 물가

가 급등할 수 있다는 것을 보여준다.

둘째, 금이나 은 등의 금속화폐가 물가안정에 유리하다는 주장이다. 이는 종이화폐발행에 소요되는 시간이 금속화폐발행에 소요되는 시간보다 적게 투입될 때만 설득력을 가진다. 그러나 요즘은 과거와 달리 금속제련 및 주조 기술이 발달해서 금속화폐를 대량으로 공급할 수 있기 때문에, '금속화폐가 물가안정에 유리하다'는 가설은 성립하기 어렵다. 화폐를 공급하는 데 종이화폐보다 비용만 많이 소요되고 불편만 가중될 것이다.

셋째, 금속화폐는 발행비용 때문에 남발을 억제할 수 있다는 주장이다. 이는 가정을 전제로 하는 경제학자들의 낭만적인 생각일 뿐 설득력이 없다. 그 이유는 ①전쟁 기간 중에는 전쟁에 필요한 물자를 조달해야 하기 때문에 화폐발행비용에 관계없이 통화증발이 불가피하다. ②화폐발행비용을 소비자에게 전가시키는 방법으로 인플레이션을 유도하면, 납세자 저항 없이 조세를 징수할 수 있는 장점이 있다. 이는 정치가와 은행가도 마다하지 않을 것이다. ③실물과 교환되는 화폐의 역할을 감안할 때, 경기불황 국면에서는 통화량 증발을 통해서 광물 산업과 금속제련 산업 등 관련 산업의 경기부양이 가능하기 때문에, 화폐발행비용 이상의 기대효과가 있다.* 즉, 정치가와 은행가 입장에서는 비용 증가에도 불구하고 얻을 것이 많아지기 때문에 금속화폐도 얼마든지 필요 이상으로 공급이 늘어날 수 있다. 전쟁도 불사하는 정치가

* 오늘날 경기불황 국면에서 재정적자 및 통화증발을 통해서 경기회복을 도모하는 원리와 동일

의 성향을 감안할 때, 화폐발행비용 때문에 금속화폐의 통화량이 증가하지 않는다는 가설은 지나치게 낭만적이다.

금이 화폐가 될 수 없는 이유

화폐제도는 인간이 필요로 하는 물건이나 서비스 생산량 증가에 기여해야 한다. 그러나 금과 같은 금속화폐가 경제성장과 물가안정, 고용창출에 효과가 있는지 의문이다. 금을 화폐로 사용했을 때 발생할 수 있는 문제를 살펴보자.

우선 금은 화폐로 사용될 만큼 매장량이 충분하지 않다. 금이 부족해서 금환본위제도를 폐지하기 직전 연도인 1970년 미국의 GDP는 1조 달러에 불과했다. 하지만 2009년에는 14조 달러 이상이다. 금환본위제도를 폐지했을 때보다 약 14배가 증가한 것이다. 그리고 2009년 세계 전체 GDP는 54조 달러이다. 물가상승을 제외한 실질 경제 규모를 감안하더라도 1970년보다 10배 이상의 금이 필요하다.

만약, 2009년 말 국제 금값인 온스 당 1,000 달러를 기준으로 미국의 본원통화량 약 2조 달러를 금으로 대체한다고 해보자. 이때 필요한 금은 20억 온스(약 5,600만 톤)가 된다. 그러나 세계금협회WGC에 따르면, 경제성 있는 금의 매장량은 2009년 기준으로 4만 7,000톤 정도에 불과하고, 기존에 생산된 금도 15만 톤에 불과하다. 기존에 생산된 금과 매장된 금을 합하더라도 현재 유통되고 있는 달러표시 본원통화량의 0.3%도 되지 않는다. 게다가 유로화도 기축통화 역할을 하기 때문에 유로화까지 금으로 대체하고, 다른 나라의 통화까지 금으로 변경하면 금이 턱없이 부족하다는 것은 설명할 필요도 없다.

따라서 지폐본위제도를 폐지하고 현재의 금값을 기준으로 금을 화폐로 사용할 경우, 1930년대 중국처럼 돈(금) 부족 현상이 발생하면서 대부분의 기업과 은행이 파산할 것이다. 이는 1929년에 발생한 대공황보다 훨씬 심각한 경제위기로 발전할 수 있다. 결제수단인 금(돈)이 부족하면 재화와 서비스 생산에 차질이 생기기 때문이다. 근로자 입장에서 봐도 그렇다. 회사가 생산을 지속해야 임금을 제대로 받을 수 있는데, 자금경색 현상 때문에 다수의 회사가 부도나면 근로자의 명목소득은 아예 발생하지 않을 수 있다. 즉, 구더기가 무서워서 장을 담그지 않을 수 없듯이, 인플레이션이 무서워서 인간이 필요로 하는 재화와 서비스의 생산을 줄일 수 없고 고용창출(실업 예방)을 포기할 수 없다.

둘째, 금을 화폐로 사용하면 화폐(금화) 자체가 투기성 재화가 될 수 있다. 금 생산량이 부족하기 때문에 투기꾼들이 금화를 계속해서 금고에 저장하면, 심각한 화폐 부족 현상이 나타나면서 금값은 천정부지로 치솟는다. 그러면 시중에 유통되는 통화량이 점점 감소하면서 시장기능이 마비된다. 오늘날 자금경색 현상 때문에 경제위기나 금융위기가 발생하는 원리와 같다.

셋째, 금본위제도를 편법으로 유지하는 경우다. 금 생산량 부족을 이유로 금화에 새겨지는 숫자를 높여서 발행하면 인플레이션이 발생할 수 있다. 이는 화폐의 역사를 봐도 알 수 있다. 은화를 본위화폐로 사용하는 국가에서 은 함량이 크게 미달하는 주화가 남발되자 은본위제도는 더 이상 유지되지 못했다. 즉, 금 생산량이 부족하다는 이유로 편법적인 금본위제도를 유지하더라도 화폐가치는 보전되지 않는다.

넷째, 금 생산비용과 화폐발행비용이 지폐발행비용보다 훨씬 높기 때문에 금은 화폐의 교환수단 역할을 제대로 할 수 없다. 금은 생산량이 증가할수록 땅속 깊은 곳에서 캐내야 하기 때문에 비용이 증가한다. 얕은 곳에 묻힌 금 함량이 부족한 금광석에서 금을 제련한다 해도 금의 생산원가가 급증해서 비용이 증가할 수밖에 없다. 식량과 의복, 주택과의 교환수단인 화폐의 발행에 많은 비용이 든다면 국민의 조세부담이 가중되기 때문에 바람직하지도 않다. 더구나 인구가 증가하고 경제가 성장할수록 화폐의 수요가 증가하기 때문에, 금화를 많이 생산하면 재정적자가 눈덩이처럼 증가할 수밖에 없다. 이 경우 2010년 그리스발 재정위기 사태와 같은 상황이 발생할 수도 있다.

다섯째, 국제무역에서도 차질이 발생할 수 있다. 무역수지흑자 국가는 금이 쌓이겠지만, 무역수지적자 국가는 금이 부족해서 심각한 경제난에 직면할 수 있다. 그리고 1971년 이전처럼 금과 달러를 교환해주면 미국 중앙은행 금고에는 금이 없어지고 종이화폐만 남게 되기 때문에, 미국과의 무역이 중단될 수밖에 없다. 이 경우 세계경제도 마비될 수 있다.

화폐제도는 화폐가 갖추어야 할 요건 이외에도, 인간의 삶을 윤택하게 하는 양질의 재화와 서비스를 생산하는 데 기여할 수 있어야 하고, 경제성장을 통해 일자리를 창출할 수 있어야 한다. 만약, 오늘날의 자본주의 경제 질서에서 금본위제도를 시행한다면 인간의 삶의 질은 오히려 떨어질 것이다. 미국 닉슨 대통령이 1971년에 금과 미국 달러의 태환을 정지시킨 근본적인 이유도 마찬가지다. 국제 금융재벌의 압력이나 음모보다는 자본주의의 성장 및 발달 과정에서 화폐시장의 환경 변화로 인한 피할 수 없는 선택이라고 보아야 할 것이다.

유동성 정도에 따른 화폐의 구분

금융정책 당국은 통화를 현금화하기 쉬운 순서대로 구분한다. 언제든지 필요한 재화를 구입할 수 있는 현찰은 본원통화로 정의하고, 요구불 예금은 현금화가 쉽기 때문에 준통화로 구분한다. 그러나 요즘은 현금과 요구불 예금을 구분할 기준이 모호해졌다. 한국의 경우, 자기앞 수표(별단예금 증서)가 화폐대용 증권으로 사용되고 있고, 재화와 용역을 거래할 때 판매자와 구매자가 예금계좌 이체로 결제를 하기 때문이다. 밀턴 프리드먼이 말하는 화폐의 정의가 '일반적인 교환수단'이라는 점에서 본원통화에서 파생된 예금통화도 IT 산업이 발달한 국가에서는 과거와 달리 화폐의 기능을 수행하는 것이다.

다음으로 저축성 예금이나 만기가 2년 미만인 주식형 수익증권, 채권형 수익증권도 금리와 수익률에서 손해를 감수하면 만기 이전에 현금화가 가능하기 때문에 광의의 통화로 구분한다. 예금통화는 고객입장에서 보면 금융상품이면서 본원통화를 기초로 파생된 통화이다. 예금통화가 파생통화인 이유는 가계와 기업이 금융회사에 예금하는 행위가 중앙은행이 공급한 본원통화량에 기초하여 이루어지기 때문이다. 또한, 예금계좌 간 이체를 통해 어떤 물건이든 구입할 수 있다는 것은 예금액만큼 결제수단이 증가한 것이다. 이는 통화량이 그만큼 증가한 것을 의미하므로 예금통화도 신용창출 통화라고 할 수 있다.

① 본원통화

본원통화란 파생통화(또는 예금통화)와 구분되는 통화로 중앙은행이 시중에 공급한 화폐를 말한다. 본원통화의 일부는 민간에서 유통되고, 일부는 은행이 시재금 형태로 보관하며, 나머지는 은행이 고객의 예금 인출에 대비해 지급준비금 명목으로 중앙은행에 예치한다.

② 협의의 통화(M1)

협의의 통화(M1)는 중앙은행이 공급한 본원통화와 은행에 예치된 요구불 예금을 합한 개념이다. 요구불 예금은 고객이 손해를 보지 않고 언제든지 현금화할 수 있기 때문에, 사실상 본원통화에 준하는 통화라고 할 수 있다. 특히, 요구불 예금 중 자기앞수표는 화폐대용으로 사용되기 때문에, 본원통화와 구분할 기준이 모호할 정도로 화폐의 성격이 강하다. 최근에는 요구불 예금도 전산시스템을 통해 결제수단으로 이용되고 있어서, 자기앞수표보다 오히려 본원통화에 가까운 역할을 수행하고 있다.

③ 광의의 통화(M2)

광의의 통화는 협의의 통화(M1)에 저축성 예금을 포함하는 개념이다. 저축성 예금에는 정기적금과 정기예금, 만기가 2년 미만인 주식형 수익증권이나 채권형 수익증권 등이 포함된다.

ew and accurate Mappe of the World, drawne

Eclipse of the Sunne

2장
화폐전쟁의 과거와 미래

제2차 세계대전 이후부터 1990년대까지 화폐전쟁의 주인공은 미국이었다. 미국계 투자은행과 헤지펀드들이 세계 주식시장과 채권시장을 지배했다고 해도 과언이 아니다. 그러나 2008년 미국발 금융위기를 계기로 화폐전쟁의 환경이 크게 변했다.

더욱 복잡해진
화폐전쟁

2000년 이전까지 미국계 투자은행이 세계 금융시장을 지배할 수 있었던 배경은 미국 달러가 기축통화라는 점도 있지만, 미국경제가 세계경제에서 차지하는 비중이 가장 컸기 때문이다. 게다가 IMF와 세계은행(IBRD) 등의 국제기구를 미국이 장악하고 있고, S&P, 무디스와 같은 세계적 신용평가회사가 미국계인 것도 미국이 화폐전쟁에서 승리하는 데 중요한 역할을 했다.

미국계 투자은행의 자금동원 능력과 미국의 강한 군사력으로 국제 원자재시장을 지배할 수 있었던 것도 화폐전쟁을 주도할 수 있는 힘의 원천이었다. 금융업은 기본적으로 제조업을 기반으로 성장하고 제조업은 원자재를 가공해서 판매하는 방법으로 성장하는데, 미국의 이러한 힘이 원자재를 헐값으로 조달할 수 있게 해줬다.

그러나 2000년을 기점으로 미국계 투자은행이 주도하는 화폐전쟁은 그들의 계획대로 되지 않았다. 1998년 러시아의 디폴트 선언을 계기로 롱텀캐피탈매니지먼트LTCM 등이 부도가 나면서 미국경제 전체가 충격을 받은 것이 대표적인 사례. 2000년 미국 나스닥시장 거품붕괴 때도 다수의 미국 중산층이 희생되었다. 2003년에는 이라크의 석유자원을 확보하기 위해 바그다드를 침공했지만, 사실상 실패로 끝나면서 천문학적인 재정적자가 발생했다. 2008년에는 그동안 화폐전쟁의 주역이었던 세계적 투자은행마저 부도가 났거나 부도위기에 직면했다. 게다가 미국의 자존심이라고 할 수 있는 자동차 3사(포드, GM, 크라이슬러)까지 부도위기에 몰리면서 미국경제의 기반이 붕괴됐다. 또한, 이란의 핵무기 개발 추진으로 힘에 의한 중동 석유시장 지배 전략도 쉽지 않다. 브릭스BRICs가 미국의 강력한 도전자로 부상한 것도 과거에 경험하지 못했던 변화다. 그리고 2008년의 금융위기를 계기로 다수의 미국 중산층이 붕괴되자, 국민들 다수가 가격이 상대적으로 낮은 개도국 제품을 많이 사용하게 된 것도 새로운 변화다.

중국이 무역수지 흑자와 주체하기 어려울 정도로 증가한 달러를 가지고 미국이 지배해온 국제 원자재시장을 장악하고 있는 것도 새로운 변화다. 이뿐만이 아니다. 미국은 중국이 미국 국채를 더 이상 사주지 않거나 보유하고 있는 국채를 매각하면 금융시장이 충격을 받을 수 있는 상황으로 변했다. 2008년 금융위기 때 폭락한 미국의 상업용 부동산도 중국계 자본이 헐값으로 사들이고 있다. 중국의 정치, 경제적 위상이 빠르게 강화되고 있음을 알 수 있다. 이제는 중국을 포함한 인구가 많은 개도국이 미국경제의 생사여부를 결정하는 시대로 점차 바뀌고 있다.

이런 상황에서 미국은 계속해서 화폐전쟁을 주도할 수 있을까? 과거의 영광을 되찾기 위해 노력하겠지만 중국 때문에 쉽지 않을 것이다. 중국 입장에서는 2008년 미국발 금융위기가 중국경제 도약의 발판이자 금융대국으로 성장할 수 있는 절호의 기회이기 때문이다. 만약, 미국이 화폐전쟁의 주도권을 중국에 뺏긴다면, 제2차 세계대전 이후의 영국과 같은 신세로 추락할 수 있다. 이는 화폐전쟁의 주도권 장악을 위한 과정이 순탄치 않을 것임을 예고하는 동시에, 상당 기간 세계 금융시장과 각국의 실물경제에 적지 않은 영향을 미칠 수 있음을 예고하는 것이다. 미국은 '중국 흔들기'를 계속할 것이고, 중국은 미국의 협조요구에 소극적으로 대응하는 방법으로 미국의 위상 강화를 저지하면서 자국의 영향력을 확대해나갈 것이다.

화폐전쟁에 참여하는 경제주체들의 인식도 바뀌고 있다. 1998년 러시아 디폴트 선언과 2008년 미국발 금융위기를 계기로, 단순히 금리가 낮다는 이유로 일본 엔화를 차입하면 세계적인 투자은행과 같은 거대 조직도 무너질 수 있다는 것을 배웠다. 또 부동산시장과 주식시장의 거품붕괴가 통화위기로 발전하고 실물경제 위기로 전이되면서, 재테크시장에 참여하지 않더라도 화폐전쟁의 희생자가 될 수 있다는 것도 경험했다.

  2008년 이전까지만 해도 주식투자자들은 해외 증시에 투자할 때 환위험관리를 해야 안전하다고 믿었다. 그러나 2008년 미국발 금융위기를 계기로 환위험관리를 하더라도 환차손이 크게 발생할 수 있다는 것을 체험했다. 이해를 돕기 위해 실제 사례를 살펴보자. 환율결정원리를 전혀 몰랐던 문외환이라는 친구는 2007년 말 중국 상해증시에 1억 원을 투자했다. 증권전문가의 권고에 따라 환율하락에 대비해 환위험관리(선물환매도)도 했다. 그러나 2010년 6월 중국의 주가지수가 상당 폭 상승했음에도 불구하고 문외환 씨의 자산가치는 투자원금의 30%도 안 된다. 주식투자에서 40%의 투자손실이 발생한데다가 환위험관리를 했기 때문에 환차손이 30%나 발생했기 때문이다. 예상과 달리 환율이 달러 당 950원대(2007년 말)에서 1,200원대(2010년 6월 말)까지 상승한 것이 원인이다. 반면에 환율결정원리를 이해하고 있었던 유명환이라는 친구는 환위험관리를 하지 않았다. 그래서 주식투자에서 똑같이 40% 손실이 발생했지만, 환율이 30% 상승하자 환차익에 힘입어 10% 정도만 투자손실을 입었다.

1970~2010년까지의
화폐전쟁

변동환율제도와 미국의 금 태환정지 선언

오늘날 화폐전쟁의 성격이 환율전쟁으로 발전하게 된 계기는 1970년 미국 달러에 고정된 환율제도를 변동환율제도로 전환하면서부터이다. 변동환율제도가 되자 대외의존도가 높은 국가의 환율은 출렁거렸고, 이때부터 국제 투기성 자본은 대출을 이용하는 화폐전쟁을 환율변동을 이용하는 화폐전쟁으로 바꾸었다. 예를 들어보자. 1970년 말 미국 달러와 일본 엔화의 교환비율(환율)은 358엔이었고, 미국이 금 태환을 정지시킨 1971년 말에는 302엔이었다. 1년 동안 약 15% 이상 하락한 것이다. 영국 파운드화에 대한 미국 달러의 가치도 금 태환 정지 선언 이후 1년도 되지 않아 10% 정도 하락했다. 만약 국제 투기성 자본이 달러를 매도하고 엔화 또는 파운드화를 매수했다면, 연 10%

이상 환차익 실현이 가능했다. 그리고 국제간 자본이동에 따른 통화강세 국면에서는 일반적으로 채권가격이 상승하는 경향이 있다. 국제 투기성 자본이 영국이나 일본 정부가 발행한 5년 만기 채권(당시 연 5~6%의 금리)에 투자했다면, 환차익 10%와 채권투자수익률 10%[*]를 합해 1년 동안 연 20%의 수익실현이 가능했다.

1971년 미국 닉슨 대통령이 미국 달러와 금과의 태환을 정지시킨 것도 화폐전쟁의 성격이 환율전쟁으로 바뀌게 된 중요한 계기다.

금환본위제도에서는 실물화폐인 금과 명목화폐인 종이화폐의 교환비율이 오늘날의 환율에 해당한다. 그런데 미국이 달러와 금의 태환을 정지시키자 금값은 급등했고 달러의 가치는 급락했다.[**] 금값이 상승하자 덩달아 은값도 상승했고, 다른 공산품과 농산품 가격까지 연쇄적으로 상승했다. 이러한 상황에서는 돈을 은행의 예금 형태로 가지고 있으면 실질 가치가 하락하기 때문에, 가능한 실물자산인 금이나 은을 보유하는 것이 유리하다. 이에 따라 금과 은 시장은 국제 투기성 자본의 각축장이 되었고 소비자물가는 더욱 치솟았다.

변동환율제도 도입 이후에는 정부가 환율상승을 유도하는 방법으로 가계소득을 기업과 정부로 이전시킬 수 있게 되었다. 환율이 상승하면

---

[*] 연 5% 이자 + 1% 금리하락에 따른 시세차익 5% (5년채의 경우)
[**] 로이터 자료에 의하면 1970년대 초까지만 해도 금값은 온스 당 35~42달러 수준이었다. 그러나 금과 달러의 태환이 정지되자, 금값은 1980년 초 온스 당 800달러 이상까지 올랐다. 10년 동안에 약 23배나 상승한 것이다.

기업의 수출경쟁력 강화로 경제성장률이 높아져 정부는 조세수입이 증가한다. 그러나 가계는 물가 상승으로 인해 명목임금소득이 기업과 정부로 이전되기 때문에 실질소득이 감소한다. 이는 환율제도가 정부와 기업이 가계를 착취하는 수단으로 사용될 수 있음을 의미한다.

1980년 초 한국과 일본에서 물가가 큰 폭으로 상승한 배경도 1, 2차 오일쇼크에 따른 유가 상승과 통화가치 하락이었다. 1차 오일쇼크 이전의 국제 유가는 배럴 당 3달러였고, 2차 오일쇼크가 발생한 1979년에는 배럴 당 40달러였다. 10년 동안 약 10배 이상 상승한 것이다. 이 기간 한국의 환율은 달러 당 316원에서 660원까지 100% 이상 상승했다. 유가 상승으로 환율까지 상승하자 소비자물가는 더욱 상승했다. 결국, 가계는 명목소득이 증가했어도 가난을 벗어나지 못했다.

환율이 소비자물가에 영향을 미치는 영향은 일본과 미국의 환율과 소비자물가 상승률 비교를 통해 확인할 수 있다. 엔/달러 환율은 1970년 말 달러 당 350엔에서 2009년 말 90엔까지 30년 동안 약 75% 하락했다. 이 기간 미국과 일본의 소비자물가지수는 미국이 일본보다 약 2배 높은 것으로 나타났고, 석유 등의 원자재가격은 미국과 일본 모두 상승했다.* 환율이 소비자물가에 큰 영향을 미치고 있음을 알 수 있다.

---

* 유가는 40년 동안 배럴당 4~10달러 수준에서 80달러 수준까지 상승했다.

〔그림2-1〕 1970년 이후 엔/달러 환율과 소비자물가지수 추이

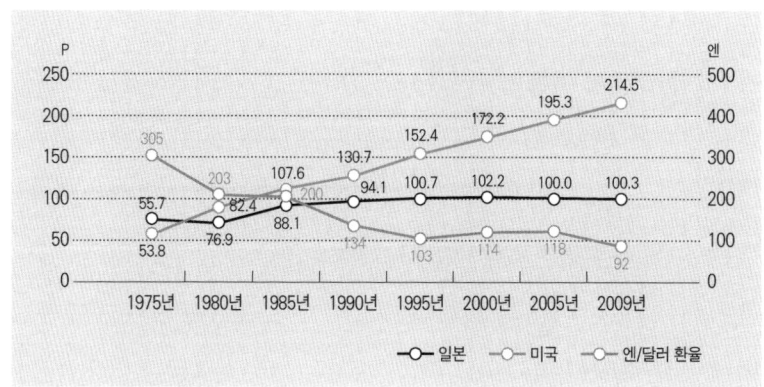

자료 : 한국은행, 5년 단위 연말 소비자물가

《화폐전쟁》의 저자 쑹훙빙은 1, 2차 오일쇼크의 원인이었던 중동전쟁을 두고, "전쟁으로 유가가 상승하면 달러 수요의 증가로 달러가치 하락을 방어할 수 있고 금에 대한 달러가치 상승이 가능하다. 그래서 미국이 중동전쟁을 배후조정했다."라고 주장한다. 또한 그는 "전쟁으로 유가가 상승하면 중동지역에 살이 찌기 때문에 양털 깎기로 미국계 투기성 자본이 배를 불릴 수 있다."라고 주장한다.

그러나 다음과 같은 이유로 쑹훙빙의 주장은 납득하기 어렵다.

첫째, 미국이 배후조종하는 전쟁은 재정적자(중앙은행이 국채 인수)를 수반하기 때문에 펀더멘털 및 달러수급 측면에서 달러가치 하락 요인으로 작용한다. 실제로 1970년대 미국의 달러가치는 하락했고, 종전이 되자 달러가치가 오히려 소폭 상승했다.

둘째, 전쟁이 일어나면 명목화폐의 가치가 하락해서 실물화폐인 금

[그림2-2] 1970년대 미국의 본원통화량과 엔/달러 환율

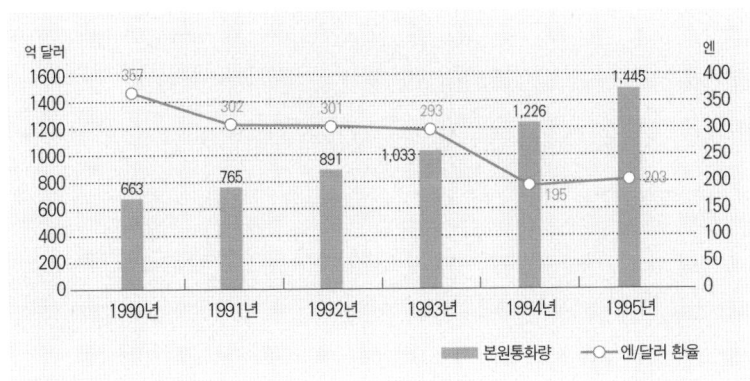

자료 : 한국은행, 연말 기준

에 대한 수요가 증가하기 때문에 금값은 오히려 상승한다. 제1차, 제2차 세계대전 당시 명목화폐 가치가 급락한 것이 대표적인 사례다. 1970년대 중동전쟁 이후 금값이 급등하고 미국의 통화가치가 큰 폭으로 하락했던 것도 마찬가지다. 따라서 "금에 대한 달러가치 회복을 위해 중동전쟁을 배후조정했다."라는 쑹훙빙의 주장은 전혀 설득력이 없다.

셋째, 미국은 9·11 테러에 대한 응징으로 2003년 이라크를 침공했고, 중동지역이 전쟁에 휩싸이자 유가가 상승했다. 하지만 전쟁으로 경제활동이 위축되어 '살'이 붙지는 않았다. 즉, 양털을 깎을 수 있는 상황이 아닌 것이다. 유가가 상승하면 석유에 대한 달러 수요는 증가할 수 있다. 하지만 1, 2차 오일쇼크를 통해 경험했듯이, 큰 폭의 유가 상승은 세계적인 경기불황으로 이어질 수 있다는 점에서 더 큰 달러 수요 감소 요인이다.

1985년 프라자 합의와 화폐전쟁

1970년대 말 이후 미국은 심각한 인플레이션 현상을 겪고 있었다. 두 차례에 걸친 오일쇼크와 금환본위제도 폐지에 따른 금값 상승이 주요 원인이었다. 1980년에는 소비자물가 상승률이 전년 대비 약 10%나 상승했다. 이에 따라 금융정책 당국은 물가상승을 억제하기 위해 기준금리(연방기금금리)를 연 6.50%에서(1977년 말) 18.0%로 인상했다. 불과 3년 동안 기준금리를 3배로 인상한 것이다. 그러자 자금에 대한 수요가 감소하면서 소비자물가는 1982년부터 안정되기 시작했다.

그러나 또 다른 문제가 발생했다. 국제 유동성이 미국의 높은 금리 수준과 환차익을 기대하고 미국으로 유입되었고 달러 강세 현상이 나타났다. 이에 따라 엔/달러 환율은 1978년 달러 당 194엔에서 1982년 235엔으로 약 20% 상승했다. 그리고 1980년 당시 일본의 우대금리가 6.0%인 점을 감안하면 미국의 기준금리는 약 3배 수준이었다. 일본 투자자 입장에서는 미국 채권에 투자하면 일본에서보다 300% 이상의 높은 투자수익률을 실현할 수 있었다. 인플레이션을 억제하기 위해 기준금리를 인상하자 미국 금융시장이 화폐전쟁터가 된 것이다. 미국이 일본의 투기성 자본으로부터 공격을 받은 역사적인 사건이라 할 수 있다.

달러 강세 현상이 계속되자 미국의 경상수지에 빨간불이 들어왔다. 미국의 경상수지가 1981년 48억 달러 흑자에서 1985년에는 1,245억 달러 적자로 반전한 것이다. 그리고 1982년부터 1986년까지 경상수지 적자 누계는 4,217억 달러를 기록했다.

이에 따라 1985년 9월, 미국, 일본, 독일, 영국, 프랑스 5개국 재무장관과 중앙은행 총재들이 미국 뉴욕에 있는 프라자 호텔에 모여 엔/달러 환율(당시 230~250엔)을 인하하기로 합의했다. 달러의 가치를 떨어뜨려 미국의 쌍둥이 적자 문제를 해소하고 기축통화인 달러가치의 안정을 도모한 것이다. 이는 국제간 무역불균형을 해소하기 위한 대책이라고도 할 수 있다.

프라자 합의는 미국계 투기성 자본에게 주식시세차익과 환차익을 얻을 수 있는 절호의 기회를 제공했다. 일본의 주식시장과 부동산시장에 미국계 투기성 자본이 대규모로 유입됐고 자산시장에 거품이 발생했다. 이번에는 미국계 투기성 자본이 일본의 금융시장과 부동산시장을 공격한 것이다.

[표2-1] 1978~1982년 미국의 소비자물가와 기준금리, 환율 추이

	1978년	1979년	1980년	1981년	1982년
소비자물가지수	65.2	72.6	82.4	90.9	96.5
연방기금금리(%)	10.0	14.0	18.0	12.0	8.50
엔/달러 환율(엔)	194	240	203	219	235

자료 : 한국은행

이와 같이 1980년대의 화폐전쟁은 1970년대와는 다른 모습을 보인다. 국제 투기성 자본이 금이나 은 등의 실물자산에 투자하던 전략을 정부의 금리정책이나 외환정책을 이용하는 전략으로 바꾼 것이다. 1980년부터 2000년까지 약 20년 동안 금값이 안정된 것은 당시 금값

[그림2-3] 1980~1986년 이후 엔/달러 환율과 미국의 경상수지 추이

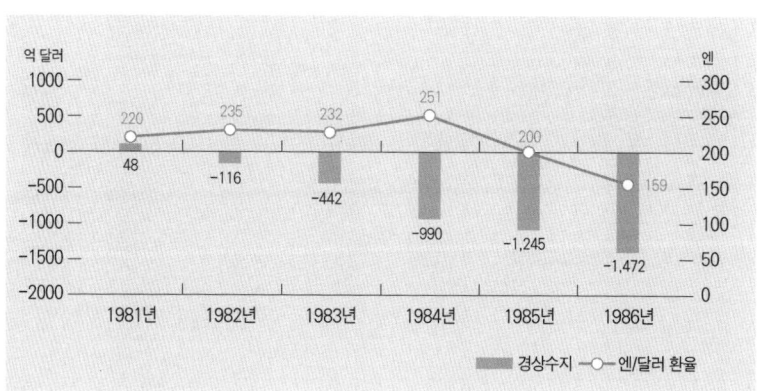

자료 : 한국은행, 환율은 연말기준

이 지나치게 높았던 것도 원인이지만, 국제 투기성 자본이 국제간 금리차이와 환율변동을 이용하는 전략으로 주식, 채권, 외환시장을 공략했기 때문이다.

이는 환율이 금융시장과 실물경제에 미치는 영향을 이용해 경상수지흑자 국가의 자산시장에 거품을 유도한 다음, 거품붕괴 우려가 있으면 다시 안전한 시장으로 이동하는 방법으로 수익률을 극대화하는 전략이라고 할 수 있다. 이와 반대로 해당 국가가 통화가치 강세 등으로 무역수지가 악화되면 보유하고 있는 주식을 매도해서 금융시장과 실물경제에 충격을 줄 수도 있다. 이는 기준금리 인하(국채 가격 상승)를 유도하는 전략이라 할 수 있다.

1990년대 중반 다수의 일본 중산층이 저소득층으로 전락한 배경도 이러한 화폐전쟁의 기본 원리와 전개 과정에서 찾을 수 있다. 투자자들

이 거품이 발생한 주식시장과 부동산시장에 은행 차입까지 해가며 경쟁적으로 참여했다가, 일본경제의 펀더멘털이 악화되자 외국인 투자자 이탈과 함께 거품이 붕괴되면서 큰 손실을 본 것이다. 2008년 미국발 금융위기 국면도 1990년대 일본의 거품붕괴 과정과 다르지 않다.

1990년 일본의 자산시장 거품붕괴

일부 화폐경제학자는 1990년 일본 주가지수 폭락을 두고, 미국의 세계적 투자은행들이 일본경제를 망가뜨려서 수익률을 극대화한 음모라고 주장한다. 미국 투자은행들이 거품이 발생한 주식시장에 붕괴를 유도해서 헐값으로 일본 주식과 부동산을 매수한 후, 다시 가격상승을 유도해서 큰 이익을 얻었다는 주장이다.

이러한 주장에 설득력이 있는지 알려면 1990년 당시 일본 승시와 부동산시장의 환경을 살펴봐야 한다. 만약 일본 니케이지수가 하락할 수밖에 없는 환경이라면, 미국 투자은행이 아니더라도 시장기능에 의해서 붕괴되기 때문에 음모라고 할 수 없다. 그리고 부동산시장은 한 번 충격을 받으면 10년 이상 회복되지 않기 때문에, 거품을 유도한 후 또 다시 거품을 발생시키려면 많은 시간이 걸린다. 즉, 가격 상승 여부가 불투명한 상황이라 음모를 꾸밀 실익이 없다.

1987년부터 1990년까지 일본 상장기업의 매출액 증가율을 반영하는 경제성장률은 연 5~7%, 엔/달러 환율은 160~130엔 수준으로 엔화 강세(환율하락) 국면이었다. 게다가 1985년에는 미국이 프라자 합의를 통해 엔화 강세를 유도하는 정책을 강요했다. 수출주도형 산업구조를 가진 일본의 주가지수가 상승할 수 있는 필요하고도 충분한 조건*을 모두 갖춘 것이다. 이에 따라 국제 투기성 자본은 물론, 일본 국민들까지 주식투자 규모를 늘렸다. 무역수지 흑자와 외국인 투자자금 유입으로 시중 유동성은 급격하게 증가했고, 주식시장은 투기시장으로 변했다. 일본 니케이지수는 1986년 4분기 1만 8,000포인트 수준에서 1989년 말 3만 9,000포인트까지, 불과 3년 동안 2배 이상 상승했다. 상장기업의 매출액을 반영하는 경제성장률은 3년 동안 겨우 20% 정도인데, 주가지수는 100% 이상 상승한 것이다.

이처럼 상장기업의 성장(매출액 증가) 속도가 주가지수 상승 속도를 따라가지 못하자, 1989년 말 니케이지수 기준으로 상장기업 배당수익률은 0.38%로 낮아졌고 주식시장에 거품논쟁이 일어났다. 1989년 당시 일본의 우대금리가 연 5.7%인 점을 고려하면 거품의 정도가 얼마나 심각한지 알 수 있다. 배당수익률이 연 0.4% 미만이라는 것은 약 150년 동안 배당을 받아야 투자원금을 회수할 수 있다는 것을 의미한다.** 그

---

* 높은 경제성장률과 상장기업 영업이익 증가, 외국인 투자자금 유입 및 통화량 증가, 시장금리 하락 등
** 증권전문가들은 금리 수준이 연 7% 일 때, 시장 평균 주가수익률(PER)은 10배가 적정하다고 말한다. 이는 투자원금을 회수하는 데 걸리는 시간이 은행예금이나 주식투자 모두 10년 정도 걸려서, 주식시장과 예금시장이 균형을 이루고 있다는 의미다.

럼에도 일본 증권전문가들은 추가적인 주가지수 상승을 전망했고, 일본 국민들은 마약을 복용한 사람처럼 공격적으로 투자했다.

거품이 절정에 이르자 주식시장이 붕괴되기 시작했다. 당시 일본 최대의 수출시장이었던 미국경제의 성장률이 1989년 3.6%에서 1990년 1.9%로 크게 둔화되었고, 1991년에는 마이너스 0.2% 성장해서 일본의 증시 환경은 상장기업들이 타격을 받을 수밖에 없었다. 게다가 일본의 환율 수준은 장기에 걸친 무역수지 흑자와 외국인 주식투자자금 유입 때문에 낮은 수준을 유지하고 있었다. 경제성장률이 둔화되고 환율이 낮다는 것은 수출주도형 산업구조를 가진 일본의 상장기업들의 영업이익이 큰 폭으로 감소할 수밖에 없음을 의미한다.

[표2-2] 1985년 이후 일본의 GDP 성장률 추이

	1986~1990년	1991~1995년	1996~2000년	2000~2008년
GDP 성장률(%)	2.8~7.1	3.3~0.2	-2.0~2.9	0.2~-1.2

자료 : 한국은행, 5년 단위 경제성장률 범위

미국계 투기성 자본은 결국 미국 국민이 투자한 펀드이다. 미국 국민도 언론을 통해 당시 미국경제가 위축되고 있다는 것을 알았을 것이고, 미국 수출 비중이 높은 일본경제의 성장률 둔화는 불을 보듯 훤했을 것이다. 따라서 1990년 이후 일본 증시 붕괴는 미국계 투기성 자본이 유도한 것이 아니라, 미국 국민이 일본경제 불황에 따른 거품붕괴

를 우려하여 펀드 환매를 요구하자, 그들도 어쩔 수 없이 일본 주식을 매도한 것이다.

일본 국민도 마찬가지다. 주가지수가 하락하면서 자산가치가 떨어지게 되자, 은행 차입을 통해 부동산을 구입한 사람들의 대출 원리금 상환능력이 약해졌다. 이 때문에 매물이 매물을 부르면서 니케이지수가 급락했다. 이른바 부채의 역습이 시작된 것이다.

'음모'라는 말은 원인이나 배경을 명확하게 알 수 없을 때 사용되는 말이다. 하지만 1990년대 일본 주식시장 환경은 주가지수가 폭락할 수밖에 없는 필요하고도 충분한 조건을 갖추고 있었다. 그렇기 때문에 니케이지수 하락을 두고 미국계 투기성 자본의 음모라는 주장은 설득력이 크지 않다. 게다가 당시 미국은 달러 약세 등으로 1991년에 무역수지가 적자에서 흑자로 반전되었다. 이는 미국 주가가 상승할 수 있는 환경이기 때문에, 미국 국민은 일본 주식을 매도한 자금으로 미국 증시에 대한 투자를 늘리는 것이 유리하다. 증시 환경이 불확실한 일본에서 굳이 주식이나 부동산을 매수할 필요가 없다는 말이다.

그럼에도 불구하고 음모론이 확산된 이유는 일본 증권전문가들과 경제전문가들의 책임회피 전략 때문이다. 증권전문가들이 정보 분석에 대한 책임을 미국계 투기성 자본의 음모로 포장해 뒤집어씌운 것이다.

1989년 말 일본의 경제전문가들과 증권전문가들은 일본경제의 미래를 대단히 밝게 보았다. 1989년 말 니케이지수가 3만 8,000선을 상향돌파하자, 이들은 향후 5년 이내에 니케이지수가 10만 엔까지 상승할 수 있다는 보고서를 작성하여 언론에 유포했다. 이들은 주식시장이든 부동산시장이든 거품이 발생하면 반드시 붕괴될 수밖에 없다는 평범한 진리를 외면한 것이다.

좀 더 구체적으로 당시 주식시장 환경을 살펴보자. 일본의 경상수지는 1988년 4분기 240억 달러에서 1990년 4분기 63억 달러로 약 74% 감소했다. 이는 1989년부터 경상수지 흑자 감소와 함께 상장기업의 영업이익이 큰 폭으로 감소했다는 것을 의미하고, 주가지수도 큰 폭으로 하락한다는 것을 예고한다.

[표2-3] 1988년~1990년 일본의 경상수지 추이 (단위: 억 달러)

1988년(4분기)	1989년(4분기)	1990년(4분기)
792(240)	632(150)	441(63)

자료: 한국은행. ( )는 연도별 4분기 경상수지

일본의 외화보유액도 1989년 4월 1,005억 달러에서 그해 10월 844억 달러로 6개월 동안 160억 달러 감소했다. 1989년 4월부터 9월까지의 경상수지 흑자 315억 달러를 감안하면, 국제 투기성 자본의 이탈 금액은 6개월 동안 475억 달러* 규모가 된다. 470억 달러는 당시 1년 동안의 무역수지 흑자 규모라는 점에서, 금융시장에 충격을 줄

---

* 6개월 동안 경상수지 흑자 315억 달러를 포함하여 외화보유액이 160억 달러 감소했으므로 자본 유출액은 475억 달러이다.

수 있을 정도로 큰 규모였다. 또한, 일본의 우대금리도 1988년 말 연 3.38%에서 1989년 말 5.75%로 상승했는데, 돈의 흐름이 주식시장에서 은행예금 상품으로 이동할 수 있다는 중요한 신호였다.

즉, 진정한 음모세력은 거품붕괴가 임박한 일본 자산시장에서 위험을 관리한 미국계 투기성 자본이 아니고, 일본의 증권전문가들과 경제전문가들이라고 할 수 있다. 다만, 미국계 투기성 자본은 거품붕괴가 임박한 일본 증시에서 빠져나가기 위해, 장밋빛 전망으로 일본의 투자자들을 현혹시켰을 뿐이다. 이는 증권회사 애널리스트를 포함한 모든 장사꾼들이 저지르고 있는 공통적인 '모럴 해저드' 현상이다.

1997년 아시아 외환위기에 대한 오해

1997년에 발생한 아시아 외환위기는 경상수지 적자 누적과 과다한 외채 때문에 발생했다. 설상가상으로 1992년 일본 부동산시장의 거품이 붕괴되는 과정에서 일본 금융회사들 다수가 부도위기에 직면하자, 금융회사들이 아시아 국가에 빌려준 대출금을 회수했다. 이에 따라 아시아 국가들 다수가 심각한 외화부족 사태를 겪게 됐고, 태국 등 일부 국가는 국제 투기성 자본의 공격까지 받으면서 외환위기가 발생했다.

1997년 아시아 외환위기의 원인을 두고 서양의 경제학자들은 아시아 국가들의 유교 문화를 거론했다. 가족주의적인 기업지배구조, 권위주의, 정실주의(지연, 학연) 등의 아시아적 가치관이 아시아 경제성장의 동인이면서, 외환위기의 원인이라는 것이다. 2008년 노벨 경제학상을 수상한 폴 크루그먼 교수가 대표적이다.

 이에 대해 당시 말레이시아 마하티르 수상은 "아시아적 가치관이 아시아 경제성장에 중요한 역할을 한 것은 사실이지만, 아시아 외환위기의 원인이라는 주장은 결코 인정할 수 없다."라는 견해를 피력했다. 그는 국제 투기성 자본이 아시아 외환위기의 주범이라고 주장하면서, "만약, 국제 투기성 자본이 아시아 국가의 통화와 주식시장을 공략하지 않았다면 경제 재난은 없었을 것이다."라고 말했다.

 아시아 외환위기의 원인을 이해하기 위해 1997년에 외환위기를 경험한 아시아 국가 중, 경제규모가 일본 다음으로 큰 한국의 경제 환경을 되돌아보자. 한국의 본격적인 경제위기는 1994년부터 시작됐다. 무역수지 적자가 누적되고 있었지만 국민적 지지 기반이 허약한 군사독재정권은 환율상승을 억제했다. 환율상승으로 소비자물가가 상승하면 민심 이반 현상이 나타날 수 있기 때문이다. 그러나 이는 잘못된 선택이었다. 환율이 상승해야 수출이 늘어나고 수입은 줄면서 경상수지가 개선될 수 있는데, 정책 당국이 환율상승을 억제하자 과소비 현상은 오히려 심화됐고, 경상수지 적자는 큰 폭으로 증가했다.

 외환위기 직후인 1998년의 상황을 보자. 경제전문가들은 연초 경상수지 적자가 지속될 것이라고 예상했다. 그러나 한국은 높은 환율 수준에 힘입어 404억 달러 흑자를 기록했다. 외환위기 이전 4년 동안의 경상수지적자 누계(440억 달러)에 해당되는 금액이 1년 동안에 발생한 것이다. 이에 따라 한국의 대외부채는 크게 감소했고, 외국인 투자자금이 유입되면서 외환위기가 조기에 극복될 수 있었다.

이는 역설적으로 정책 당국이 환율상승을 인위적으로 막지 않았다면 외환위기가 발생하지 않았다는 것을 의미한다. 즉, 1997년 한국의 외환위기는 국제 투기성 자본의 음모로 발생한 것이 아니라, 군사독재 정권의 '집권연장 음모' 때문에 발생한 것이다.

좀 더 구체적으로 외환위기 전후의 한국 외환시장 환경을 살펴보자. 경제성장률은 1996년 4분기 1.8%에서 1997년 1분기 0.7%로 크게 둔화되었고, 외화보유액은 1996년 말 332억 달러에서 1997년 말 200억 달러 이하로 떨어졌다. 경상수지 적자는 1996년 4분기부터 1997년 3분기까지, 1년 동안에 180억 달러 이상 발생했다. 상장기업이라면 이미 부도가 났거나 부도위기에 직면한 상태라는 것을 쉽게 알 수 있다. 순 대외채무(대외채무 - 대외채권)는 1996년 말 460억 달러에서 1997년 9월 680억 달러로 9개월 동안 240억 달러 증가했다. 받을 돈보다 갚아야 할 돈이 9개월 동안 240억 달러나 증가한 것이다. 그러자 단기외채 상환압력이 줄을 이었다. 하지만 1997년 10월 이후에는 단기외채를 상환할 돈(외화)조차 없었다.

그럼에도 불구하고 1997년 6월 한국은행은 "한국경제는 태국경제와 달리 외환위기가 발생할 수 있을 정도는 아니다."라며 언론을 통해 강변했다. 또한, 외환전문가를 자처하는 경제학자들과 유명 대학 경제학 교수들이 TV에 출연하여, 환율이 곧 안정될 것으로 전망했다. "외국인 주식투자자금 유입으로 달러에 대한 수요보다 공급이 많을 것"이라고 예상한 것이다.

증권전문가들도 주가지수 상승을 견인하는 보고서를 발표했다. 당시 평균 주가수익률은 종합주가지수 745에서 18배 이상이었다. 적정 주가수익률을 10배라고 가정하면 거품이 크게 발생한 상태였다. 게다가 일부 금융회사는 태국의 금융상품에 투자했다가 외환위기로 적지 않은 투자손실을 입었고 외화부족 사태에 기여한 꼴이 됐다. 또한, 이들은 외환위기 직후인 1998년 환율급등으로 수출기업들이 무역수지 흑자를 낼 수 있는 환경임에도, 공포 분위기를 조성해서 투자자들이 보유하고 있는 주식을 손절매하도록 유도했다. 그 결과 중산층 다수가 저소득층으로 전락했다.

[표2-4] 1996~1997년 주가지수와 주가수익률 추이

	1996년 6월	1996년 12월	1997년 6월	1997년 12월
주가지수(P)	817	651	745	376
주가수익률(PER)	17.4	16.4	18.3	9.6

자료: 한국은행

기업들과 정치권의 모럴 해저드 현상도 극에 달했다. 당시 한보철강은 5조 원의 자금이 소요되는 제철소를 짓기 위해, 정치권의 힘을 빌려 은행에서 4조 원을 빌렸다가 부도가 났다. 한보철강의 부도는 관련 기

업의 연쇄 부도로 이어졌고, 은행의 부실채권은 눈덩이처럼 증가했다. 이에 따라 세계적 신용평가회사인 무디스, S&P 등이 한국에 대한 신용등급을 하향 조정했다. 외국 자본이 들어와야 하는 상황임에도 불구하고 들어온 외국 자본까지 이탈할 수 있는 분위기가 조성되었다. 그러자 한국에 외화를 빌려 준 일본계 금융회사들은 대출기한을 연장해주지 않고 회수해갔다. 외화가 부족한 상태에서 한국경제의 펀더멘털이 악화되자 단기외채 상환압력은 가중되었고, 외화조달이 어려워지면서 환율이 급등하고 시장금리는 치솟았다.

한국 국민도 외환위기 책임에서 자유로울 수 없다. 경제위기에 몰린 와중에도 사람들은 은행 빚을 내어 자동차를 구입했고, 가을 단풍놀이를 즐겼다. 1997년 가을의 고속도로는 주차장을 방불케 할 정도로 정체가 심했다. 또한, 외화보유액이 고갈되는 와중에도 해외여행 자유화 조치를 계기로 일부 지도층 인사들과 부유층은 해외여행을 즐겼다. 심지어 외국인 주식투자자들이 가져온 달러마저도 해외여행을 통해 낭비하고 있었다.

따라서 한국에서 외환위기가 발생한 것은 국제 투기성 자본의 공격 때문이 아니다. 경상수지적자가 누적되고 외화보유액이 급격하게 감소하자, 한국에 돈을 빌려준 일본계 채권자들이 만기 연장을 해주지 않은 데 있다. 다만, 아시아 외환위기의 영향을 간접적으로 받았다는 것은 부인하기 어렵다. 그러나 부도위기에 직면한 경제주체에 돈을 빌려줄 수 있는 채권자가 있을 수 있는지 반문해 보면, 한국 외환위기의 원인은 투기성 자본의 공격이라기보다는 정부와 기업, 경제전문가에게 있었다는 표현이 보다 정확할 것이다.

1998년 국제 투기성 자본의 일본 엔화 공격

1990년 이후 일본 정부는 주식시장과 부동산시장 거품붕괴에 따른 후유증을 줄이고 경기불황을 극복하기 위해 재정지출을 크게 늘렸다. 민간부문의 부실을 정부가 떠안는 방법으로 위기를 극복하고자 했던 것이다. 이에 따라 1998년 일본의 GDP 대비 재정적자 규모는 150%로 증가했다. 게다가 1997년 아시아에서 외환위기가 발생하면서 아시아 경제와 밀접한 관계를 가진 일본경제는 더욱 어렵게 되었다. 특히, 일본 금융회사들은 아시아 외환위기 국가에 많은 자금을 빌려주고 있었기 때문에, 거품붕괴 이후 다시 한 번 충격을 받았다.

이를 간파한 국제 투기성 자본은 엔화를 공격했다. 큰 폭의 엔화가치 하락을 유도하기 위해 일본의 재정적자 문제를 거론하기 시작했다. 이에 따라 엔/달러 환율은 1995년 말 달러 당 102엔에서 1998년 8월 147엔까지 상승했다.

그러나 예상치 못한 문제가 발생했다. 1998년 2분기부터 엔화가치가 상승할 수 있는 상황으로 변한 것이다. 그리고 달러 강세가 1년 이상 지속됨에 따라 미국의 경상수지 적자는 급증했다. 그림2-4를 보면 미국은 경상수지 적자가 1998년 1분기 338억 달러에서 2분기 517억 달러로 53%나 증가했다. 1분기 대비 3분기 경상수지 적자는 무려 106% 이상 증가했다. 이는 국제 투기성 자본이 일본 엔화 공격의 명분으로 내세웠던 '재정적자 급증'이라는 점에서 달러 약세(엔화 강세) 요인이라고 할 수 있다.

설상가상으로 엔화 차입을 한 국제 투기성 자본에게 재앙이 발생할 수 있는 환경이 조성되고 말았다. 당시 미국계 헤지펀드들은 일본의 낮은 금리수준을 이용해 러시아 국채를 펀드에 편입하고 있었는데, 1998년 러시아가 디폴트 선언을 하자 대규모 투자손실을 입고 말았다. 국제 투기성 자본은 러시아의 디폴트 선언이 독일경제에 충격을 줄 것으로 분위기를 잡으려고 했지만, 독일이 안전장치를 마련하고 러

[그림2-4] 1998년 미국과 일본의 분기별 경상수지 추이

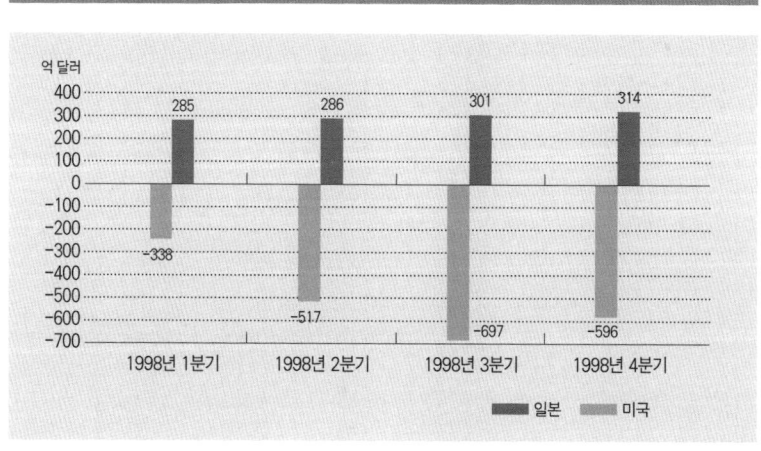

자료 : 한국은행, 연말 기준

시아에 돈을 빌려 준 것이 확인되면서, 불똥은 러시아 국채에 투자한 미국계 헤지펀드로 튀었다. 이 계기로 미국의 앞마당인 중남미 경제도 위기를 맞았다. 당시 미국은 중남미와 자유무역^{FTA} 협정을 맺고 있었기 때문에, 러시아 디폴트 선언은 결국 중남미 경제에 충격을 주는 환경으로 변한 것이다.

이에 당황한 미국계 투기성 자본은 "일본경제는 심각한 재정적자 때문에 조만간 파산할 것이다."라는 루머를 확산시키는 방법으로 엔화 부채를 경쟁적으로 상환했다.(달러 강세를 이용하는 엔화표시 부채 상환 전략) 그러자 엔화가치는 1998년 8월 말 달러 당 141엔에서 연말에 115엔대까지 급등했다.(달러 공급량 증가가 원인)

당시 세계적 헤지펀드인 롱텀캐피탈매니지먼트^{LTCM}가 파산한 이유도, 엔화 차입을 통해 러시아 국채에 투자했다가 환차손과 채권투자손실을 입은 데 있다. LTCM은 노벨 경제학상 수상자인 마이런 숄즈와 살로먼브러더스 부사장 출신 존 메리웨더가 1994년 공동으로 설립한 세계적인 헤지펀드다. 이처럼 막강한 맨파워를 가진 회사가 1998년 일본 엔화 공격 실패와 러시아 디폴트 선언을 계기로 파산했다. 1997년 아시아 외환위기 당시 한국 정부가 외환위기를 선언하자 국채가격이 순식간에 10% 정도 급락한 것처럼, 러시아 국채가격도 디폴트 선언을 계기로 순식간에 10% 이상 하락하고 말았다. 만약, 5년 만기 채권을 편입했다면 순식간에 50% 이상의 투자손실이 발생했을 것이다. 이들은 러시아 국채가 휴지조각이 될 줄 몰랐고, 위기가 발생하면 미국과 러시아 국채의 금리 차이보다 통화가치 하락률이 훨씬 더 클 수 있다는 것도 몰랐다. 그리고 환위험관리를 하면 환차손이 없을 것으로 착각했다. 이는 마치 2007년 한국의 증권회사들이 해외 주식에 투자하면서 환위험을 관리(선물환 매도)하면 안전하다고 생각한 것과 같다.

1998년 국제 투기성 자본의 일본 엔화 공격이 재테크시장 참여자들에게 주는 교훈은 다음과 같다. ①투기성 자본이든 일반 투자자든 남의 돈을 빌려 투자하면 파산할 수 있다. ②위험하지 않은 파생상품은 존재하지 않는다. ③화폐전쟁의 가장 큰 무기는 환율이다. ④환위험관리를 했어도 변동 폭이 크면 레버리지 효과 때문에 환차손이 오히려 커질 수 있다. ⑤화폐전쟁에서 실패하면 회복하지 못하거나 회복하는 데 많은 시간이 걸린다.

2000년 닷컴시장의 붕괴

1990년대 중반 일본경제 붕괴는 미국과 아시아 경제가 성장하는 계기로 작용했다. 국제 유동성 흐름이 일본에서 미국과 한국, 대만 등의 아시아 국가로 유입됐고, 이들 국가는 해외 자본을 이용해 성장하는 발판을 마련했다. 게다가 한국의 제조업체들은 외환위기를 계기로 환율이 크게 상승하자 수출시장에서 일본 제품과의 경쟁에서 승리할 수 있었다. 미국과 아시아 국가들의 IT 산업 육성 전략도 미국과 아시아 경제가 성장하는 데 견인차 역할을 했다. 나아가 IT 산업 성장은 인터넷 산업의 발전으로 이어졌고, 언론은 닷컴시장에 대한 장밋빛 전망을 경쟁적으로 보도했다.

닷컴 붐이 한창이던 1999년에는 오프라인off-line 기업들은 시대에 뒤떨어져서 곧 도산할 것처럼 인식되기도 했다. 미국과 한국의 증권사 애널리스트들은 닷컴기업들이 황금알을 낳는 거위인 것처럼 보고서를 작성해 닷컴시장에 거품생성을 유도했다. 이에 따라 코스닥지수는 1998년 500선 초반에서 2000년 2월 2,900선까지, 1년 2개월 동안 약 600% 상승했다. 미국 나스닥시장도 같은 기간 비슷한 상승률을 기록했다.

하지만 닷컴기업은 근본적인 한계를 가지고 있었다. 주가는 기본적으로 상장기업의 대차대조표와 손익계산서를 반영하는데, 이들 닷컴기업은 온라인 판매의 한계* 때문에 재무구조가 점점 악화되었다. 주가는 액면가의 50~100배까지 상승했는데 재무구조가 점점 악화된다면 결과는 불을 보듯이 뻔하다.

2000년 4월 전 세계 닷컴시장은 미국 나스닥시장을 시작으로 준엄한 심판을 받았다. 미국 나스닥지수는 5,000선을 돌파한 후 1년 만

* 눈으로 확인하고 물건을 구입하는 인간의 심리 때문

에 1,400선으로 주저앉았고, 코스닥지수도 3,000선을 잠시 돌파한 후 500선까지 추락했다. 미국과 한국 모두 1년 동안에 70% 이상 하락한 것이다. 부도난 기업이 수두룩했고, 고점 대비 90% 이상 하락한 주식도 많았다. 이 과정에서 증권회사 애널리스트들은 지금이 바닥이라는 논리로 계속해서 투자자들을 유인했고, 피해자는 그만큼 증가했다.

닷컴시장의 거품생성과 붕괴 과정은 기존의 화폐전쟁과 다른 양상으로 전개되었다. 닷컴시장이 출범하기 전에는 애널리스트들이 기업의 성장성과 수익성, 안전성을 기준으로 상장기업을 분석했는데, 닷컴시장 애널리스트들은 수익성과 안전성을 무시하고 근거도 없이 성장성만 강조하는 보고서를 남발했다. '새롬기술'이라는 코스닥 등록업체(인터넷 전화 사업체)가 대표적이다. 수익을 창출하지 못하는 기업의 주가가 애널리스트의 '바람잡기식' 보고서에 힘입어 액면가 대비 300~400배까지 상승하기도 했다.

또한, 과거의 화폐전쟁은 국제 투기성 자본이 국제간 자본이동을 통해 환율효과를 기대하면서 주식시장과 채권시장, 부동산시장 등을 공략하는 방법으로 전개되었다. 하지만 닷컴시장에서의 화폐전쟁은 증권사 애널리스트가 루머를 무기로 거품발생을 유도한 것으로 평가할 수 있다.

공통점은 닷컴시장 붕괴 역시 과거의 투기성 재화시장 거품붕괴처럼 실물경기 침체로 이어졌고, 정부의 재정지출 증가를 초래했다. 또한, 투기성 재화시장의 거품붕괴는 돈의 흐름을 거품이 발생한 시장에서 안전한 시장으로 바꿔 놓았다. 그리고 금융정책 당국은 경기연착륙 및 경기회복을 위해 기준 금리를 인하하고 재정지출을 늘렸다. 이는 2005년 이후 미국 부동산시장과 주식시장에 거품생성의 기반을 조성했다는 점에서, '거품발생과 거품붕괴야말로 언제 어디서나 환율변동을 수반하는 화폐적 현상'이라고 할 수 있다.

2000년 닷컴시장의 붕괴로부터 얻은 교훈은 다음과 같다. ①주식시장 참여자들은 주가형성원리에 충실해야 한다. ②재테크시장에서 증권전문가들과 시장참여자들의 정보해석 능력이 얼마나 중요한지를 보여주었다. ③펀더멘털을 무시하고 기술적 분석에 기초해 투자하는 것이 얼마나 위험한지를 보여주었다. ④증권전문가들이 제공하는 정보 중에는 투자손실을 조장하는 정보가 적지 않다는 사실이다.

화폐전쟁 깊이 읽기 ❷

자본의 이동과 화폐전쟁

국제간 자본이동과 화폐전쟁

　외국인 투자자들은 달러나 엔화, 유로화를 가져와 투자 대상 국가의 통화로 환전해 투자한다. 그래서 외국인 투자자금이 유입되면 해당 국가의 통화량이 증가한다. 또한, 외국인 투자자금 유입으로 달러 공급이 증가하면 환율이 하락하는 경향이 있어서 소비자물가도 하락할 수 있다. 즉, 화폐경제학 교과서 이론처럼 외국인 투자자금(외화) 유입에 따라 통화량이 증가하면 물가가 상승하는 것이 아니라, 환율효과 때문에 물가가 안정되는 것이다.

　참고로 환율이 급등한 이후 외국인 투자자금 유입으로 환율효과가 발생하면, 상장기업의 자국 통화표시 매출액과 영업이익도 증가한다. 기업은 매출이 증가하고 영업이익이 증가하면 재화와 서비스를 더 많이 생산하기 때문에, 외국인 투자자금 유입은 본원통화량 증가 요인이면서 GDP(PT) 증가 요인이다.* 개도국에서 외국인 투자자금을 유치하려고 노력하는 이유도 여기에 있다.

2009년 외국인 투자자금 유입 국면에서 한국의 통화량과 경제성장률, 소비자물가 추이를 보면, 기존의 화폐경제학 이론과 반대되는 현상을 확인할 수 있다. 2009년, 대부분의 경제전문가와 증권전문가는 상반기 중에 예산 조기 집행 등으로 하반기 성장률이 둔화될 것으로 예상했다. 하지만 외국인 투자자금 유입으로 환율하락과 함께 본원통화량이 큰 폭으로 증가하면서, 경제성장률은 경제전문가들의 예상보다 높았고 물가는 안정되었다.**

[표2-5] 2009년 분기별 외국인 투자, 경제성장률, 환율 및 소비자물가 추이

	09년 1/4	09년 2/4	09년 3/4	09년 4/4
외국인 투자(억 달러)	35	167	199	105
GDP성장률(%)	0.1	2.6	3.2	0.2
원/달러(원)	1,462	1,261	1,219	1,166
소비자물가지수	112.4	112.6	113.5	113.8

자료 : 한국은행, 환율은 평균 환율, 경제성장률은 전 분기 대비

저명한 국내외 경제학자들과 다수의 증권전문가들이 2008년과

---

* 화폐경제학자인 밀턴 프리드먼은 화폐수량방정식 MV=PT에서 PT를 GDP와 같은 개념으로 해석한다.
** 이와 반대로 국제 투기성 자본이 이탈하면 환율이 상승하면서 화폐의 유통속도가 둔화된다. 이 때문에 금융시장은 경색되고 소비자물가 상승으로 가계의 실질소득이 감소하면서 주가지수도 하락하는 경향이 있다.

2009년의 경제성장률 예측과 주가지수 전망에 실패했다. 그 이유는 무엇일까? '자본의 국제간 이동과 실물경제 및 금융시장과의 관계'에 대한 이해 부족이 원인이다. 국제 투기성 자본은 바로 이런 약점을 노려 거품생성과 거품붕괴를 유도하는 방법으로 화폐전쟁에서 승리한다. 《화폐전쟁》의 저자 쑹훙빙이 주장하는 투기성 자본의 음모인 '양털 깎기'가 아니라, 자본의 국제간 이동 자체로 경제성장률이 높아지고 환율이 하락하기 때문에 주식시세차익과 환차익을 실현할 수 있다.

자본의 이동에 따른 양극화

밀턴 프리드먼은 그의 저서에서 "시장 간 돈의 이동은 소비자물가에 일시적으로 영향을 미칠 수 있지만, 실질 GDP에는 영향을 주지 못한다."라고 기술했다. 그러나 실물경제에서는 돈의 이동에 따라 국가의 경제성장률이 다르고, 소득계층 상호간, 국가 간에 양극화 현상이 나타난다. 돈이 많이 유입되는 시장의 기업은 매출액이 증가하고 영업이익이 증가하기 때문에, 이들 기업에 근무하는 근로자의 소득수준도 높다. 반면 돈이 빠져나가는 시장의 기업은 매출액이 감소하고 영업이익도 감소하기 때문에, 이들 기업에 근무하는 근로자의 소득은 통화량 증가에도 불구하고 감소한다.

2007년부터 2010년까지 한국과 미국의 건설시장이 대표적이다. 2007년 상반기까지만 하더라도 미국과 한국의 건설업은 호황이었지만, 2008년 이후에는 불황의 늪에 빠졌다. 사회 전체로 보면 통화량은 급증했지만, 돈이 건설시장에서 다른 시장으로 빠져나가면서 건설업체가 부도나고 종업원은 실업자로 전락했다. 이는 돈의 흐름이 소득계층 간 양극화의 중요한 원인이 될 수 있음을 보여준다.

돈의 이동에 따른 국가 간 양극화 현상도 심각하다. 자본시장이 개방된 한국의 경우, 2008년 1년 동안 이탈한 자금이 약 500억 달러(2008년 평균 환율 적용 시 약 45조 원 상당액) 규모다. 외국인 투자자 이탈로 주가지수와 부동산가격이 하락했고, 환율이 급등하면서 자금시장이 경색됐다. 이에 따라 2008년 경제성장률은 연초 경제전문가들의 4.5~5.0% 성장 전망과 달리 2.3% 성장에 그치고 말았다. 게다가 2009년 초에는 다수의 경제전문가들이 GDP 성장률이 크게 둔화될 것으로 예상했다. 하지만 2009년 경제성장률은 경제전문가들의 예상보다 훨씬 높게 나타났다. 통화량 증가가 총수요 증가로 나타난 것도 중요한 원인이지만, 외국인 주식투자자금 유입과 환율효과에 힘입어 경상수지 흑자가 증가하는 등, 돈의 흐름이 한국으로 바뀐 것도 중요한 원인이다.

[표2-6] 2008~2009년 경제성장률과 본원통화량, 외국인 투자 추이

	2007년	2008년	2009년
외국인 투자(억 달러)	-261	-240	507
GDP성장률(%)	5.1	2.3	0.2
본원통화량(조 원)	48.5	52.3	61.7

자료 : 한국은행, 본원통화량은 평잔 기준

2008년을 전후로 해서 아프리카 경제가 역동적으로 성장한 배경도, 이들 지역에서 생산되는 원자재가격이 상승하면서 기축통화인 달러 자금 유입이 늘었기 때문이다. 원자재를 팔아서 확보한 달러를 가지고 사회간접자본 시설을 확충하자 경제가 활력을 얻으면서 아프리카의 경제성장률이 높아진 것이다.
　국제 투기성 자본은 이처럼 국제간 자본이동과 실물경제의 상호작용 관계를 이용해 특정 국가를 공격하는 방법으로 수익률을 극대화한다. 그러나 방어에 실패한 국가는 제1차, 제2차 세계대전에서 패전한 국가들처럼 승전 국가에게 많은 것을 빼앗긴다. 2008년 미국발 금융위기에 따른 한국의 외화유동성 위기 사례와 2010년 그리스 재정위기는 화폐전쟁에서 실패하면 얼마나 무서운 결과를 초래하는지 보여주었다. 국제 투기성 자본이 화폐전쟁에서 얻은 전리품을 해외로 유출하면, 투자자 본인은 물론 국가 경제까지 충격을 받게 된다.
　반대로 화폐전쟁에서 승리하면 자산소득이 증가해서 소비도 하고 투자도 할 수 있기 때문에 경제가 활력을 되찾는다. 대표적인 사례가 2009년 이후의 미국이다. 2009년 미국의 경제성장률이 경제전문가들의 예상보다 훨씬 높게 나타난 이유도, 미국계 투기성 자본이 세계 금융시장을 무대로 한 화폐전쟁에서 승리했기 때문이다. 미국계 투기성 자본은 경기회복이 빠를 것으로 예상되는 아시아 국가들의 수출비중이 큰 대기업 주식에 투자했다. 이들이 엄청난 주식시세차익과 환차익을 실현하자 미국 국민은 그 수익으로 자동차 등의 내구재와 생필품을 소비했고, 이는 미국의 경제성장률에 적지 않은 영향을 줬다. 물론, 미국 정부의 막대한 재정지출과 통화량 공급확대도 예상보다 빠른 경기회복에 기여했다.

2009년 이후의
화폐전쟁

세계경제와 외환시장 환경의 변화

2008년 미국발 금융위기를 계기로 세계경제 및 외환시장 환경에 큰 변화가 있었다. 때문에 다가올 화폐전쟁은 과거와는 다른 양상으로 전개될 가능성이 높다. 핵심적인 변화는 선진국 대부분에서 중산층이 많이 희생되었다는 점이다. 이는 선진국의 내수기반이 약화된 것을 의미하며, 개도국을 상대로 하는 무역전쟁과 환율전쟁을 예고한다.*

미국 정부와 국민은 자국 금융 산업의 국제 경쟁력을 이용하여 해외 금융시장에서 자신들의 소비기반과 미국 경제의 회생기반을 마련하려고 할 것이다. 반면에 중국 등의 개도국은 선진국 국민이 가난해진 만

---

* 희생된 중산층은 가격이 저렴한 개도국 제품을 사용할 수밖에 없고, 이는 수입 증가로 이어진다. 그래서 기업은 내수기반이 약화되면 수출시장에서 돌파구를 찾아야 한다.

큼 큰 시장을 얻은 것이나 마찬가지어서 공격적인 수출전략으로 대응할 것이다. 이에 따라 미국의 외환정책 당국은 무역수지 적자를 완화하고 경제성장률이 높은 개도국에 투자하는 자국민을 보호하기 위해, 해당 국가의 통화가치 상승을 유도할 것이다.

반대로 외화보유액이 많은 중국은 자국의 산업을 보호하기 위해 경쟁 국가의 통화가치 상승을 유도할 것이다. 예를 들면, 일본의 국채를 매수하는 방법으로 엔화 강세를 유도하고, 한국의 국채를 매수하는 방법으로 원화 강세를 유도할 수 있다. 미국 국채를 계속해서 매수하는 것도 중국경제에 긍정적인 효과가 있기 때문에, 일부 경제학자들의 주장과 달리 중국은 보유하고 있는 미국 국채를 공격적으로 매도하지는 않을 것이다. 이는 수출시장과 내수시장에서 자국 산업과 기업을 보호할 수 있는 전략이기 때문이다. 만약 중국이 미국의 압력을 받아 어쩔 수 없이 위안화 평가절상을 해야 한다면, 중국은 일본과 한국 등의 통화 강세를 유도하는 방법으로 상쇄시킬 것이다.

경기회복 속도가 느린 유로 지역 국가들도 유로화가치 하락을 유도해 수출경쟁력을 강화하는 방법으로 경기회복을 도모할 것이다. 따라서 2010년 유럽발 재정위기를 계기로 추락한 유로화가치는 달러와의 교환 비율이 상당 기간 1:1 이하로 하락하지 않을 것이다. 그리고 유로화가치 하락 폭이 클수록 달러 사용 경제권 대비 환율효과가 크기 때문에, 일부 경제학자의 주장과 달리 수년 이내에 유로화가 없어지지도 않을 것이다.

이외에도 각국이 경제위기 극복 과정에 돈을 필요 이상으로 공급한 것도 화폐전쟁의 중요한 환경 변화다. 국제 투기성 자본이 높은 수익률을 노리고 증가한 통화량을 곡물 등의 원자재시장으로 이동시킬 수 있기 때문이다.

선진국과 개도국 간 기술격차가 빠르게 좁혀지고 있는 것도 중요한 환경 변화다. 기술격차가 좁혀지면 선진국 제품의 부가가치가 하락하는 대신, 개도국에서 생산된 제품의 부가가치가 상승하기 때문이다. 결국, 2010년에 세계적으로 확산된 환율전쟁은 선진국 중산층 붕괴, 심각한 재정적자, 선진국과 개도국의 개술격차 축소, 필요 이상 급증한 통화량 증가에서 비롯된 것이라 할 수 있다.

달러 패권시대 지속

미국은 2008년 10월 이후 달러 공급량을 크게 늘렸다. 미국의 본원통화량 잔액은 2008년 8월 8,400억 달러에서 2010년 2월 2조 1,100억 달러로, 1년 6개월 동안 약 150% 증가했다. 세계적 투자은행이 부도위기에 몰리자 미국 정부가 금융시스템 붕괴 방지와 경제 회복을 위해 취한 조치다. 환율은 두 나라 화폐의 교환비율이기 때문에 경제학 교과서 이론대로라면 본원통화량이 크게 증가한 달러의 가치는 하락해야 정상이다. 이에 따라 2009년 초까지만 해도 유명 경제학자들은 달러의 패권시대가 막을 내리고 유로화 위상이 강화될 것으로 예상했다. 일부 전문가들은 중국 위안화가 기축통화로 급부상할 것이라고 예상하기도 했다.

그러나 2010년 들어 유로화가치는 경제전문가들의 예상과 달리 달러 대비 큰 폭으로 하락했다. 그 이유는 무엇일까? 결론부터 말하면, 경제학자들 대부분이 기축통화 요건과 환율결정원리를 제대로 이해하지 못했기 때문이다.

기축통화의 요건 중 가장 중요한 것은 통화가치의 안정이다. 막대한 통화량 공급과 기준금리 인하로 기축통화 요건이 강해지거나 약해질지 따져봐야 한다. 2008년 10월 미국은 세계적 투자은행이 부도위기에 처해서 금융시스템이 붕괴될 우려가 있었고, 돈의 흐름이 미국에서 일본으로 이동하는 시점이었다. 따라서 본원통화 공급을 통해 금융시스템을 복원시킬 수 있다면 달러가치의 하락을 막을 수 있고 통화가치가 안정될 수 있다.

무엇보다 경제전문가들이 달러의 위상 전망에 실패한 가장 중요한 이유는 기축통화인 달러가 화폐전쟁에서 강력한 대량 살상무기라는 사실을 몰랐다는 점이다. 환율은 기축통화인 달러와의 교환비율이다. 미국계 투기성 자본이 통화가치가 하락한 국가에 기축통화를 공급하면 주식시세차익과 환차익을 실현할 수 있다는 것을 간과한 것이다. 즉, 사상 유례가 없는 막대한 달러 공급을 이용해 미국경제의 경상수지 적자와 재정적자 문제를 해소할 수 있다는 점을 간과했다.

대부분의 경제전문가들이 2008년 말 환율 전망에 실패했던 이유는 본원통화 중심으로 화폐경제 현상을 이해했기 때문이다. 미국이 2009년에 본원통화량을 크게 늘리자, 이들은 달러가치 하락을 예상했다. 하지만 통화량 증가에도 화폐유통속도(광의의 통화량 ÷ 본원통화량)가 2007년 8.9배에서 2009년 4.1배로 크게 둔화되었다. 기축통화인 달러의 유통속도가 둔화됐다는 것은 국제무역과 자본거래에 필요한 달러자금 부족을 의미하기 때문이다.(달러 강세 요인) 2008년 10월 '리먼 사태' 이후 2009년 3월까지 나타난 전 세계적인 달러부족 현상(달러 강세)이 대표적인 사례이다.

또 다른 달러 강세 요인을 살펴보자. 첫째, 유로 지역의 상대적인 경제성장률 둔화이다. 2009년 미국의 GDP 성장률은 -2.4%인데 반해, 유로 지역의 경제성장률은 -4.1% 이었다. 중국과 개도국은 5% 이상의 성장을 하고 있었다. 돈의 흐름이 유로 지역에서 아시아 지역으로 이동하거나, 경제성장률이 상대적으로 높은 미국으로 이동할 수 있는 중요한 외환시장 환경 변화이다. 유럽계 자금조차 그리스처럼 재정적자가 심각한 유로 국가의 채권에 투자할 이유가 없는 것이다. 오히려 기존의 채권을 매각해서 아시아 지역에 투자하면 주식시세차익과 환차익을 기대할 수 있다.

둘째, 유로 지역의 경상수지 적자가 급증한 것도 원인이다. 유로 지역의 경상수지 적자는 2007년 251억 달러에서 2008년 2,012억 달러로, 1년 동안에 800% 이상 악화했다. 반면, 미국의 2008년 경상수지

적자는 2007년 대비 3% 정도 감소했고 2009년에 크게 감소했다. 이는 유로화 대비 달러 강세 요인이다.

셋째, 유로 지역 국가들의 경제력 차이도 유로 약세 요인으로 작용했다. 유로화를 사용하는 16개국 중에서 독일과 프랑스 등의 선진국을 제외하면 개도국이 훨씬 많기 때문에 경기불황 국면에서 통화가치가 하락하는 경향이 있다. 게다가 유로화 사용 국가에 대한 수출에서는 환율효과를 기대할 수도 없어서 경기회복의 걸림돌이 된다. 이 역시 유로 약세 요인으로 작용한다. 해당 국가의 경제는 망가지고 있는데 환율효과가 발생하지 않으면, 경기회복이 지연되고 더 큰 수렁에 빠질 수 있기 때문이다.

넷째, 유로 지역 국가와 경제적으로 밀접한 관계가 있는 영국의 재정적자 급증도 유로화가치 하락에 영향을 미쳤다. 영국의 경제위기가 유로 지역 위기로 발전할 수 있기 때문이다. 마치 아시아 외환위기 이후 일본경제가 어려움에 직면한 것과 비슷하다.

상기와 같은 이유로 미국 달러의 패권시대는 경제전문가들이 예상과 달리 2008년 미국발 금융위기를 계기로 오히려 강화되었다.

일부 경제전문가들은 미국경제가 안고 있는 문제(재정적자와 경상수지 적자 및 부동산 문제 등)를 지적하면서 '달러가 사라진 세계'를 예상하지만, 앞으로도 달러의 패권시대는 지속될 수밖에 없다. 지구상에 존재하는 화폐 중에서 기축통화 요건을 가장 충족하고 있는 통화이기 때문

대규모 달러 공급에도 달러 패권시대가 유지되는 이유

① 미국 달러의 기축통화 요건 강화
② 달러 공급 목적이 붕괴된 금융시스템 복원이기 때문
③ 유로 지역보다 높은 미국의 경제성장률
④ 화폐유통속도 둔화에 따른 물가안정
⑤ 유로 지역의 경상수지 적자 급증
⑥ 유로 지역 개도국의 불확실한 경제
⑦ 유로 지역 국가 간 무역에서 환율효과 없음
⑧ 유로 지역에서 아시아 지역 및 미국으로 자본 유출

이다. 좀 더 구체적으로 살펴보면 다음과 같다. ①기축통화 국가는 정치·경제적으로 안정돼야 하고 외부의 침략이 없어야 하는데, 미국은 정치·경제적으로 안정되어 있고 세계에서 가장 강력한 군사력을 가지고 있다. ②기축통화 국가는 경제위기와 금융위기를 흡수할 있어야 하는데, 미국은 금융시장이 발달돼 있고 평균 소득수준도 높은 수준이다. ③세계경제 성장에 따른 기축통화 수요를 충족하려면 재정적자가 발생하더라도 기축통화를 공급할 수 있어야 하는데, 경제력이 가장 큰 미국은 이러한 대규모 재정적자를 감당할 수 있다.

이밖에 미국 정부와 미국계 투기성 자본의 기축통화 질서 사수전략도 달러 패권시대가 지속될 수 있는 중요한 이유다. 현실성 없는 가정이지만 만약, 2008년 미국발 금융위기 때 달러가 기축통화가 아니었다면, 1930년대 발생한 대공황과 비교할 수 없을 정도로 큰 피해가 발생했을 것이다. 다행히 미국 달러가 기축통화이기 때문에, 2008년 말에 부도난 세계적 투자은행들이 미국 정부의 지원에 힘입어 되살아 날 수 있었고, 실업률도 10% 수준에서 막을 수 있었다. 그리고 2009년 경기회복 국면에서도 전문가들의 예상보다 미국경제가 빠르게 회복된 이유도 미국 달러가 기축통화였기 때문에 가능했다.

그래서 미국은 달러의 기축통화 질서를 목숨 걸고 사수할 수밖에 없다. 미국의 정치·경제적인 위상과 국민의 생존이 걸려 있기 때문이다. 2010년 초 미국의 금융회사들이 그리스, 포르투갈, 스페인 등 유로화 사용 국가의 재정적자 문제를 거론한 배경도, 유로 약세를 유도해서 기축통화인 달러의 위상을 제고하는 전략이다. 나아가 유로화로 무역을 하는 국가와 외화보유액에서 유로화 비중이 높은 중국에 대한 경고로도 해석할 수 있다.

미국의 위안화 평가절상 요구

기축통화를 둘러싼 국제간 갈등은 계속될 것이다. 미국의 통화 및 금융정책에 따라 환율이 변동하고, 환율 수준에 따라 경제성장률이 달라지기 때문이다. 또한, 환율 수준에 따라 상장기업의 매출액과 영업이익이 변동하면서 주가지수와 시장금리가 등락하고, 소비자물가지수, 실업률(일자리 창출), 정부의 조세수입에 영향을 미친다. 이에 따라 내수기반이 취약한 국가일수록 환율전쟁을 벌일 수밖에 없다.

대표적인 사례가 미국과 중국의 환율전쟁이다. 2005년부터 계속되고 있는 미국의 위안화 평가절상 요구는 외관상 미국의 대중국 무역수지 적자를 해소하기 위한 것이다. 그러나 중국이 위안화를 평가절상 하더라도 미국의 대중국 무역수지 개선 여부는 불투명하다. 중국 제품은 생산원가가 저렴해 값이 싸고 기술수준도 빠르게 향상되고 있어서, 미국 국민의 중국 제품 소비가 더욱 늘어날 수 있기 때문이다. 반면, 미국 제품은 중국 국민의 소득수준에 비추어 볼 때 가격이 지나치게 높기 때문에 미국의 중국 수출 증가 속도는 느릴 수밖에 없다. 중국이 2008년까지 위안화를 약 20% 정도 평가절상 했음에도 불구하고, 미국의 대중국 무역수지 적자가 오히려 증가했다는 것을 보면 알 수 있다.

그럼에도 불구하고 미국이 위안화 평가절상을 줄기차게 요구하는 의도는 무엇일까? 첫째, 중국을 비롯한 아시아 지역에 투자하는 미국 국민의 달러표시 자산가치가 상승하는 효과를 기대할 수 있다. 자국민의 자산가치가 상승하면 미국의 소비시장이 활성화되고 고용 촉진에 도움이 된다. 둘째, 미국이 지배하고 있는 금융시장 질서가 중국 중심으로 재편되는 것을 막기 위한 전략이다. 중국과의 환율전쟁에서 패배하면 중장기적으로 중국의 정치·경제적 위상이 강화되기 때문이다. 셋째, 변동환율제도로의 전환을 압박해서 중국 재테크시장을 미국계 투기성 자본이 공격할 수 있도록 하는 전략이다. 넷째, 미국과 유로 지역의 재정적자 문제를 해소하는 방안으로 중국의 성장 열매를 따먹는 전략이다.

기축통화를 둘러싼 국제간 갈등은 금속화폐제도에서도 있었다. 저명한 화폐경제학자인 밀턴 프리드먼 교수는 《화폐경제학》에서 "미국이 금과 은을 화폐로 사용하다가 은을 제외한 이유는 국제 금융재벌의 이해관계 때문이다."라고 기술했다. 미국이 금과 은을 화폐로 사용하면 은을 본위화폐로 사용하는 국가도 기축통화 지위를 누릴 수 있기 때문에, 미국계 국제 금융재벌이 자신의 영향력이 축소될 것을 우려하여 은을 화폐로 인정하지 않았다는 것이다. 마치 한 국가에 두 명의 왕이 존재하면 둘 다 영향력이 작아지기 때문에 한 명을 제거하는 것과 같다.

화폐전쟁을 주도하는 국제 투기성 자본 입장에서도 마찬가지다. 지구상에 두 개의 기축통화가 존재한다는 것은 화폐전쟁에서 승리할 확률이 그만큼 낮아진다는 것을 의미하기 때문에, 달러 이외의 기축통화는 없어야 유리하다. 2010년 2월 다보스 포럼에 참석한 미국 국가경제위원장 로렌스 서머스가 "미국 달러를 기축통화로 계속 유지할 것인지의 여부는 시장과 각국 중앙은행이 결정할 성질이다."라고 천명한 것도 같은 맥락이다. 프랑스와 중국, 중동 산유국 등의 기축통화질서 변경요구를 수용하지 않겠다는 뜻을 분명히 하는 동시에, 달러 기축통화를 사수하는 전략이라고 할 수 있다.

원자재시장과 금시장의 부상

1971년부터 2008년까지 화폐전쟁의 양상은 국제 투기성 자본이 환율변동을 이용해 해당 국가의 주식, 채권, 부동산시장을 공격한 것이었다. 그러나 2009년 이후에는 원자재시장과 금시장이 또 다른 공격 대상이 되었다. 먼저 원자재시장을 살펴보자.

2008년 미국발 금융위기를 계기로 원자재시장에 세 가지 중요한 변화가 나타났다. 첫째, 세계 각국이 자국의 경제위기를 극복하려고 통화량을 필요 이상으로 공급했다. 둘째, 인구가 많은 중국, 인도, 브라질 등의 개도국 경제성장에 따른 원자재 수요 증가다. 2008년 상반기에는 인구 13억의 중국이 원자재가격을 올려놓았다면, 2009년 이후에는 인구 12억의 인도와 1억 9,000만 명의 브라질이 원자재가격을 올려놓을 것이다. 셋째, 선진국 부동산시장의 거품붕괴에 따른 저금리 정책이다. 이는 돈의 흐름이 원자재시장으로 바뀔 수 있음을 예고하는 것이다. 2009년 3월 이후 원자재 생산 국가인 브라질, 호주, 캐나다 통화의 강세 현상이 대표적인 사례다.

이러한 변화는 2008년 이전보다 국제 투기성 자본의 공격 수단이 훨씬 다양해졌다는 것을 의미한다. 환율변동을 이용해 원자재가격 변동을 유도할 수 있고, 원자재가격 변동을 유도해 주식시장과 외환시장에 영향을 미칠 수도 있다. 화폐전쟁이 복잡하게 전개될수록 국제 투기성 자본 입장에서는 그만큼 효과적인 공격이 가능하다.

2008~2009년 2년 연속 경제전문가들이 경제성장률, 주가지수, 환율 전망에 실패한 또 다른 이유 중 하나도 원자재시장에 대한 이해부족이라 할 수 있다. 2009년 상반기에는 원자재가격이 빠르게 회복되면서 돈의 흐름이 부동산시장에서 원자재를 생산하는 국가로 이동했다. 그 결과 이들 국가의 경제가 빠르게 회복되었고, 세계경제 회복에 견인차 역할을 했다. 그리고 국제 투기성 자본이 이들 국가에서 주식 시세차익과 환차익을 실현한 수익금으로 소비를 늘린 것도 중요한 역할을 했다. 이해를 돕기 위해 원자재가격 상승에 따른 경기회복 경로를 살펴보자.

[그림2-5] 경기불황 국면에서 적당한 원자재가격 상승의 긍정적인 파급 경로

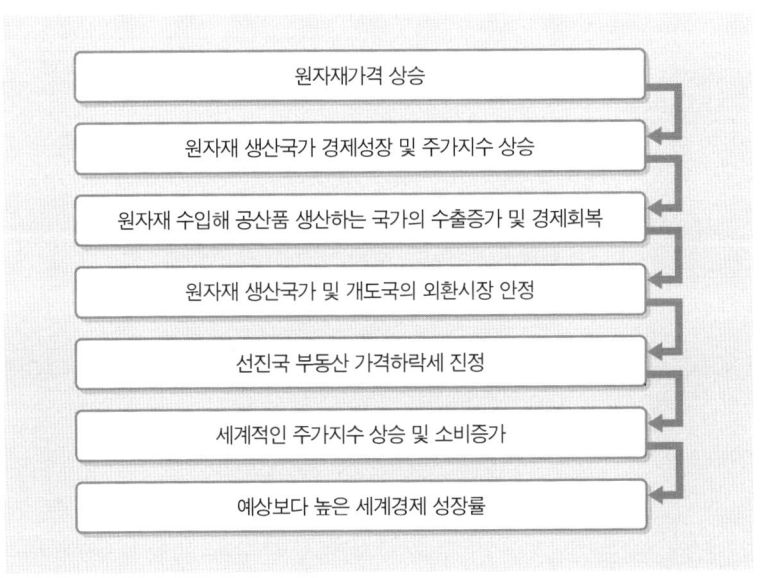

[그림2-6] 경기호황 국면에서 원자재가격 과다 상승의 부정적인 파급 경로

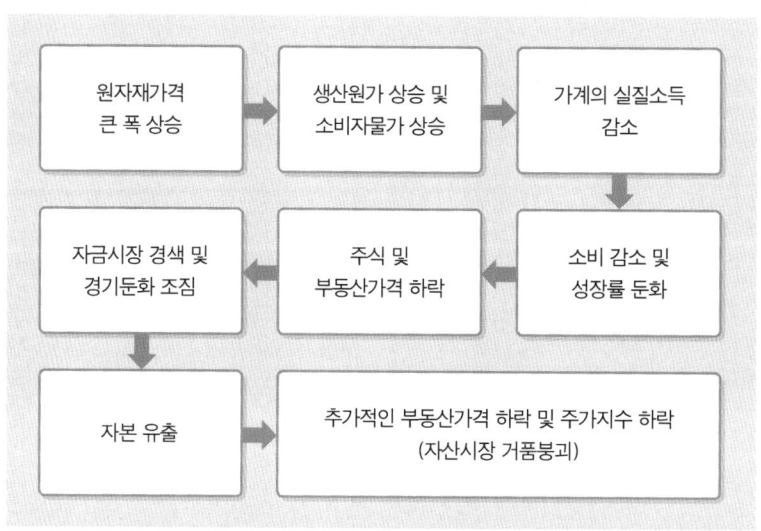

반대로 경기호황 국면에서 과다한 원자재가격 상승은 경기불황의 원인으로 작용할 수 있다. 경기호황 국면에서는 자산시장에 거품논쟁이 벌어질 수 있기 때문에, 원자재가격이 과다하게 상승하면 가계의 실질소득 감소와 함께 자산시장 거품붕괴의 계기로 작용할 수 있다. 2008년 상반기 주식시장과 부동산시장의 불황이 그 예이다.

2008년 미국발 금융위기가 금시장에 준 영향은 금이 화폐 대용자산으로 부상했다는 것이다. 2007년까지만 하더라도 금값은 원자재가격이 상승하는 국면에서 동반 상승했다. 그러나 2008년 미국발 금융위기 이후에는 다른 원자재가격이 하락해도 유독 금값만 상승했다.

1971년 대미국 무역수지 흑자 국가들이 달러가치의 하락을 우려해 금을 선호했던 현상과 비슷하다. 금환본위제도가 폐지된 이후 40년 만에 금이 다시 실질 화폐로 등장한 것이다. 이는 미국 부동산시장의 거품이 붕괴되면서 실질적인 가치가 있는 금에 대한 신뢰도가 높아졌고, 사상 유례없는 달러 공급으로 금에 대한 수요가 급증한 것으로 평가할 수도 있다.

한국은행의 통계자료에 따르면, 금환본위제도 폐지 직전 미국의 본원통화량은 663억 달러에 불과했다. 그러나 금환본위제도가 폐지되자 금의 보유량에 관계없이 통화량이 늘어났고, 그 결과 2010년 3월 본원통화량은 2조 달러에 달한다.* 40년 동안 통화량이 30배 이상 늘어난 것이다.

금시장 얘기가 나온 김에 적정한 금값은 얼마인지 살펴보자. 지난 40년 동안 미국의 소비자물가상승률을 가지고 현재의 적절한 금값을 산출할 수 있는데, 금환본위제도 폐지 이전에 금과 달러의 교환비율인 온스 당 34~42달러가 합리적이었는지 따져봐야 한다.

달러 기축통화 질서가 확립된 1944년 브레튼우즈 체제 이후부터, 미국은 달러가치 하락 요인이 누적되고 있었음에도 금값을 인위적으로 통제했다. 이에 따라 1971년 프랑스 등에서 미국의 달러가치는 금

---

* 이 중 1조 달러는 2008년 10월 리먼 브라더스 사태 이후 늘어난 것이고, 금에 대한 수요는 더욱 증가했다.

값의 절반 수준으로 평가절하해야 적절하다는 주장을 제기했다. 그러므로 당시의 적정 금값은 온스 당 70~80달러라고 볼 수 있다. 여기에 그동안의 소비자물가지수 상승분을 적용해보자. 미국의 소비자물가지수는 1970년 38.8포인트에서 2009년 214.5포인트로 약 6배 상승했다. 따라서 적정 금값은 420~480달러 정도라고 할 수 있다.

하지만 이 가격도 불완전한 수준이다. 금의 생산원가 상승분도 적용해야 한다. 금은 생산량이 증가할수록 더 깊은 땅속에서 캐내야 돼서 생산원가가 크게 증가하기 때문이다. 그리고 금 생산자의 마진율을 10~20% 정도 더하면 적정한 금값은 온스 당 600달러 이상이다. 그러나 온스 당 600달러는 2009년 기준으로 일부 지역에서 생산되는 금의 생산원가에도 미치지 못하는 값이다. 따라서 금값이 온스 당 700달러 이하로 하락하면 금 생산량이 크게 감소하고, 금값 급등의 원인이 된다. 이는 적정한 금값이 온스 당 700달러 이상이라는 것을 의미한다.

또 다른 금값 산출 방법은 금을 화폐로 생각하고 은행에 예금하면 이자가 발생하는 것으로 가정해보는 것이다. 40년 동안 연복리 7%의 금리를 적용하면,* 2010년 현재 적정 금값은 온스 당 1,200달러 안팎이 된다.

----

* 지난 40년 동안 미국의 우대금리는 연평균 7% 이상이었다.

가장 큰 화폐전쟁터로 떠오르는 중국

2010년 현재의 중국경제는 1980년대 중반 이후의 일본경제와 비슷하다. 첫째, 1985년 프라자 합의로 일본 엔화가치가 평가절상되기 전에 국제 투기성 자본이 일본으로 유입된 것처럼, 국제 투기성 자본이 위안화 평가절상을 기대하고 앞다투어 중국에 대한 투자를 늘리고 있다는 점이다.

둘째, 대미 무역수지 흑자 지속으로 인한 위안화 평가절상 압력을 피하기 위해 중국 인민은행이 유입된 달러를 매수하자 통화량이 급증했다는 점이다. 만약, 중국도 1980년대 중반 이후의 일본처럼 금융시장 성장속도가 실물경제 성장속도보다 빠르게 진행된다면 거품논쟁이 발생할 수밖에 없다. 2007년 말 이후 중국 주가지수가 급락하면서 부동산가격이 큰 폭으로 하락한 것이 대표적이다. 당시 상해증시의 평균 주가수익률이 약 40~50배 수준까지 상승하자, 주식시장이 붕괴되면서 부동산시장도 함께 붕괴됐다.

2010년 6월 중국의 외화보유액이 2조 5,000억 달러에 육박하는 등 외화관리에 어려움을 겪고 있는 것도 화폐전쟁이 일어날 요건을 충족한다. 국제 투기성 자본 입장에서 보면 외화보유액이 많다는 것 자체가 가지고 나갈 전리품이 많다는 것을 의미하기 때문에, 중국은 대단히 매력적인 시장이다. 2009년 한 해 동안 중국에 유입된 달러는 4,530억 달러인데, 위안화 평가절상을 기대하는 3,000억 달러의 핫머니까지 유입되면서 외화보유액이 눈덩이처럼 증가했다.

중국 제조업의 성장률이 빠른 것도 국제 투기성 자본 입장에서는 매력적이다. 제조업의 빠른 성장은 국제 투기성 자본이 공격 대상으로 삼는 주식시장과 채권시장이 급성장할 수 있는 환경이기 때문이다.

　중국의 금융시장이 역사상 가장 큰 화폐전쟁터가 되는 것은 시간문제다. 화폐전쟁이 시작됐다는 신호도 감지되고 있다. 화폐전쟁의 '저승사자'로 알려진 조지 소로스가 2010년 초 위안화의 평가절상을 강력하게 주장한 것이 그렇다. 이에 중국 은행감독위원장 류밍캉 등의 고위 관료들은 "달러 캐리트레이드*가 역조 현상을 보일 경우 이머징마켓에 큰 충격이 올 것이다."라고 경고했다. 즉, 헤지펀드와 중국 통화당국이 서로 민감하게 반응했다는 것 자체가 화폐전쟁의 시작을 알리는 신호다.

　2010년 초에는 중국판 '미네르바'까지 등장했다. 2010년 5월 중국 언론은 "중국판 미네르바가 중국 부동산거품 붕괴 시간표라는 내용을 인터넷에 게재하자, 중국 전역으로 빠르게 확산되었다."라고 전했다. 중국판 미네르바가 인터넷에 게재한 중요 내용은 다음과 같다.

---

* 상대적으로 금리가 낮아진 미국 달러화를 빌려 다른 통화로 표기된 주식이나 채권과 같은 고수익자산에 투자하는 것을 말한다. Carry-Trade는 대상 국가의 기준금리가 인하될 것으로 예상되거나, 금리인하에 앞서 통화가치가 절하될 경우 등에 활성화된다. (출처: 네이버)

일본의 부동산거품 붕괴 과정

① 1985년 엔화 절상
② 1986년 국제 투기성 자본 일본으로 대거 유입
③ 1987년 부동산가격 3배 폭등
④ 1988년 부동산가격 1차 폭락 및 정부의 대책 마련
⑤ 1991년 부동산시장 거품붕괴

중국의 부동산거품 붕괴 과정

① 2005년 위안화 절상
② 2006년 국제 투기성 자본 중국으로 대거 유입
③ 2007년 부동산가격 3배 폭등
④ 2008년 부동산가격 1차 폭락
⑤ 정부의 부동산 경기 부양책
⑥ 2011년 부동산시장 거품붕괴

이에 따라 중국 정부는 국제 투기성 자본의 유·출입을 억제하고, 해외 투자를 확대하는 전략으로 외화보유액을 축소하기 시작했다. 2009년 11월에는 해외 거주자의 중국 내 송금을 제한했고, 2010년 초에는 핫머니 유입을 규제했다. 당시 중국에는 핫머니 유입을 억제하기 위해 토빈세*와 같은 세금을 적용해야 한다는 주장도 제기됐었다. 또한, 2010년에는 일본과 한국의 국채에 투자하는 방법으로 달러 유

* 단기자금이 국경을 넘을 때 세금을 매기는 것. 국제 핫머니의 급격한 유출입으로 각국의 통화가 급등락하여 통화위기가 촉발되는 것을 막기 위한 규제방안 중 하나이다.(출처: 네이버)

입에 따른 위안화 통화량 증가를 억제했다. 외국계 금융회사가 위안화 표시로 채권을 발행하는 것도 허용했고, 홍콩 등의 중화경제권을 중심으로 위안화 표시 무역도 허용함으로써 위안화 수요를 늘리는 조치도 취했다.

중국 국민의 투기 성향과 그동안 국제 투기성 자본의 움직임을 고려해보면, 중국 자산시장의 거품발생 및 붕괴는 시간문제일 뿐이다. 거품붕괴 시기는 부동산시장과 주식시장에 거품논쟁이 벌어지고, 변동환율제도가 도입되는 등 국제 투기성 자본의 활동이 자유로워질 때일 것이다. 2010년 초 조지 소로스가 위안화의 평가절상을 강하게 요구한 배경에는 '중국 자산시장의 거품발생과 붕괴 과정에서 주도적인 역할을 하겠다.'는 의도가 숨겨져 있는지도 모른다.

세계 금융시장의 헤게모니를 장악하기 위한 중국과 미국의 피비린내 나는 화폐전쟁은 이제 시작에 불과하다. 중국경제의 성장속도가 빠를수록, 그리고 경제규모가 커질수록, 금융시장도 빠르게 성장할 것이기 때문이다. 만약, 이 전쟁에서 중국이 패전한다면 2008년 미국발 금융위기 때의 선진국처럼 적지 않은 어려움을 겪게 될 것이다. 금융회사 부실채권 증가와 함께 재정적자도 눈덩이처럼 증가할 것이고, 은행대출로 투기성 재화시장에 참여한 사람들은 자산가치가 감소해 엄청난 희생을 치를 것이다.

향후 국제 투기성 자본의 전략

'환율전쟁'이라는 말만 나오면 다수의 사람들은 유태인 출신의 미국인 조지 소로스 퀀텀펀드 회장을 떠올린다. 그가 1992년 영국 정부와의 환율전쟁*에서 승리했기 때문이다. 그리고 변동환율제도 전환 이후의 화폐전쟁 양상이 환율을 이용하는 전쟁으로 진행되었기 때문에, 금융위기가 발생할 때마다 환율전문가인 조지 소로스 회장이 배후세력으로 의심받는다.

그가 대부분의 화폐전쟁에서 승리한 이유는 그가 환율전문가이기 때문이다. 이는 역설적으로 '환율과 실물경제 및 금융시장의 상호작용 관계'를 알고 있는 금융전문가라면, 금융위기가 발생하기 전에 금융시장과 실물경제가 어떻게 전개될지 알 수 있다는 것을 의미한다.

보다 구체적으로 접근해보자. 재정적자가 GDP 대비 100% 이상인 상황에서 경상수지가 악화되고 자산시장에 거품논쟁이 벌어진 경우에는, 시간의 문제이지 거의 예외 없이 거품이 붕괴하고 해당 국가의 통화가치가 하락한다. 만약 국제 투기성 자본이 이와 같은 국가에 투자했다면, 투자원금 전체를 날릴 수 있기 때문에 반드시 위험을 관리할 것이고, 이는 곧 거품붕괴로 이어진다. 이와는 반대로 주식시장과 부동산시장의 거품이 붕괴됐고, 환율효과(수출증가 및 수입감소)가 발생할 수 있을 정도로 환율이 상승한다면, 국제 투기성 자본은 이들 국가

---

* 당시 영국경제의 펀더멘털이 악화되자, 조지 소로스 회장이 운영하는 헤지펀드가 영국 파운드화를 공격했다.

역사적인 자산시장 거품생성 및 붕괴 국면에서 환율 변동 요인

① 1970년 무역불균형 해소를 위해 고정환율제도에서 변동환율제도로 변경

② 1971년 금환본위제도 폐지(달러가치 급락)
  ➡ 금값 급등 및 소비자물가 상승으로 미국 증시 40% 하락

③ 1980년 미국 무역수지 적자와 재정적자 급증. 일본은 경상수지 흑자 급증. 엔/달러 환율 하락 국면에서 일본 상장기업 매출액과 영업이익 급증
  ➡ 엔화 강세를 기대한 국제 투기성 자본의 일본 유입 및 자산 가격 급등

④ 1985년 프라자 합의(엔화가치 평가절상 합의)
  ➡ 국제 투기성 자본 일본으로 유입 및 자산시장 거품발생

⑤ 1989년 이후 일본 경상수지 큰 폭 감소, 미국 경상수지 적자 큰 폭 개선
  ➡ 엔화 약세(달러 강세) 및 1990년대 일본 자산시장 거품붕괴

⑥ 1990년을 전후로 영국 경상수지 적자 급증 및 실업률 10%로 급증
  ➡ 1992년 조지 소로스 영국 파운드화 공격 및 파운드화 급락

⑦ 1997년 아시아 외환위기
  ➡ 일본의 외채 상환요구 및 아시아 외환위기 국가의 환율 급등

⑧ 1998년 엔화 공격(롱텀캐피털매니지먼트 부도)
  ➡ 일본의 재정위기를 거론하는 방법으로 엔화가치 하락 유도 및 엔화 부채 상환

⑨ 2000년 닷컴시장 붕괴
  ➡ 은행 부실채권 증가 및 환율상승

⑩ 2008년 미국발 금융위기
  ➡ 부동산시장과 주식시장의 거품붕괴 및 미국 달러가치 하락(엔화 강세)

⑪ 2010년 유럽발 재정위기 사태
  ➡ 유로 지역 경제성장률 둔화로 자금유출 급증: 유로화가치 급락

의 주식이나 부동산에 투자하는 전략으로 주식시세차익과 환차익을 노린다.

1997년 이후 자산시장 거품붕괴와 경기회복 초기 국면에서, 조지 소로스 회장처럼 환율에 영향을 미치는 요소를 중심으로 자산시장 거품붕괴를 전망한 경제전문가도 많았다. 2008년도 노벨 경제학상을 수상한 폴 크루그먼 교수가 대표적이다. 또한, 1980년대 이후의 대형 금융사건을 보면 공통적인 요소를 확인할 수 있다. 자산시장에 거품논쟁이 있고 환율 추세가 바뀔 수 있는 환경이 조성되면 예외 없이 거품이 붕괴됐다는 점에서, 향후 국제 투기성 자본의 접근 전략도 환율을 중시하는 투자전략에서 크게 벗어나지 않을 것이다.

대형 은행도 파산하는 화폐전쟁 시대

1980년 이전까지만 해도 대부분의 한국 기업은 은행에서 대출을 받지 않으면 자금조달이 어려웠다. 기업의 여유자금도 은행에 예금형태로 운용하는 수준이었다. 은행은 기업이 담보로 맡긴 부동산이나 유가증권의 가격이 경기침체 국면에서 하락하더라도, 경기가 회복되면 가격이 정상 수준을 쉽게 되찾았기 때문에 대출 채권도 쉽게 회수할 수 있었다. 이러한 시기에는 은행이 화폐전쟁을 주도할 수 있었다.

하지만 1980년대 이후 일본을 중심으로 제조업의 급성장과 함께 증권시장이 발달하자, 대기업은 주식이나 채권 발행 등의 다양한 방법으로 자금을 조달할 수 있게 되었다. 신용도가 높은 상장기업은 해외에서도 은행 대출보다 유리한 조건으로 자금을 조달했다. 한국을 대표하는 삼성전자도 1990년대부터는 해외에서 CB(전환사채)를 발행하는 방법으로 자금을 조달했다. 자본시장이 본격적으로 개방된 2000년 이후에는 대부분의 우량 기업들이 은행 대출보다 유리한 조건으로 증권시장을 통해 자금을 조달하고 있다.

[표2-7] 1990년 이후 증권시장을 통한 자금조달 추이 (단위: 조 원)

1990년	1995년	2000년	2005년	2007년	2009년
14.0	29.8	99.3	54.8	62.4	95.8
(11.1)	(23.6)	(58.7)	(48.1)	(45.3)	(84.2)

자료: 한국은행, 해당연도 조달 금액, ( )는 해당 연도 회사채 발행금액

이에 따라 은행의 대출 고객은 신용도가 낮은 중소기업과 가계를 중심으로 재편되었다. 한국은행에 의하면, 2010년 6월 시중 은행의 기업에 대한 대출금 520조 원 중에서, 약 83%에 해당하는 430조 원이 신용도가 낮은 중소기업 대출이다. 이는 경제위기가 발생해서 중소기업의 경영 환경이 악화된다면 은행도 파산할 수 있음을 보여준다.

가계 대출도 안전하지 않은 것은 마찬가지다. 2009년 말 가계 대출 잔액은 692조 원으로 GDP의 65% 이상을 차지했다. 대부분이 부동산 투자와 주식투자를 위한 대출이다. 부동산시장이 장기간 침체되거나 주식시장이 충격을 받으면 가계 대출 채권도 부실해진다.

[그림2-7] 2000~2009년 가계 대출 추이

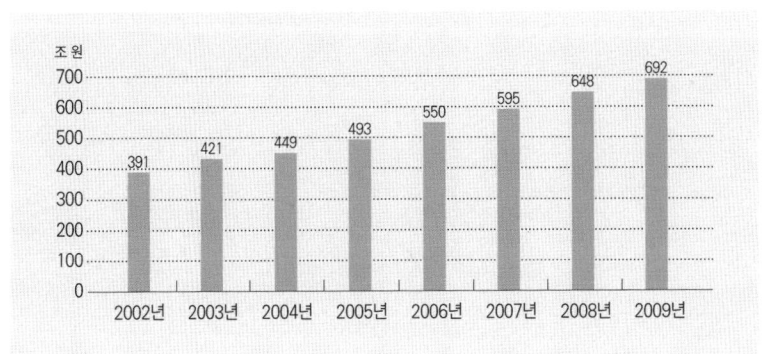

자료 : 한국은행, 연말 기준

　한국은행 통계에 의하면 주택구입자의 70%가 주택을 구입할 때 필요한 자금의 30~50% 정도를 은행에서 대출 받는 것으로 나타났다. 이론적으로는 주택가격이 취득원가보다 50% 이상 하락하지 않으면 은행은 대출채권을 회수할 수 있다. 그러나 주택가격이 20% 정도 하락하고 주가가 30% 정도만 하락해도 가계는 대출 원리금을 상환하지 못할 수 있다. 이러한 환경에서는 담보로 잡은 주택을 처분하려고 해도 매수자를 찾을 수 없다. 일본과 미국 등의 사례를 보면 알 수 있다. 주택시장이 침체되는 국면에서는 법원 경매가격이 감정가의 절반 이하 수준에서도 유찰된다. 은행이 감정가의 50%만 대출을 해준다고 해도, 2008년 미국발 금융위기처럼 예금고객이 이탈하면서 부도위기에 직면할 수 있다.

　재테크 전문가들에 의하면 연간 소득 대비 적정 부채비율은 40% 정도라고 한다. 가계의 평균 생활비가 소득의 70%를 차지하고 평균 저축비가 30% 안팎이기 때문이다. 하지만 2008년 미국발 금융위기를 계기로 선진국은 물론, 개도국에서도 가계소득 대비 부채비율이 지나치게 높아졌고, 부채 상환능력 악화로 부동산시장의 거품이 붕괴되었다. 한국의 경우 2009년 기준으로 가처분 소득 대비 가계부채 비율이 140%를 넘겼다. 대도시에 거주하는 가계의 경우, 소득 대비 부채비율이 200~500% 이상인 가계도 적지 않다. 게다가 한국을 비롯한 일부 국가에서는 은행마저 예금보다 대출이 많았다. 외부 환경이 악화되면 은행도 언제든지 충격을 받을 수 있는 구조인 셈이다.

오늘날 대부분의 은행은 자금조달보다는 자금을 어떻게 운용할 것인지를 더 고민한다. 우량 고객인 기업과 가계는 예금의 주체이고, 은행으로부터 대출을 받을 필요도 없기 때문이다. 이에 따라 은행도 어쩔 수 없이 주식에 투자하고 부동산에 투자하고 파생상품에 투자하지만, 은행과 같은 보수적인 집단은 실패할 확률이 높다. 실제 사례를 보자.(그림2-8 참조) 한국의 기관투자자들(은행 포함)은 2008년 초 거품붕괴가 임박한 상황에서도 눈앞에 보이는 경제현상만 믿고, 1년 동안 약 22조 원 상당액의 주식을 순매수했다. 반대로 2009년 경기회복 및 주가지수 상승 국면에서는 26조 원 이상을 순매도했다.

한편, 국제 투기성 자본은 국내 은행과 기관투자자들과 달리, 주가지수 대세 하락이 시작되는 2007년 하반기부터 1년 동안 약 500억 달러

[그림2-8] 2007년 하반기 이후 은행 등 기관투자자의 주식 매매 추이

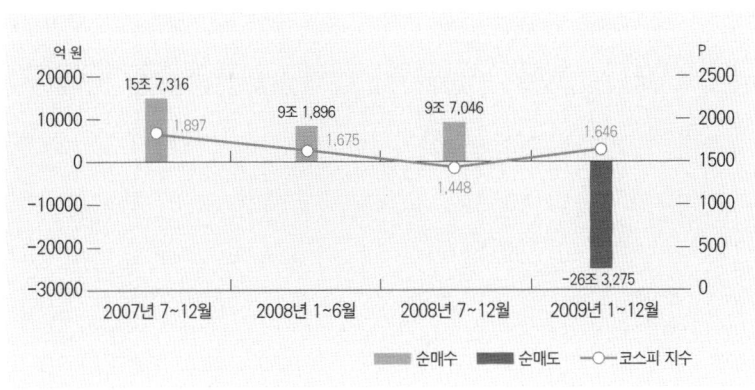

자료 : 한국은행, 주가지수는 분기 말 기준

를 순매도했다. 반대로 주가지수가 바닥을 쳤던 2009년 3월부터 1년 동안은 300억 달러 이상을 순매수했다. 즉, 외국인 투자자들은 주식시장에서 주식시세차익과 환차익을 실현한 반면, 국내 은행과 기관투자자들은 주식투자손실이 40~50% 발생했다. 게다가 해외 주식에 투자한 경우, 주식투자손실 40~50%, 환차손이 30% 이상 발생했다.

2008년 미국발 금융위기가 은행에게 주는 교훈은 다음과 같다. ① 은행이 과거와 같이 대출금을 늘리거나 회수하는 방법으로 화폐전쟁에 접근한다면 실패할 수밖에 없다.* 즉, 대출 금리를 낮춰 부동산시

* 중국의 금융전문가 쑹훙빙은 그의 저서《화폐전쟁》에서 "은행은 낮은 금리로 자산시장에 거품을 유도한 후, 다시 금리를 인상하여 거품이 붕괴되면 대출 고객 재산을 착취(양털 깎기)한다."라고 주장한다. 하지만 2008년 미국발 금융위기 때 세계적인 투자은행들까지 대출 고객과 함께 공멸했다는 점에서 쑹훙빙의 주장은 전혀 설득력이 없음을 보여준다.

장이나 주식시장, 원자재시장에 거품발생을 유도하는 전략은 궁극적으로 거품붕괴를 유도하는 전략이기 때문에, 은행도 대출 고객과 함께 공멸한다. ②금리가 낮다는 이유로 환율결정원리를 무시하고 외화표시 대출을 받아 투기성 재화시장에 참여하면 어떠한 은행도 부도위기에 직면할 수 있다. ③여신(대출) 주체인 은행과 대출 고객인 기업과 가계 중 어느 한쪽이라도 위기에 직면하면 은행도 동반 붕괴될 수 있다.

화폐전쟁 깊이 읽기 ❸

기존 화폐경제학의 오류

본원통화량과 소비자물가의 관계

본원통화는 중앙은행이 공급한 일반적인 교환수단(화폐)이다. 만약, 재화와 서비스의 거래 규모가 증가하는데도 중앙은행이 본원통화를 추가로 공급하지 않으면, 시중에 유통되고 있는 본원통화의 회전속도가 빨라진다. 거래량(생산량)과 거래금액이 증가하면 그만큼 돈이 더 필요하기 때문이다.

한국의 사례를 살펴보자. 2009년 한 해 동안 국민이 생산한 재화와 서비스의 생산량을 시장가격으로 환산하면 1,000조 원을 조금 넘는다. 그런데 본원통화는 평잔 기준으로 62조 원에 불과하다. 1,000조 원에 상당하는 재화와 서비스가 결제되기 위해 본원통화가 약 16번 정도 회전한다는 뜻이다. 2008년에는 동일한 규모의 재화와 서비스를 생산하는 데 본원통화가 약 20배 정도 회전했다. 2008년의 화폐유통속도가 2009년보다 빠른 이유는 본원통화량이 15조 원 정도 적었기 때문이다.

[표2-8] 2000년 이후 한국의 화폐유통속도 추이 (단위: 조 원)

	2000년	2002년	2004년	2006년	2008년	2009년
본원통화량(A)	26.3	33.6	31.3	41.7	52.3	61.7
광의의 통화(B)	691.4	824.2	929.6	1,076.7	1,367.7	1,508.6
유통속도(B/A)	26.3	24.0	24.9	25.6	26.2	24.4

자료 : 한국은행, 통화량은 평잔 기준

　중국은 GDP 대비 본원통화량이 많아서 화폐유통속도가 한국보다 훨씬 느리다. 2000년 이후 중국의 화폐유통속도는 평균 3~4배 안팎으로 한국의 1/6 수준이다. 그렇다면 2000년 이후 미국의 화폐유통속도는 얼마일까? 중국의 금융전문가 쑹훙빙은 '미국은 민간이 중앙은행을 소유하고 있어서 화폐를 남발하고 있다.'고 주장하고 있으나, 중국보다 GDP 대비 본원통화량이 적어 2007년까지 8~9배 수준이었다. 2008년에는 본원통화량이 9,006억 달러에서(9월) 2조 220억 달러로(12월) 120% 이상 증가했지만, 경기불황 여파로 화폐유통속도가 8.5배에서 4.2배로 크게 떨어졌다. GDP는 2008년과 2009년 모두 약 14조 달러로 비슷하지만, 본원통화량이 크게 증가했기 때문이다.

[표2-9] 2000년 이후 중국의 화폐유통속도 추이 (단위: 조 위안)

	2000년	2002년	2004년	2006년	2008년
본원통화량(A)	3.6	4.5	5.9	7.8	12.9
광의의 통화(B)	13.5	18.3	25.1	34.6	47.5
유통속도(B/A)	3.8	4.0	4.2	4.4	3.7

자료 : 한국은행, 통화량은 연말 기준

[표2-10] 2001년 이후 미국의 본원통화량 추이 (단위: 10억 달러)

	2004년	2005년	2006년	2007년	08년 6월	2008년	2009년
본원통화량(A)	744	779	818	830	832	1,659	2,019
광의의 통화(B)	6,443	6,703	7,063	7,466	7,652	8,140	8,530
유통속도(B/A)	8.6	8.6	8.6	9.0	9.2	4.9	4.2

자료 : 한국은행, 연말 기준

　화폐경제학에서는 본원통화량이 증가하면 소비자물가가 상승하는 것으로 설명한다. 하지만 한국, 미국, 중국의 사례에서 알 수 있듯이, 현실 경제에서는 본원통화량이 증가하면 화폐유통속도는 감소하는 경향이 있다. 따라서 본원통화량 증가가 소비자물가에 미치는 영향은 제한적이다. 이와 반대로 본원통화량이 감소하면 화폐유통속도가 빨라지기 때문에 소비자물가는 안정될 수 있다.

　한국의 경우, 2009년 기준으로 GDP 대비 본원통화량이 5%도 되지 않는다. 미국도 마찬가지다. 2008년 미국의 GDP 규모는 14조 원 이상이었지만, 본원통화량은 2008년 말 8,300억 달러로 GDP 대비 6% 미만이었다. 중국은 GDP 대비 본원통화량이 한국이나 미국보다 훨씬 많음에도 불구하고 소비자물가가 10년 이상 안정적이다. 반면, 한국은

〔그림2-9〕 2001~2008년 중국과 한국의 본원통화량과 소비자물가지수 추이

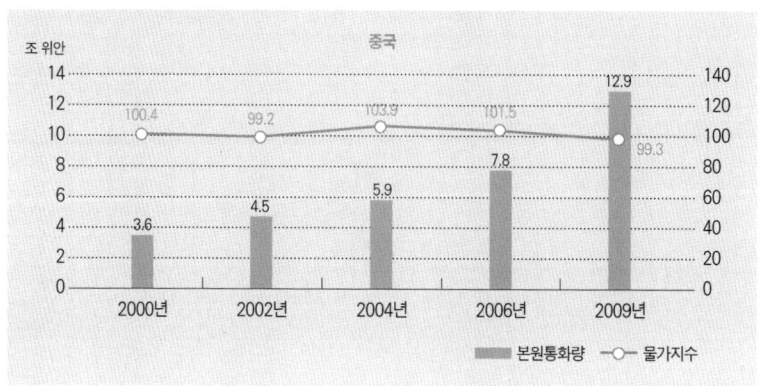

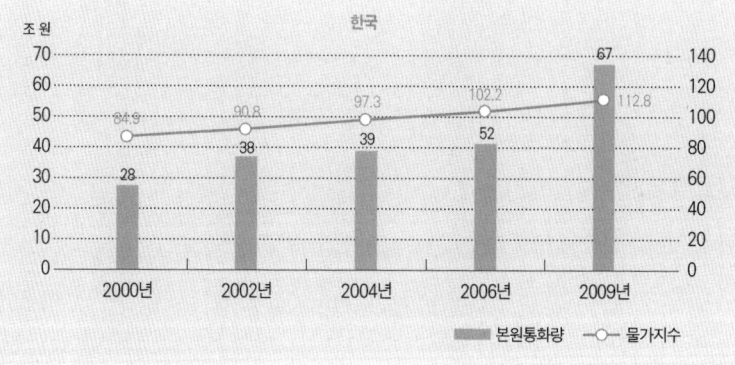

자료 : 한국은행

GDP 대비 본원통화량이 중국보다 훨씬 적음에도 불구하고 소비자물가상승률이 중국보다 높다. 이는 화폐경제학자들이 주장하는 본원통화량과 소비자물가 관계가 명확하지 않다는 것을 의미한다.

〔표2-11〕 1998년 이후 원/달러 환율과 소비자물가지수 추이

	1998년	2000년	2002년	2004년	2006년	2008년	2009년
원/달러(원)	1,398	1,130	1,251	1,145	955	1,103	1,276
유가(WTI)	12	27	31	43	61	44	79
물가지수	82.3	84.9	90.8	97.3	102.2	109.7	112.8

자료: 한국은행, 연 평균환율, 유가는 배럴/달러, 소비자물가(2005년: 100.0)

소비자물가 상승 요인도 통화량 증가보다는 재화에 대한 수요와 공급 이론 및 환율과 같은 변수가 훨씬 더 중요하다. 1998년 이후 한국의 환율과 소비자물가지수, 유가와 소비자물가지수의 관계를 보자. 2002년에는 환율과 유가가 동반 상승하면서 소비자물가가 급등했고, 2004년에는 환율은 10% 정도 하락했지만 소비자물가에 미치는 영향이 큰 유가가 38% 상승하면서, 소비자물가가 큰 폭으로 상승했다. 유가 상승이 거의 모든 산업에 영향을 미쳤기 때문이다. 2008년에는 환율도 15% 이상 상승하고 유가도 2년 동안 약 120% 상승한 결과(배럴당 140달러), 소비자물가가 2년 전과 비교하여 큰 폭으로 상승했다. 유가는 한국의 본원통화량과 관계없이 상승했고, 원/달러 환율은 유가 등 원자재가격 상승으로 달러에 대한 수요 증가 때문에 크게 상승했다는 점에서, 한국의 소비자물가 상승률은 본원통화량 증가보다 유가와 환율상승에 따른 부작용이 크다고 볼 수 있다.

통화량이 증가하면 물가가 상승한다는 화폐경제학 이론은 가격은 재화에 대한 수요와 공급에 의해 결정된다는 경제학 원론과 배치된다.

2009년 미국의 상황을 보면 알 수 있다. 글로벌 금융위기의 여파로 미국 경기가 침체되자 수요가 큰 폭으로 감소했고, 미국 정부가 경기부양책으로 통화량을 늘렸지만 소비자물가는 상승하지 않았다.

또한, 밀턴 프리드먼 교수는 "물가 상승은 언제 어디서나 발생하는 화폐적 현상이며, 통화량 증가 없이 돈의 쏠림 현상 때문에 상승한 재화의 가격은 돈의 흐름이 바뀌면 원래의 가격 수준으로 되돌아간다."라고 주장했다.

그러나 그의 주장은 경제학의 가장 핵심적인 가격결정이론인 '희소성의 원칙'을 고려하지 않은 것이다. 현실 경제에서는 희소성이 강한 원자재와 생산량이 증가할수록 생산원가도 상승하는 지하자원은 통화량이 감소해도 원래의 가격 수준으로 돌아가기 어렵다. 예를 들면, 미국은 본원통화량이 크게 증가한 2009년보다 2008년에 소비자물가상승률이 더 높았다. 원자재가격이 2008년 상반기에 큰 폭으로 상승한 것이 원인이다. 이와는 반대로 본원통화량이 100% 이상 증가한 2009년에는 오히려 소비자물가가 큰 폭으로 하락했다.

[표2-12] 2008년 미국의 본원통화량 급증 이후 소비자물가 추이

	2007년 말	2008년 3월	2008년 6월	2008년 9월	2008년 말	2009년 말
본원통화량(억 달러)	8,298	8,256	8,320	8,401	16,559	20,219
물가지수	210.0	213.5	218.8	218.8	210.2	215.9
유가(WTI)	95.9	101.6	140.0	100.6	44.6	79.3

자료 : 한국은행, 유가는 배럴/달러, 분기(말) 기준

또한, 밀턴 프리드먼은 "인플레이션은 화폐 증가율이 생산량 증가율보다 빠를 때 발생하며, 생산량 단위 당 화폐 증가율이 빠를수록 인플레이션율도 높아진다. 경제학 명제 가운데 이것만큼 확고하게 정립된 명제는 없다."라고도 주장했다. 즉, 절대 금액으로서의 통화량 증가가 아닌 통화량 증가율이 중요한 소비자물가 변동 요인이라는 것이다.

하지만 2000년 이후 중국경제는 밀턴 프리드먼의 가설은 현실성이 없다는 것을 보여주었다. 2000~2009년까지 본원통화 증가율은 매년 20% 이상이고, 본원통화량 증가율이 GDP 증가율 10%보다 훨씬 높지만, 소비자물가상승률은 매우 낮다. 이는 밀턴 프리드먼이 강조한 '통화량 증가율과 소비자물가의 관계에 대한 확고한 명제'조차 성립되지 않음을 보여준다. 한국과 미국 역시 통화량 증가율이 GDP증가율보다 높지만, 수요 급증에 따른 원자재가격 상승분을 제외하면 소비자물가상승률은 미미한 수준에 그치고 있다.

그렇다면 '통화량 증가율이 GDP 증가율보다 높으면 소비자물가상승률도 높다는 가설(확고한 명제)'이 현실을 설명하지 못하는 이유는 무엇일까?

첫째, 통화량은 정부가 경기불황 극복을 위해 늘리는데, 이 시기에는 재화와 서비스에 대한 수요가 감소하기 때문에 화폐유통속도가 느려져 물가상승을 견인하지 못한다.*

* 가격은 수요와 공급에 의해 결정된다는 이론과 배치한다.

둘째, 주식처럼 상장기업의 내재가치가 반영돼 가격이 결정되는 성질의 재화는 통화량 증감보다 해당 기업의 내재가치가 가격에 더 큰 영향을 미친다. 따라서 통화량과 가격(물가)의 관계보다 경기 상황과 가격의 관계가 오히려 크다. 주식시장은 기본적으로 상장기업의 매출과 영업이익이 통화량보다 더 중요한 주가 결정 요인이기 때문이다.

2007년 세계적인 경기호황기와 2009년 세계적인 경기불황기 때, 한국, 미국, 일본, 중국의 본원통화량과 주가지수의 관계를 살펴보면, 2007년 대비 통화량이 큰 폭으로 증가한 2009년의 주가지수가 오히려 크게 하락했음을 알 수 있다. 즉, 밀턴 프리드먼의 가설이 투기성 재화시장에서는 성립되지 않는다는 것을 보여준다.

[표2-13] 경기호황기 및 경기불황기의 본원통화량과 주가지수

	한국		미국		일본		중국	
	통화량 (조 원)	주가지수 (P)	통화량 (억 달러)	주가지수 (P)	통화량 (조 엔)	주가지수 (P)	통화량 (조 위안)	주가지수 (P)
2007년	56.3	1,897	8,184	13,265	96.0	15,307	10.1	366
2009년	67.8	1,682	20,219	10,428	105	10,546	14.4	252
증감률(%)	20.4	-11.3	147.0	-21.4	9.4	-31.1	42.6	-31.1

자료 : 한국은행, 연말기준

경제전문가들 중에는 통화량 증가 요인을 잘못 해석하는 사람도 적지 않다. 밀턴 프리드먼은 통화량이 과다하게 증가할 때 경제에 미치는 부작용(인플레이션 현상)을 강조하기 위해, '헬기로 통화를 뿌리는 방법으로 경기를 부양하면 물가만 상승한다.'라는 표현을 사용했다. 그러

나 현실에서는 '헬기로 뿌리는 통화량 증가'는 존재하지 않고, 미국과 중국, 한국의 사례에서 알 수 있듯이 통화량이 증가하더라도 물가만 상승하지도 않는다.

　이해를 돕기 위해 2008년 미국발 금융위기 이후 본원통화량 증가를 살펴보자. 2008년 10월 리먼 브라더스 부도사태 이후, 미국은 국채를 중앙은행에 인수시키고 조달한 자금을 부도위기에 직면한 투자은행에 일정 기간 저리로 빌려주거나, 이들 투자은행에 투자하는 방법으로 부도를 막아주었다. 하지만 정부로부터 빌린 돈은 약속한 날짜에 이자와 함께 상환해야 한다. 그리고 정부가 투자은행이 발행한 주식에 투자를 했더라도, 주식을 매각하면 통화를 흡수하는 효과가 있기 때문에 헬기로 뿌리는 통화량 증가라고 할 수 없다. 또한 일부 화폐전문가들의 주장과 달리, 중앙은행이 국채를 인수하는 방법으로 시중에 유통되는 본원통화량은 그 금액이 크지 않다. 최초의 본원통화 공급은 정부가 발행하는 국채를 중앙은행이 인수하는 방법으로 공급되지만, 그 다음부터는 시중에 유통되는 통화를 기초로 국채를 발행해서 공급하기 때문이다.* 국채도 중앙은행이 아닌 시중 은행이 인수할 경우, 국채 이자 정도의 통화량만 증가한다. 예를 들면, 1조 원 상당의 채권형 펀드가 조성됐다면 시중에 유통되는 돈으로 국채 등의 채권이 6,000억 원 이상 편입된다. 편입된 국채가 만기가 되어 동일한 금액으로 새로 발행(재발

---

* 본원통화량은 금융회사와 상장기업이 해외에서 차입한 외화자금, 무역수지 흑자로 유입된 외화자금, 외국인 투자자금을 환전해주는 과정에서도 많이 늘어난다.

행)하는 국채를 편입하더라도 본원통화량은 변동이 없다.

기업과 가계의 신용창출

신용은 은행만 창출할 수 있다고 아는 사람과, 은행뿐만 아니라 가계와 기업도 신용을 창출할 수 있다고 아는 사람의 화폐전쟁 전투력 차이는 완전히 다르다. 은행만이 신용창출(대출)을 한다고 알고 있는 사람은 경기가 불황의 정점에 도달하면, 다수의 기업과 가계가 파산할 것으로 판단하고 보유 주식을 헐값으로 처분해 손해를 볼 가능성이 높다. 그 이유는 경기불황의 정점에서는 한계 상황에 직면하는 기업과 가계가 증가하는데, 은행만이 신용을 창출(대출)할 수 있다면 이들은 자금조달이 어려워 파산할 수밖에 없기 때문이다.

은행뿐만 아니라 기업과 가계도 신용을 창출한다고 알고 있는 사람은, 경기불황의 정점에서 헐값으로 나오는 우량 주식이나 부동산을 매수할 가능성이 높다. 이유는 다양한 방법으로 신용(결제수단)을 창출할 수 있어서 최악의 상황으로 발전하지 않기 때문이다.

고객이 은행에 예금을 하면 은행은 고객의 예금인출에 대비한 지급준비율을 제외하고 다른 고객에게 대출을 해주는데, 화폐경제학에서는 이 과정에서 신용이 창출되는 것으로 설명한다. 그러나 '은행만이 신용을 창출한다'는 화폐경제학 내용이 현실성이 없다는 것은 신용(화폐)의 개념을 정확하게 이해하면 알 수 있다. 앞에서도 말했듯이 화폐(신용)란 일반적인 교환수단이다. 재화와 서비스의 종류에 상관없이 어떤 물건이라도 구입할 수 있는 '일반적인 교환수단'이 화폐(돈)라는 것이다.

따라서 자기앞수표도 일반적인 교환수단으로 사용되면 화폐라고 할 수 있다. 즉, 기업이나 가계가 은행을 통해 자기앞수표를 발행하는 것도 신용창출 행위라고 할 수 있는 것이다. 기업이나 가계가 은행의 별단예금계좌에 현금을 입금하면 은행은 입금증서를 교부하는데, 이것이 바로 자기앞수표이고 자기앞수표로도 재화와 서비스를 구입할 수 있기 때문이다.(한국은행 화폐연구실 의견)

은행의 대출 행위는 은행이 채권자이다. 자기앞수표 발행을 통한 신용창출 행위는 별단예금 고객이 채권자이다.(은행에게 돈을 빌려주었으므로) 이 경우 자기앞수표 발행(별단예금) 주체가 은행인지 예금자인지에 대한 논란이 있을 수 있다. 그러나 은행이 대출을 하지 않으면 신용창출이 되지 않는 것처럼, 고객이 별단예금을 하지 않으면 자기앞수표발행이 불가능하기 때문에 자기앞수표 발행(신용창출) 주체는 은행이 아니고 별단예금 고객이다.

그렇다면 사채업자의 대출 행위는 어떻게 볼 것인가? 불법이긴 하지만 기업이나 가계에 대출을 해주고 있고, 이는 통화정책 당국도 알고 있다. 그리고 한때는 사채업을 양성화하여 제도권 금융으로 흡수하기도 했었다. 사채업자 자격으로 대출을 하면 신용창출이 아니고, 사채업자가 저축은행으로 전환해서 대출을 하면 신용창출이라고는 할 수 없을 것이다. 따라서 사채업자의 대출 행위도 본원통화의 유통속도를 높이기 때문에 실질적인 신용창출(대출) 행위로 보아야 한다.

사채업자의 어음할인 행위도 마찬가지다. 대기업은 중소기업이 제품을 납품하면 3~6개월 만기의 약속어음을 발행하는 방법으로 결제하기도 한다. 만기까지 기다리지 못하는 중소기업은 해당 어음을 은행에서 할인 받거나 사채시장에서 할인 받는다. 은행에서 할인을 받으면 은행이 3개월 동안 대출해준 것이지만, 사채시장에서 할인을 받으면 사채업자가 대출해주는 것이다.

은행만이 신용을 창출한다고 주장하는 화폐경제학자들에게 묻고 싶다. 금리수준이 낮은 은행의 어음할인(사실상의 단기대출)은 신용창출 행위이고, 금리수준이 높은 사채업자의 어음할인은 신용창출 행위가 아닌 것인지. 혹자는 이를 두고 "사채업자의 대출 자금도 은행에서 돈을 인출해서 지급하는 것이기 때문에 결국 은행만이 신용을 창출한다."라고 강변할 것이다. 그러나 이러한 주장은 "GDP는 모두 은행이 창출한다."라는 논리와 다르지 않기 때문에 어불성설이다. 은행에서 돈을 인출해서 재화와 서비스를 구입한다고 해서 은행만이 GDP를 창출한다고 할 수 없듯이, 은행에서 돈을 인출해서 다른 사람에게 빌려준다고 해서 은행이 대출하는 것으로 말할 수는 없다.

이와 관련해 한국은행 화폐연구실 관계자는 "신용창출의 개념상 은행만이 신용을 창출한다는 화폐금융이론은 문제가 있다."라고 답변했다. 신용창출이란 결제수단을 만들어내는 것이기 때문에, 가계라고 할

지라도 화폐(돈)의 유통속도를 증가시키는 방법으로 신용을 창출할 수 있다는 것이다.

통화량과 경상수지의 관계

경상수지와 통화량도 밀접한 관계가 있다. 경상수지 흑자가 발생하면 통화량이 증가하고, 경상수지 적자가 발생하면 통화량이 감소하기 때문이다. 그렇다면, 실제 경상수지와 통화량의 관계가 어떤지 한국, 중국, 일본의 사례를 통해 알아보자.

한국은 1995년부터 외환위기가 발생한 1997년까지 3년 동안 경상수지 적자가 발생했다.(그림2-10 참조) 그리고 시중 은행이 해외에서 차입한 외채 상환 요구 등으로 본원통화량은 1995년 29조 원에서 1997년 22조 원으로 약 7조 원(25%) 이상 감소했다. 다만, 경상수지

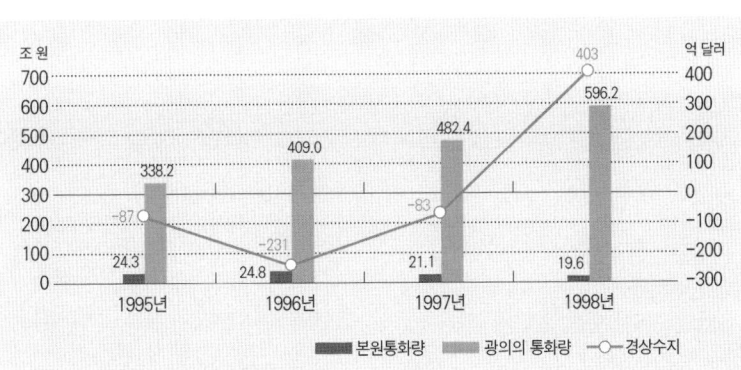

[그림2-10] 경상수지 적자 국면에서 한국의 본원통화량과 광의의 통화량

자료 : 한국은행. 통화량은 평잔 기준

적자 금액과 본원통화량 감소 금액이 일치하지 않은 것은, 이 기간 외국인 투자자금이 300억 달러 이상 유입됐기 때문이다.

이 기간 광의의 통화(M2)는 본원통화량 감소에도 불구하고 매년 15~20% 이상 증가했다. 경제성장에 따라 화폐의 유통속도가 빨라졌기 때문이다. 1998년에는 큰 폭의 경상수지 흑자에도 불구하고 본원통화량이 증가하지 않고 오히려 감소했는데, 그 이유는 외환시장 불안에 있다. 외환시장이 불안하자 기업들은 수출 대금으로 받은 달러를 원화로 환전하지 않았고, 보유 원화를 오히려 외화로 환전해서 외화표시 예금 형태로 보유했다. 이것도 중요한 본원통화량 감소 요인이다.

반대로 경상수지 흑자 국면에서는 통화량이 지속적으로 증가했음을 알 수 있다. 유입된 달러자금이 원화로 환전되어 사용되기 때문이다. 다만, 경상수지 흑자와 본원통화량 증가액이 일치하지 않은 것은 경상수지 흑자에 해당되는 외화가 모두 원화로 환전되지 않기도 하지만, 본원통화량 증가 요인이 다양하기 때문이다.

중국의 통화량과 경상수지의 관계도 한국과 비슷하다. 중국은 2000년 이후 경상수지 흑자가 지속되면서 본원통화량이 지속적으로 증가했다. 2005년을 기점으로 경상수지 흑자 규모가 급증하자 본원통화량도 큰 폭으로 증가했다. 이는 중국의 본원통화량 증가 요인 중 경상수지가 큰 비중을 차지한다는 것을 의미한다. 다만, 한국과 차이점

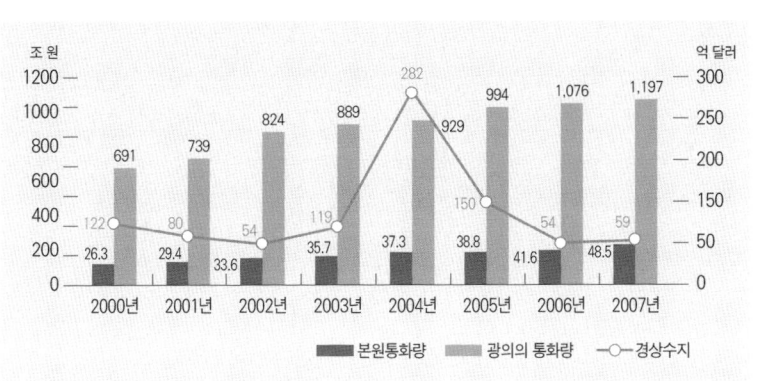

〔그림2-11〕 경상수지 흑자 국면에서 한국의 본원통화량과 광의의 통화량 추이

자료 : 한국은행, 통화량은 평잔 기준

이 있다면 광의의 통화에서 본원통화가 차지하는 비중이 높다는 것이다. 한국은 광의의 통화 대비 본원통화량이 5% 수준이지만, 중국은 2007년 말 기준으로 25% 이상을 차지한다.(2009년은 42%)

또한 중국은 농촌 지역의 경제규모가 상대적으로 크고 금융시장이 발달되지 않아서, 화폐의 유통속도가 느린 경향이 있다. 중국의 화폐유통속도가 느린 다른 이유는 본원통화량이 많기 때문이기도 하지만, 중국 국민의 높은 저축성향 때문이기도 하다. 한국은행 통계자료에 의하면, 2007년 기준으로 중국의 소득 대비 저축률은 51%이지만 한국은 30%에 불과하다. 소득이 발생하면 소비를 많이 해야 화폐의 유통속도가 빨라지는데, 저축을 많이 해서 돈이 은행이나 금고 속에 머물러 있기 때문에 화폐유통속도가 느려지는 것이다.

그러나 중국도 통화정책 당국이 경기과열을 억제하기 위해 본원통

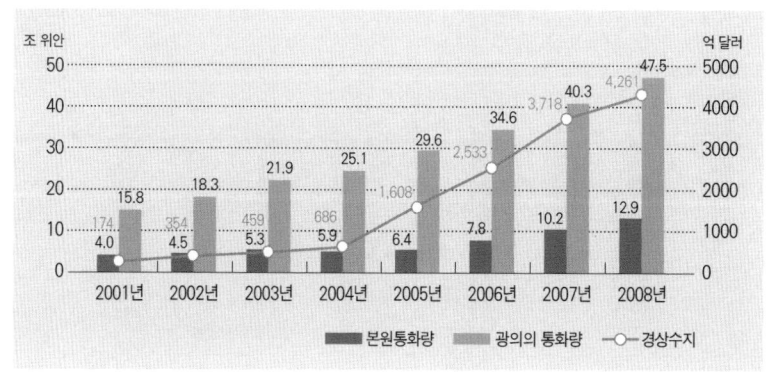

〔그림2-12〕 2000년 이후 중국의 본원통화량과 광의의 통화량 추이

자료 : 한국은행, 통화는 연말 기준

화량을 줄이면 화폐유통속도가 증가할 것이다. 세계에서 가장 빠른 속도로 경제규모가 커지고 있어서, 거래에 필요한 통화량 증가 수요를 화폐유통속도를 통해 해결할 수밖에 없기 때문이다.

국제 투기성 자본의
공격 목표는 재테크시장

　인간은 불행하게도 본능적인 욕망 때문에 금리가 낮은 은행예금에 만족하지 못하고, 은행에서 차입을 해서라도 투기성 재화시장에 뛰어드는 경향이 있다. 안타까운 것은 기관 투자자를 포함한 다수의 투자자들이 가격이 상승하면 추격매수하고, 가격이 하락하면 추격매도하는 성향 때문에 실패를 반복하고 있다. 한편, 국제 투기성 자본은 이러한 보통 사람들의 투자행태를 역으로 이용하여 성공한다. 또한, 이들은 인간의 심리 때문에 투기성 재화시장이 가격상승 국면에서는 적정한 가격수준보다 큰 폭으로 상승하고, 가격이 하락하는 국면에서는 적정한 가격 수준보다 큰 폭으로 하락하는 경향이 있다는 것도 정확하게 알고 있다. 그래서 이들은 투기성 재화시장의 이러한 성격을 이용하여 거품발생을 유도하기도 하고 거품붕괴를 유도하기도 한다.

이해를 돕기 위해 2007년 이후 재테크시장에서 국제 투기성 자본이 어떻게 거품발생을 유도하고 거품붕괴를 유도했는지 살펴보자.

국제 투기성 자본의 공격 유형 1 : 정보의 과장과 왜곡

머니 게임에서는 돈을 버는 사람이 있으면 누군가는 반드시 돈을 잃기 마련이다. 때문에 상대방을 현혹시키는 전략이 필요하다. 그래서 국제 투기성 자본은 정보를 과장하거나 왜곡하는 방법으로 정보가 부족하거나 해석 능력이 약한 투자자를 현혹한다. 대수롭지 않은 정보를 확대 해석하기도 하고, 아주 중요한 정보를 별 볼 일 없는 것으로 해석하기도 한다.

2007년 말 서브프라임 사태를 보자. 미국의 주택시장은 모기지 회사가 채권을 발행해 자금을 조달하고 주택을 담보로 대출해주는 시스템이다. 투자은행은 이 모기지 채권을 인수해 증권화(금융상품 개발)하여 일반 투자자들에게 판매하는데, 여기서 얻은 자금은 또 다른 모기지 채권을 인수하는 데 사용된다. 결국, 모기지 회사가 주택구입자금의 약 80% 이상을 대출해주는 시스템이어서 부실해질 가능성이 크다. 주택가격이 하락해도 문제가 발생할 수 있고, 대출금리 상승 등으로 주택구입자의 대출 원리금 상환 능력에 문제가 발생할 수도 있기 때문이다. 또한 모기지 채권가격이나 이를 기초로 개발된 금융상품 가격이 어떤 이유로 크게 하락하면 사고가 터지게 되어 있다.

문제는 2007년 하반기에 발생했다. 주택가격이 하락하기 시작했고, 유가가 1년 만에 약 100% 상승했다. 게다가 국제 원자재가격 상승으로 중국 제품의 수입가격도 크게 상승했다. 세 가지 악재가 동시에 터진 것이다. 그 결과 미국 가계의 실질 소득이 크게 감소했고, 미국의 분기별 성장률도 2007년 4분기부터 둔화되었다.

그렇지만 당시 국제 투기성 자본과 증권사 애널리스트들은 서브프라임 사태를 별일 아닌 것처럼 호도했다. 2007년 9월에는 '미국 금융정책 당국이 기준금리를 공격적으로 인하하는 등의 적극적인 대책을 내놓은 만큼 시장이 안정될 것'이라는 논리를 전개했다. 이는 '금리가 하락하면 주가가 상승한다'는 현실성 없는 경제학 교과서 이론을 가지고, 실물경제 경험이 없는 투자자들을 현혹시키는 전략이라고 할 수 있다. 그러면서 한국 등의 아시아 국가에 투자한 주식을 2007년 초부터 연말까지 지속적으로 매도했다. 심지어는 주가지수선물을 매도하는 것도 모자라, 없는 주식까지 빌려서 매도하기도 했다. 언론에 발표했던 보고서와 실제 투자전략이 완전히 달랐던 것이다.

2010년 초 골드만삭스 등의 국제 투기성 자본이 미국 증권위원회(SEC)로부터 사기혐의로 피소된 것도, 이들이 서브프라임 사태를 예견한 상태에서 투자자에게 알리지 않고 상품을 판매했기 때문이다. 미국 상원조사위원회에서 제시한 증거자료를 보면 당시 골드만삭스 등은 주식공매도로 수익률을 올리고 있었다. 그럼에도 불구하고 국제 투기성 자본은 증권가격이 상승할 때 수익이 발생하는 부채담보부증권

(CDO)을 발행해 수익을 챙겼다.

국제 투기성 자본이 한국의 주식시장을 어떻게 요리했는지 살펴보자. 앞서 얘기했듯이 시장 금리가 연 7%일 때, 적정 주가수익률은 10배 정도다. 주가수익률이 이보다 높으면 기업 실적에 비해 해당 기업의 주가가 높게 평가된 것이다. 그러나 한국은행의 통계자료를 보면 2007년 10월의 주가수익률은 18배였다. 당시 시장금리가 6% 수준임을 감안하면 최소한 30%가 거품이라고 할 수 있다. 그럼에도 불구하고 일부 외국계 투자은행들과 국내 증권전문가들은 2008년 말 코스피지수를 2300~2400포인트까지 상승할 것으로 예상해 투자자들을 유인했다.

〔표2-14〕 2007년 12월 외국계 증권사의 2008년 주가지수 전망　　　(단위: P)

모건스탠리	JP모건	골드만삭스	노무라증권	도이치뱅크
2300~2400	2300	1800~2200	2150	2134

자료 : 국제금융센터, 경제신문 보도

이밖에도 2008년 초 한국의 주식시장 환경은 주가지수가 하락할 수 있는 요인들이 적지 않았다. 구체적으로 살펴보면 다음과 같다.

첫째, 무역수지는 수출주도형 산업구조인 한국에서 대단히 중요한 거시경제지표다. 무역수지 흑자 규모가 커질수록 상장기업들이 수출시장에서 돈을 많이 벌었다는 의미이고, 그 반대이면 돈을 제대로 벌지 못했다는 의미다. 그런데 한국의 무역수지 흑자는 2007년 6월 35억 달러에서 9월 21억 달러로 줄었고, 연말에는 9억 달러 적자가 발생했다. 주식시장 영향력이 큰 대기업들이 수출시장에서 고전하고 있다는 의미로, 2008년 코스피지수가 큰 폭으로 하락할 수 있음을 예고하는 것이다.

둘째, 순대외채권 추이도 주가지수 하락과 환율 상승을 예고하고 있었다. 2007년 9월 한국의 순대외채권은 670억 달러였다. 그러나 연말에는 374억 달러로 3개월 동안 무려 300억 달러가 감소했다. 한국경제의 대차대조표와 손익계산서를 반영하는 펀더멘털이 빠르게 악화되고 있음을 의미하기 때문에, 주가지수 하락 요인이면서 원화가치 하락 요인이라 할 수 있다.

셋째, 2007년 4분기 국제 유가 수준을 보면 주가지수가 큰 폭으로 하락할 수 있는 요건을 갖추고 있었다. 2007년 초 국제 유가 수준은 서부텍사스산원유^{WTI} 기준으로 배럴 당 58달러였다. 그러나 연말에는 배럴 당 96달러로 65%나 상승했고, 국제 금융시장에서는 120달러 이상까지 상승할 수 있다는 보고서가 나돌았다. 당시 삼성경제연구소에는 한국경제가 감당할 수 있는 국제 유가 수준이 배럴 당 80~85달러 수준이라고 분석했다. 이는 국제 유가가 더 상승할 경우 경상수지가 크게 악화돼 한국경제가 추락할 수 있음을 의미한다.

넷째, 2007년 말 기준으로 시중 은행은 예금보다 대출이 많았다. 총예금이 잔액 기준으로 593조 원에 불과했음에도, 은행은 804조 원을 대출했다. 부족한 자금은 은행채 발행과 해외 차입 등으로 조달했다.

경상수지 악화 등으로 환율이 상승할 수 있는 환경이 조성된 상황에서, 외채가 많다는 것은 큰 폭의 환차손이 발생할 수 있음을 의미하는 동시에, 큰 폭의 주가하락 요인이라고 할 수 있다.

　다섯째, 외국인 투자자의 이탈이다. 외국인 투자자들은 2007년 6월부터 12월까지 10월 한 달을 제외하고 보유하고 있는 주식을 매도했다. 그 규모는 약 150억 달러이며 당시 환율 기준으로 16조 원 이상이다. 그렇지만 당시 증권전문가들의 증시 관련 보고서 내용은 '서브프라임 사태는 증시에 충격을 주지 않을 것'이라는 것이 대세였다.

[표2-15] 2007년 하반기 이후 투자자별 주식 순매수 금액

	2007년 7월~12월	2008년 1~6월	2008년 7월~12월
외국인 투자(조 원)	-24.4	-19.4	-16.8
기관 투자자(조 원)	15.7	9.2	14.1
원/달러(원)	924	986	1,212
코스피지수(P)	1,911~1903	1,846~1,651	1,569~1,114

자료 : 한국은행, 6개월 평균 환율, 월평균 코스피지수

　상기와 같이 2007년 말 주식시장 환경은 2008년의 주가지수가 큰 폭으로 하락할 수 있는 모든 조건을 갖추고 있었다. 그러나 개미투자자들과 다수의 증권회사 펀드매니저들은 국제 투기성 자본의 전략을 아는 데만 6개월 이상 걸렸다. 거품이 많이 발생한 주식은 이미 고점 대비 50~60%까지 하락한 뒤였다.

　이때부터 국제 투기성 자본과 일부 증권전문가들은 장밋빛 전망에

서 공포분위기를 조성하는 보고서를 쏟아내기 시작했다. 당황한 투자자들은 지금이라도 주식을 매도하지 않으면 휴지조각이 될지 모른다는 불안감 때문에 경쟁적으로 주식을 매도했다. 그러나 국제 투기성 자본은 이와 같은 분위기를 역으로 이용했다. 높은 환율에 힘입어 경상수지가 적자에서 흑자로 반전되자, 헐값으로 쏟아지는 수출 비중이 높은 주식을 쓸어 담았다. 환율이 적정 수준 이상까지 상승하면 수출업체는 공격적으로 수출을 늘리고 수입업체는 수입을 줄여 경상수지가 개선되기 때문이다. 이는 환율이 높아지면 수출기업의 영업이익이 급증하는 성질을 이용하는 투자전략이다.

따라서 화폐전쟁에서 패하지 않으려면 화폐전쟁의 법칙을 알아야 한다. 노래하는 새를 울고 있다고 해석하거나, 울고 있는 새를 노래하는 것으로 인식하면 새의 감정을 이해할 수 없듯이, 화폐전쟁도 국제 투기성 자본의 의중을 읽지 못하면 실패할 수밖에 없다. 손자병법에 '지피지기면 백전백승'이라는 말이 있다. 이를 오늘날의 화폐전쟁 시대에 맞게 해석하면, '정보를 왜곡하거나 과장하는 국제 투기성 자본의 공격 전략을 알아야 화폐전쟁에서 승리할 수 있다' 정도가 되겠다.

국제 투기성 자본의 공격 유형 2 : 연환계 連環計

　금융정책 당국이 기준금리를 인하하거나 인상하는 과정에서 주식과 채권의 가격이 변동하기도 한다. 일반적으로 경기가 둔화되는 국면에서는 기준금리를 단계적으로 신속하게 인하하고, 재정·금융정책에 힘입어 경기가 회복되면 기준금리를 점진적으로 인상한다. 따라서 경기가 둔화될 조짐을 보이면 주가지수는 하락하고, 경기불황 국면에서는 가장 안전한 채권인 국채가격이 상승한다. 반대로 경기가 회복될 조짐을 보이면 주가지수는 경기에 선행하여 상승하고, 채권시장은 조정을 받거나 박스권에서 등락하는 경향이 있다.

　화폐전쟁을 주도하는 국제 투기성 자본은 이러한 주식과 채권시장의 가격결정원리는 물론, 정책 당국의 금리정책 및 재정정책이 주식시장과 채권시장에 미치는 영향까지 알고 있다. 때문에 국제 투기성 자본은 주식시장과 채권시장, 외환시장을 연계하여 공략한다. 예를 들어, 경기불황이 예상되면 현물주식과 주가지수선물은 매도하고, 기준금리 인하(국채가격 상승)를 기대해 국채를 매수하거나 금리 선물거래를 하는 방법으로 접근한다. 반대로 경기가 회복될 조짐이 보이면 주식투자 비중을 늘리기 시작한다. 더구나 금리인상(출구전략)이 논의되는 시기에는 채권가격이 하락하기 때문에 채권을 매도한 후, 금리인상을 우려하는 투자자들이 매도하는 주식을 매수한다. 다만, 회사채 투자 전략은 경기회복이 가시화되는 시점에 매수해, 기준금리를 더 이상 인상하지 않거나 경기불황 조짐이 보이면 매도하는 경향이 있다.

2007년 하반기 이후 국채와 회사채의 수익률을 보면 화폐전쟁을 주도하는 국제 투기성 자본의 채권시장 투자전략을 쉽게 확인할 수 있다. 2008년 초부터 주식시장은 전반적으로 충격을 받았지만, 채권시장은 국채시장과 회사채시장으로 양극화되었다.(그림2-13 참조) 이는 주가지수 대세하락 국면에서 국채를 매수하는 대신에 회사채를 매도했음 의미한다.

채권시장에 대한 지식이 부족한 독자들을 위해 좀 더 구체적으로 살펴보겠다. 그림2-13을 보면 국채금리는 2007년 말 연 5.89%에서 2008년 말 연 3.97%로 1년 동안 약 2% 하락했다. 만약, 국제 투기성 자본이 2007년 말 한국 국채(3년 만기)에 10억 원을 투자했다면, 표면금리 연 5.89%에 국채가격 상승분 수익률(2% × 잔존기간 2년 = 4%)을

[그림2-13] 2007년 하반기 이후 코스피지수와 국채, 회사채 수익률 추이

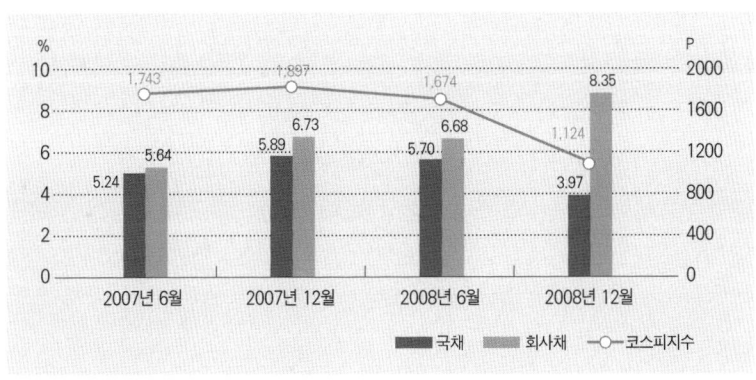

자료 : 한국은행. 월말 기준. 회사채는 무보증 A등급

합해, 만기까지 보유하지 않더라도 약 10% 정도의 투자수익률을 실현할 수 있었다. 반면, 주식은 2007년 말 대비 '반토막'(10억 원 → 5억 원)이 났다.

만약, 주식을 매도한 자금 10억 원으로 한국 국채에 투자하지 않고 미국 재무부가 발행하는 만기가 5년 남은 채권에 투자했다면 수익률이 얼마나 될까? 미국 금융정책 당국이 기준금리를 5.25%에서 0.25%까지 5%나 인하했기 때문에, 투자수익률은 1년 동안 약 25%(5년 × 5.0%) 정도다. 게다가 한국 투자에서 얻을 수 없었던 환율 상승분 50%(1달러 950원에서 1년 후 1,450원으로 상승 가정)까지 기대할 수 있다. 이 경우 총 자산규모는 한국 돈으로 1년 동안 10억 원에서 약 18억 원(10억 원 × 1.25 + 원금과 채권 수익률에 대한 환차익 50% = 18억 7,500만 원) 이상으로 증가할 수 있다.

2009년 3월 미국 국채(5년 만기)를 매도한 자금 18억 원으로 다시 한국의 주식에 투자했다면 어떻게 되었을까? 2008년 말의 코스피지수는 고점 대비 반 토막이었고, 주식은 환율 수혜 기업인 삼성전자나 현대자동차, 엘지화학 등에 투자했다고 가정해보자. 2009년 말 이들 기업의 주가는 평균 2배 정도 상승했으므로, 2007년 말 10억 원의 투자자금이 2년 동안에 35~40억 원으로 늘어났을 것이다.

이처럼 주식시장과 외환시장, 채권시장의 상관관계를 이해하고 있는 국제 투기성 자본은 주식시장과 채권시장, 외환시장을 연계하는 투자전략으로, 위험한 파생금융상품을 이용하지 않았어도 10억 원을 약 40억 원으로 만들수 있다. 이는 국제 투기성 자본이 화폐전쟁을 환율결정원리를 존중하면서 종합적으로 전개하는 이유이기도 하다.

국제 투기성 자본의 공격 유형 3 : 현물과 파생상품의 동시 공격

국제 투기성 자본은 거품이 붕괴될 조짐이 보이면 현물부터 소리 없이 매도한다. 이 시기에는 시세가 마지막으로 분출되기 때문에 눈앞에 보이는 현실을 중시하는 증권전문가들이 거품 생성을 유도하는 시기다. 국제 투기성 자본 입장에서는 보유하고 있는 주식이나 채권, 원자재를 쉽게 매도할 수 있다. 그리고 마지막 시세 분출 이후에는 주가지수가 박스권에서 횡보하는 국면이 3~6개월 정도 진행된다. 이러한 현상은 기술적 분석을 중시하는 증권전문가들이 주가지수가 고점에서 조정을 받거나 하락을 멈추고 반등하기 시작하면, 일시적인 조정이라고 판단하고 투자자를 유인하기 때문에 나타난다.

국제 투기성 자본은 이러한 분위기를 이용해 현물을 매도하면서 선물을 매수하는 프로그램 매매기법으로 주가지수 상승을 견인하거나 주가지수 하락 속도를 지연시킨다. 그리고 이때 보유하고 있는 주식 비중을 크게 줄인다. 박스권 횡보 국면의 마지막 단계에서는 헤지펀드들이 본격적으로 현물주식을 매도하고 파생상품인 주가지수선물을 매도하는 방법으로 주식시장을 공격을 한다. 이러한 행동은 파생상품의 레버리지가 크기 때문에 지금까지 매도하지 못한 자산에 대한 위험관리일 수도 있지만, 수익률 극대화의 기회로 활용하는 것일 수도 있다. 주가지수 하락을 유도해서 수익률을 제고하는 머니게임이라고 평가할 수 있다.

2007년 하반기부터 2008년 하반기까지 한국에서 활동하는 외국인 투자자들의 동향을 살펴보면 이들의 전략을 확인할 수 있다. 2007년 3분기부터 2008년 3분기까지 주가지수가 하락하는 기간에는 주식을 매도한 금액이 매수한 금액보다 많은 것으로 나타났다. 또한, 초기 6개월 정도는 현물을 매도하면서 파생상품을 매수하다가, 주가지수가 본격적으로 하락하기 시작한 2008년 1분기부터 현물과 선물을 동시에 매도했다. 2008년 1분기부터 주가지수가 본격적으로 하락한 이유다.

[표2-16] 2007년 이후 외국인 투자자의 분기별 현물주식 순매수(매도) 추이   (단위: 억 달러)

	07년 3분기	07년 4분기	08년 1분기	08년 2분기	08년 3분기
증권투자	-115	-13	-44	83	-94
파생상품	15	16	-13	-13	-36
주가지수(P)	1,946	1,897	1,703	1,674	1,448

자료 : 한국은행, 코스피지수는 분기 말 기준

이들은 경기회복 초기 국면에서도 현물과 파생상품을 이용하는 전략을 병행했다. 이 시기에는 시장의 분위기가 험악하기 때문에 이들은 현물을 매수하고 선물을 매도하는 방법으로 안전장치를 확보하는 동시에 일반 투자자들이 주식을 매도하도록 현혹시키는 전략을 사용한 것이다. 2009년 1분기 이후 외국인 투자자들의 행태를 보면 이들의 전략을 확인할 수 있다. 세계경제가 암울했던 2009년 1분기에는 현물을 매수하고 선물을 매도하다가, 한국경제 및 세계경제가 안정된 2분기부터는 현물주식 매수 규모를 공격적으로 늘렸고 선물매도 규모는 크게 줄였다.

〔표2-17〕 2009년 분기별 현물주식 순매수(매도) 추이   (단위: 억 달러)

	09년 1분기	09년 2분기	09년 3분기	09년 4분기	10년 1분기
증권투자	35	167	199	105	105
파생상품	-49	-6	-13	13	4
주가지수(P)	1,206	1,390	1,673	1,682	1,692

자료 : 한국은행, 코스피지수는 분기 말 기준

국제 투기성 자본의 공격 유형 4 : 부동산시장 공격

국제 투기성 자본은 부동산시장 분위기를 따라가는 일반 투자자들과 달리, 부동산 관련 금융상품을 이용해 수익을 창출한다. 부동산시장은 성격상 거품이 발생하면 반드시 붕괴되기 때문에 투자손실이 발생할 수 있고, 현금성도 떨어지기 때문이다. 대표적인 사례는 미국이다. 미국의 모기지 회사는 주택 실수요자에게 돈을 빌려주기 위해 모기지 채권을 발행하고, 투자은행들은 이 모기지 채권을 증권화해 일반 투자자들에게 판매한다.

또한, 국제 투기성 자본은 환율을 이용해 부동산시장을 공략한다.

1997년 아시아 외환위기 이후의 부동산 투자전략이 좋은 사례다. 외환위기 직후 아시아 국가의 통화가치가 달러 대비 50~60% 이상 하락하면서 부동산가격도 40~50% 하락했다. 그러자 국제 투기성 자본은 환차익과 부동산 시세차익을 동시에 기대하고 빌딩과 토지를 공격적으로 매수했다.

　국제 투기성 자본의 부동산투자 수익률이 얼마나 됐는지 한국의 사례를 통해 살펴보자. 외환위기 이전 원/달러 환율은 950원 안팎 수준이었으나 외환위기가 발생하면서 1,500~1,800원까지 상승했다. 그리고 부도위기에 직면한 기업들이 보유한 부동산가격은 반값으로 하락했다. 즉, 1억 달러(당시 환율로 1,500~1,800억 원)로 외환위기 이전 3,000억 원(3억 달러) 상당의 건물을 구입할 수 있게 된 것이다. 시간이 흘러 1년 후의 환율은 1,200원대 이하 수준까지 하락했고, 부동산가격은 외환위기 이전 수준보다 50% 이상 높게 상승했다. 불과 3~4년 동안에 국제 투기성 자본은 부동산투자 수익률 300% 이상과 환차익 40%를 챙겼다. 부동산 경기가 과열됐던 2004~2005년 동안 미국의 우대금리는 연 4.0~7.5%였고 일본의 우대금리는 연 1.5% 안팎이었다. 미국에서 예금했을 때와 비교하면 100~200년 금리에 해당되는 투자수익률이다.

　그렇다면 한국의 부동산투자자들은 같은 기간에 수익률을 얼마나 기록했을까? 3~4년 동안 가격이 2배 상승했다면 100% 수익률이다. 문제는 일반 투자자들이 주로 은행에서 돈을 빌려 주택을 구입했다는 것이다. 때문에 외환위기와 같은 상황이 발생하면 대출 금리가 급등하는 등으로 대출 원리금 상환 부담 때문에 중도에 손해를 보더라도 매도할 수밖에 없다. 실제로 1997년 이전 은행에서 부동산을 담보로 대출받은 투자자들이 1998년에 사실상 파산했다.

이와 같이 국제 투기성 자본과 국내 일반 투자자들의 부동산시장 접근 전략을 보면 크게 차이가 난다. 국제간 자본 이동이 자유로운 오늘날 국제 투기성 자본은 일반 투자자들의 무모한 부동산투자 행태를 역으로 이용한다. 때문에 주택구입 시 주택대출금 상환능력이나 입지조건만 가지고 투자의사를 결정하는 부동산시장 접근 전략은 위험하다. 더구나 부동산에 투자해서 3년 이상 보유해야 한다면, 국내 부동산시장 관련 정보 이외에 2008년 미국발 금융위기와 같은 해외 악재에 대한 대비책도 마련해야 한다.

New and accurate Mappe of the World, drawne

3장
화폐전쟁의 승패는
정보분석에 달려 있다

투기성 재화시장에 참여하는 사람들 대부분이 화폐전쟁에서 실패하는 이유는 관련 정보 분석능력 때문이다. 2008년 미국발 금융위기와 이후 극복 과정에서도 대부분의 경제학자와 증권전문가, 외환전문가가 정보 분석에 실패했다. 3장은 과거의 정보분석 실패 사례를 통해 향후 유사한 사례 발생 시, 위기를 기회로 활용할 수 있는 지혜를 얻을 수 있도록 하는 데 목적이 있다.

정보분석 실패로
화폐전쟁에서 패한 사례

어빙 피셔 교수의 오판

투기성 재화시장 정보분석 실패의 대표적인 사례는 '화폐수량방정식(MV=PT)' 개발로 유명한 어빙 피셔 예일대 교수다. 그는 1929년 대공황이 발생하기 며칠 전, "미국 주식시장은 영원히 안정될 수 있는 수준이다."라고 선언했다. 그러나 며칠 후 대공황이 발생하면서 그동안 주식투자로 얻은 수익은 물론, 투자원금보다 더 큰 손실을 입었다. 경제학자로서의 명예가 땅에 떨어지고 만 것이다.

어빙 피셔 교수는 명예회복을 위해 대공황 원인 분석에 들어갔고, 그렇게 해서 나온 결과가 '대공황에 대한 부채-가격 폭락이론'이다. 쉽게 설명하면, 은행 차입을 통해 발생한 자산시장 거품은 부채상환 과정에서 더 빠른 속도로 붕괴된다는 논리다. 너무나 당연한 상식 수준의 연구 결과라고 할 수 있다. 2008년 미국발 금융위기에서 음모의 배후세력으로 지목된 씨티은행과 메릴린치, 뱅크오브아메리카 등의 세계적 투자은행이 부도위기에 몰린 이유도 이와 동일하다. 미국계 투기성 자본과 가계가 남의 돈(예금 또는 해외 차입금)으로 부동산과 주식에 투자한 결과 거품이 발생했고, 투자자들의 대출 원리금 상환 과정에서 거품이 붕괴되면서 투자은행들도 가계와 함께 부도위기에 직면했다. 투자은행의 상황은 더욱 심각했다. 대출 시 확보한 담보물(주택)은 '반토막'이 났고, 일부를 제외하고는 이 담보물을 매수할 사람도 나타나지 않았다. 그리고 은행의 엔화표시 부채는 달러가치 급락(엔화가치 급등)으로 원금만 2007년 대비 20% 이상 증가했다.

한국도 마찬가지다. 2007년 말 시중 은행들 모두 예금보다 대출이 20~40% 정도 많았다. 부동산시장과 주식시장 참여자들이 은행에서 부채상환 능력 이상으로 대출을 받아 거품이 발생한 아파트를 구입하고, 주식을 매수한 것이 원인이다. 문제는 2008년 10월 미국에서 리먼 브라더스 부도 사태가 발생하자 부채의 역습이 시작되었다. 비상사태는 미국에서 발생했는데 한국 주가지수가 미국보다 오히려 더 큰 폭으로 하락하고 말았다. 2008년 10월 리먼 사태 직후 미국 주가지수는 2007년 10월 고점 대비 33% 하락했는데, 한국은 46%나 하락했다. 외국인 투자자들이 '부채로 거품이 발생한 한국의 주가지수는 부채상환 국면에서 하락 폭이 클 수밖에 없다'는 사실에 착안하여 보유하고 있는 한국 주식을 공격적으로 매도했기 때문이다.

[표3-1] 2008년 10월 리먼 사태 직후 고점 대비 한·미 주가지수하락률 비교

	2007년 10월(A)	2008년 10월(B)	B/A(%)
코스피지수(P)	2,064	1,113	53.9% (46.1%↓)
다우지수(P)	13,930	9,325	66.9% (33.1%↓)

자료 : 한국은행, 월말 기준 주가지수

    은행도 외채가 많으면 언제든지 위기에 직면할 수 있다. 외국인 투자자 이탈 등으로 외환시장 환경이 악화되면 대출금을 상환하는 과정에서 환차손이 발생하기 때문이다. 한국은행의 외채 관련 통계를 보면, 외화표시 부채가 크게 증가하면 경제위기 국면에서 외채를 빌린 은행도 부도위기에 직면할 수 있다는 것을 보여준다.

[표3-2] 1997년 외환위기와 2008년 외화유동성 위기 전후 순대외채권 추이 (단위: 억 달러)

	1997년	1998년	1999년	2007년	2008년	2009년
대외채무	1,742	1,638	1,529	3,831	3,779	4,019
단기외채	637	395	430	1,602	1,419	1,499
은행 외채	540	318	326	1,244	1,039	1,076

자료 : 한국은행, 연말 기준

2008년 미국발 금융위기에서의 오판

    2008년 미국발 금융위기는 1998년 발생한 롱텀캐피탈매니지먼트LTCM 사건과 비슷하다고 볼 수 있다. 투자은행들이 부채담보부증권CDO이나 자산유동화증권ABS을 발행해 채권의 신용등급을 세분화하면 위

험을 관리할 수 있다고 믿었다는 점에서 그렇다. 이들은 투자자들이 부도 가능성이 높은 고위험 채권이라는 사실을 알고 투자했더라도, 투자은행의 부실 문제가 현실화되면 환매를 요구한다는 사실을 간과했다. 실제로 CDO와 ABS 가격이 하락하자 투자자들은 앞다투어 환매를 요구했고, 투자은행들은 지급불능을 선언할 수밖에 없었다.

그럼에도 불구하고 대부분의 경제전문가들과 증권전문가들은 "LTCM 사태 당시에는 중남미와 아시아 지역이 외환위기 때문에 경제가 취약했지만, 2008년 서브프라임 사태는 다르다."라는 논리를 폈다. 당시 어떤 경제전문가는 "세계경제가 매우 안정적으로 성장하고 있고, 아시아와 중남미 신흥시장 국가들이 외화보유액을 충분히 보유하고 있기 때문에, 세계적 금융위기로 확산되지는 않을 것이다."라고 주장하기도 했다. 이들은 미국경제와 아시아 경제, 중남미 경제가 기축통화를 결제수단으로 하여 서로 연결되어 있다는 것을 간과했다. 그리고 주식시장과 부동산시장이 금리라는 매개변수로 밀접하게 관련되어 있으며, 자본의 국제간 이동으로 환율이 변동하는 과정에서 경제가 큰 충격을 받는다는 사실을 이해하지 못했다.

또한, 서브프라임 사태가 확산되고 있는 상황에서도 1998년 LTCM 사태 당시처럼 엔화가치 상승을 예상하지 못한 것도 문제였다. 미국에서 문제가 발생하면 당연히 달러가치가 하락할 수밖에 없고, 엔 캐리 자금으로 투자한 경우 대규모 환차손이 발생할 수밖에 없다. 당시 증권전문가들은 "세계 증시가 일본 엔 캐리 자금에 힘입어 주식시장과 부동산시장이 호황을 누리고 있다."라고 보고서를 내면서도, 엔화가치가 상승하면 돈의 흐름이 선진국 및 개도국 주식시장에서 일본으로 다시 역류될 수밖에 없다는 사실은 애써 외면했다.

서브프라임 사태의 본질은 1990년대 중반 일본처럼 부동산시장 거품이 붕괴되면서 문제가 발생했는데, 그저 '신용도가 낮은 일부 주택담보 대출자의 원리금 상환 불능 사태' 정도로 해석했다. 이는 마치 안과의사가 위와 간에 문제가 있어서 눈이 나빠지고 있는 환자에게 안경을 맞춰주거나 안약으로 처방하면서, "이제는 나아질 것이다."라고 환자를 안심시키는 것과 다르지 않다. 즉, 눈앞에 보이는 현실만 보고 근본적인 원인을 보지 못했던 것이 서브프라임 사태가 글로벌 금융위기로 발전한 중요한 이유이다.

무엇보다 현실성이 떨어지는 가정을 전제로 경제 현상을 분석한 것이 문제다. ①서브프라임 사태는 저소득층의 문제이면서 금액도 미국 GDP의 1%밖에 안 되기 때문에, 프라임 사태나 주식시장 붕괴로 이어지지 않을 것이라고 가정했다. ②기준금리를 인하하면 곧 문제가 해소될 수 있다고 가정했다. ③신용도가 낮은 채권도 세분화해서 파생상품을 만들면 위험관리가 가능하다고 가정했다. ④부동산가격은 상승만 하고 하락하지 않을 것으로 가정했다. ⑤원자재가격도 적정 수준 이상까지 상승하지 않을 것이라고 가정했다. 마치 대통령 후보가 '한후보'라는 사람밖에 없다면 '한후보'가 대통령에 당선될 확률은 거의 100%라는 식이다. 그러나 대부분의 국가에는 '대통령 병'에 걸린 사람이 적지 않기 때문에, 대통령 후보가 '한후보'밖에 없다는 가정은 비현실적이다.

이는 투기성 재화시장 관련 가정도 마찬가지다. 상장기업의 대차대조표와 손익계산서, 현금흐름을 반영하는 주가결정 요소를 보면 쉽게 알 수 있다. ①기준금리를 인하하더라도 기업의 매출액과 영업이익이 감소하면, 금리인하 효과가 1년 이상 발생하지 않을 수 있다. ②상장기업들의 외화 부채가 많은 상태에서 환율이 상승하면 환차손까지 발생하기 때문에, 주가는 큰 폭으로 하락할 가능성이 높다. ③다수의 상장기업이 부도위기에 직면한 시점에서 기준금리를 인하한다면, 이 계기로 돈의 흐름이 국채시장 등으로 이동하는 경향이 있다. 때문에 주가는 상승하는 것이 아니라 큰 폭으로 하락할 수 있다.* 이에 따라 국제 투기성 자본은 금융정책 당국이 기준금리를 인하하면 주식에 투자하지 않고, 오히려 보유 주식을 매도하는 기회로 활용한다. 반대로 금융정책 당국이 기준금리 인상을 예고하면 투자기회로 활용한다.

이번에는 부동산시장을 살펴보자. 금리가 하락하면 부동산가격이 상승한다거나 금리가 상승하면 부동산가격이 하락한다는 논리는, 모든 조건이 동일하고 금리만 변동할 때 성립될 수 있는 경제이론이다.

---

* 이와 반대로 기준금리를 인상해도 기업의 매출액과 영업이익이 증가한다면 주가상승 요인이 된다. 금리인상에 따른 금융비용 부담보다 매출액 증가 및 영업이익 개선효과가 클 수 있기 때문이다.

만약, 금리 하락에도 불구하고 실수요자들의 실질소득이 감소하면 부동산가격은 오히려 하락한다. 반대로 금리가 상승하더라도 실수요자들의 소득 수준이 증가하고 주택가격 수준이 낮은 상황이라면 주택가격은 오히려 상승할 수 있다.

각종 조세정책도 마찬가지다. 양도세를 면제하면 주택가격이 상승하고 양도세를 부과하면 주택가격이 하락한다는 논리 역시, 당시의 부동산시장 환경에 따라 맞을 수도 있고 틀릴 수도 있다. 2009년 이후 한국과 미국의 부동산시장이 대표적이다. 정부가 기준금리를 인하하고 각종 세제지원까지 했지만 주택시장 불안은 지속되었다.

채권시장도 마찬가지다. '국채가 많이 발행되면 회사채 시장이 구축된다'는 논리도,* 당시의 경제상황과 발행된 국채를 어떻게 이용하는지에 따라서 회사채 시장이 구축될 수도 있고 안정될 수도 있다. 국채 발행을 통해 마련된 자금을 붕괴된 금융시스템을 복구하는 데 사용한다면, 오히려 회사채 금리 안정 요인으로 작용할 수 있기 때문이다. 국채를 대량 발행했던 한국의 외환위기 이후와 2008년 미국발 금융위기 이후 미국의 국채 발행이 대표적이다.

---

* 구축 효과: 국채가 많이 발생되면 신용도가 낮은 회사채 수요가 감소하면서 회사채 가격이 하락한다는 경제이론

[표3-3] 1998년 한국 및 2009년 미국의 국채 금리와 회사채 금리 (단위: %)

1998~1999년		2008~2009년	
한국 국채(3년)	회사채(3년)	미국 국채(5년)	우대금리
12.69 → 7.69	15.1 → 8.9	3.44 → 1.55	7.25 → 3.25

자료: 한국은행

외환시장도 예외가 아니다. 무역수지 흑자가 발생하면 환율이 하락하고 무역수지 적자가 발생하면 환율이 상승한다는 논리는 너무나 단순한 경제이론이다. 수출이 감소해서 무역수지 적자가 발생하는 경우와 수입이 증가해서 무역수지 적자가 발생하는 경우에 외환시장에 미치는 영향이 다를 수 있다. 또한, 원자재가 상승하면서 무역수지 적자가 발생하는 것과 수출단가 하락으로 무역수지 적자가 발생하는 것을 구분하여 외환시장에 미치는 영향을 분석해야 한다. 예를 들어, 2010년 유럽 재정위기 때는 큰 폭의 경상수지 흑자에도 불구하고 원/달러 환율이 상승했었는데, 이것은 경상수지와 무관한 환율상승이었다.

2009년 경제위기 극복 과정에서 오판

2008년 미국발 금융위기를 사전에 경고함으로써 유명해진 누리엘 루비니 뉴욕대 교수는 2009년 초, "사상 최저 수준의 금리에 이은 오바마 정부의 천문학적인 재정지출로 자산시장에 다시 거품이 발생할 것이다."라고 경고했다. 그리고 그는 "2008년 경제위기로 다수의 근로자가 실업자로 전락한 만큼, 고용이 회복되지 않을 것이고 주택시장의 불안도 지속될 것이다. 또한 상업용 부동산을 기반으로 하는 채권의 부실화 때문에 이중 침체를 피할 수 없을 것이다."라고 경고했다.

그러나 누리엘 루비니 교수처럼 재정지출의 부작용을 지적한 경제학자들의 주장과 달리, 거품은 발생하지 않았다. 물가도 1년 이상 안정되었고 경기도 예상과 달리 빠르게 회복되었다. 그리고 이들은 2009년 초에 '하반기 이후 재정지출을 줄이면 경제성장률이 둔화될 것'으로 예상했지만, 2009년 4분기 미국 경제성장률은 5.9%를 기록했고, 2010년 1분기 성장률도 예상보다 훨씬 높은 3.0% 성장했다. 상장기업의 영업이익 역시 예상보다 크게 증가한 것으로 나타났다.

문제는 투자자들 다수가 누리엘 루비니 교수처럼 '미국경제 비관론'을 제시한 경제학자들을 믿고 투자손실을 입은 상태에서 보유 주식을 매도했다는 것이다. 투자자들은 이 때문에 2009년 주가지수 상승 국면에서 투자손실을 만회할 기회를 상실하고 말았다. 설상가상으로 주식을 매도한 자금으로 2009년 하반기 유로화표시 금융상품과 유럽 증시에 투자한 사람은 완전히 저소득층으로 전락하고 말았다. 유로화가치가 2009년 4분기 이후 급락했고 유럽 증시가 폭락했기 때문이다.

그렇다면 왜 이들의 주장과 현실은 다른 것일까? '더블딥' 전망이 빗나간 이유를 중심으로 살펴보도록 하자. 그래야 다음 경제위기 국면에서 금융정책 당국이 또 다시 재정지출과 기준금리 인하로 대응할 경우, 위기를 기회로 이용할 수 있다.

① 통화량 증가에 따른 실질 GDP 증가

국민소득결정이론에서는 통화량이 증가하면 총수요가 증가하는 것으로 설명한다. 통화량 증가는 누군가의 수중에 돈이 들어간다는 것을 의미하고, 이 과정에서 재화와 서비스가 판매되기 때문에 GDP가 증가하기 마련이다. 그럼에도 불구하고 누리엘 루비니 교수는 통화량이 증가하면 실물경제 성장 없이 자산시장에 거품만 생겨서 더블딥이(2분기 연속 마이너스 성장) 발생할 것으로 예상한 것이다. 즉, 실물경제가 성장하고 상장기업의 매출액과 영업이익이 증가하면 주가지수가 상승하더라도 거품이라고 할 수 없는데, 거품이 발생할 것이라고 예상한 것이다.

② 통화 및 재정지출의 승수효과

재정지출을 통해 통화량이 증가하면 승수효과가 나타난다. 경상수지 흑자를 통해 증가한 통화량도 승수효과가 있다. 승수효과란 간접적인 파급 영향을 의미한다. 정부의 재정지출로 고속도로를 건설하면 1차적으로 '고속도로'라는 실질 GDP가 증가한다. 다음에는 이 사업으로 돈을 번 건설회사가 다른 사업을 벌이기 때문에 2차적인 GDP 창출 효과가 있다. 그리고 2차 GDP 창출은 3차 GDP 창출로 이어져 약 3~5년 동안 지속된다. 이와 같은 승수효과와 가속도 원리 때문에 재정지출 이후 일정 기간이 경과하면 경제성장률 둔화현상은 나타날 수 있지만, 마이너스 성장 현상은 상당 기간 나타나지 않는 경향이 있다. 누리엘 루비니 교수가 2010년 상반기의 더블딥 발생을 예상했지만, 이와 같은 재정지출의 승수효과 때문에 2010년 4분기까지 더블딥은 나타나지 않았다.

③ 거품이 발생하기 어려운 자산시장 환경

거품은 실물경제 성장속도보다 금융시장 성장속도가 빠를 경우 나타나는 현상이다. 그러나 미국은 리먼 브라더스 사태 이후 중산층 붕괴로 부동산 매수 세력이 크게 감소했고, 그 결과 거품이 발생할 수 없는 환경으로 변했다. 즉, 실업자 증가 및 중산층 붕괴로 주택이나 상업용 부동산의 거래가 부진한 상황에서는, 통화량 증가에도 불구하고 자산시장의 거품생성이 어렵다는 것을 간과한 것이다.

아이러니하지만 더블딥을 예상한 경제전문가들이 더블딥이 발생하지 않도록 하는데 기여한 것으로 평가할 수도 있다. 즉, 주가와 부동산 가격의 상승 국면임에도, 더블딥 예상을 믿고 보유한 주식과 부동산을 손절매한 것이 거품발생을 막는데 기여한 것이다.

④ 소비자물가 안정

2008년 미국발 금융위기의 원인 중 하나는 원자재가격 상승에 따른 가계의 실질소득 감소(소비자물가 상승)다. 실질소득이 감소한 결과 대출

원리금 상환능력이 약화되어 서브프라임 사태가 발생했고, 이로 인해 거품이 붕괴된 것이다. 그러나 2009년에는 소비자물가가 안정돼서 이중 경기침체 발생을 막을 수 있었다. 한편, 2008년 10월 이후 미국은 본원통화량이 2배 이상 증가했음에도 불구하고 경기불황 여파로 소비자 물가는 오히려 하락했다.

[표3-4] 2008년 이후 미국 본원통화량과 소비자 물가추이

	2007년 말	2008년 6월	2008년 말	2009년 6월	2009년 말
본원통화량(억 달러)	8,298	8,328	16,592	16,794	20,219
소비자물가지수	210.0	218.8	210.2	215.7	215.9

자료 : 한국은행, 월말 기준

⑤ 화폐유통속도에 대한 이해부족

경기불황 국면에서는 화폐의 유통속도가 느려져 통화량 증발 효과가 반감되지만, 경기가 회복되면 유통속도가 빨라지면서 관성에 의해 성장률이 예상보다 높아지는 경향이 있다는 것도 간과했다.

⑥ 미국계 투자은행의 경쟁력을 과소평가

미국계 투자은행들이 정부로부터 지원받은 자금을 경제성장속도가 빠른 중국이나 한국, 또는 경기회복 속도가 빠른 개도국 주식시장에 투자하면 환차익과 주식투자수익을 동시에 실현할 수 있다는 것을 과소평가했다. 미국계 투자은행과 국민들이 화폐전쟁에서 얻은 주식시세차익과 환차익을 가지고 자국에서 자동차도 구입하고 가전제품도

구입하면 미국경제가 회복될 수 있다. 이를 통해 상장기업의 영업실적이 좋아지면 추락한 증시도 상승할 수 있고, 주택 및 상업용 부동산에 대한 수요가 증가할 수 있다는 것을 간과했다. 하락 속도를 최소한 늦출 수 있었던 것도 2010년 4분기까지 더블딥 현상이 나타나지 않은 이유다.

⑦ 투기성 재화시장의 가격결정원리 이해부족

투기성 재화시장의 가격 하락 국면에서는 투자자가 자산을 경쟁적으로 매도하고 매수자도 크게 감소한다. 그러나 가격이 상승하는 국면에서는 매도를 꺼리는 투자자의 심리 때문에 자산가치가 빠르게 회복되고 소비 여력이 향상된다. 게다가 상장기업의 실적이 수반되면 가격이 다시 하락하더라도 그 폭이 크지 않고, 증가한 통화량이 가격하락을 억제하기 때문에 더블딥이 발생하지 않을 수 있다는 것도 간과했다.

⑧ 브릭스BRICs의 높은 경제성장률

세계경제의 성장과 후퇴는 국가끼리 맞물려 있다. 선진국 경제성장에 힘입어 개도국 경제가 성장하기도 하지만, 개도국 경제성장에 힘입어 선진국 경제회복이 빨라지거나 경기침체에서 벗어날 수 있다. 예를 들면, 2009년 세계적인 경기침체 국면에서 미국의 경제성장률은 -2.4%, 유로 지역은 -4.1%였다. 금액으로 표시하면 미국은 2008년 대비 1,105억 달러 감소했고, 유로 지역은 1,851억 달러 감소했다. 두 지역을 합하면 모두 2,956억 달러다. 반면 중국은 2008년 대비 8.7% 성장했고 규모는 3,891억 달러다. 즉, 중국 경제성장에 따른 GDP 증가 규모가 선진국 경제침체에 따른 GDP 감소 규모보다 커서, 세계경제의 침체 요인을 흡수한 것이다.

인도와 브라질의 경제도 산업구조의 고도화를 추구하면서 중국경제와 함께 빠르게 성장하고 있다. 산업구조가 고도화될수록 선진국에서 생산한 기계장치 등에 대한 수입량이 증가하는데, 이 경우도 미국과 유로 지역의 경기둔화 문제를 어느 정도 흡수할 수 있다.

다수결은 통하지 않는다

대다수 금융시장 참여자들은 여론에 흔들리는 경향이 있다. 하지만 금융상품의 가격은 대통령 선거와 달리 다수결 원칙에 의해 결정되지 않는다. 국제 투기성 자본의 시장 지배력이 워낙 크기 때문에, 국내 증권전문가 다수가 주가하락과 환율상승의 논리를 펴더라도 주가는 상승하고 환율이 하락할 수 있다. 예를 들면, 1998년 8월 일본 엔화가치가 당시 달러 당 140엔을 넘어서자, 향후 1년 이내에 200~300엔까지 상승할 수 있다는 루머가 확산되었다. 그러나 엔화가치는 그로부터 1주일 후 급락하고 말았다. 국제 투기성 자본이 시장 분위기를 이용해 엔화를 구입하고 달러를 매도했기 때문이다.

한국도 마찬가지다. 1998년 정부는 외환위기 극복 과정에서 부도위기에 처한 은행을 지원하기 위해 대규모 국채발행 계획을 발표했다. 그러자 한국은행은 물론, 채권 딜러들까지 대규모 국채발행이 회사채시장을 구축할 것이라고 우려하면서 시장금리가 상승할 것으로 전망했다. 그러나 채권시장은 본격적으로 안정되기 시작했다. 국채 발행에 따른 회사채시장 구축효과(시장금리 상승)보다 공적자금의 시장금리 안정 효과가 크다는 것을 몰랐다. 국채 발행으로 금융기관을 지원하면 시중 자금경색 현상이 완화되면서 우량 기업들이 부도 공포에서 벗어나게 되고, 채권 발행도 쉬워져 채권가격도 상승할 수 있다는 것을 간과한 것이다.

주식시장이나 외환시장의 대세상승 국면에서도 다수결 원칙은 통하지 않는다. 국제 투기성 자본이 시장의 분위기를 역이용하기 때문이다. 2007년 9월 미국 금융정책 당국이 기준금리 인하를 선언할 무렵, 다수의 증권전문가들은 기준금리 인하를 계기로 주가지수가 상승할 것이라고 전망했다. 그러나 주식시장은 1개월 정도 박스권 장세를 유지하다가 큰 폭의 하락세로 반전되었다. 국제 투기성 자본이 상장기업의 매출액 감소와 영업이익 감소 같은 주가하락 요인을 더욱 중요시하게 여겨, 보유하고 있는 주식을 공격적으로 매도했기 때문이다.

이처럼 금융상품의 가격이 다수결 원칙에 의해서 결정되지 않는 이유는 앞의 사례에서 알 수 있듯이, 국제 투기성 자본의 시장 지배력 때문이다. 이는 병법에서 소수의 병력이 지형지물을 이용하여 대규모 적병을 섬멸시키는 원리와 같다. 재테크시장에서 지형지물은 재테크시장 환경이다. 소수의 돈 있는 사람들이 재테크시장 환경을 이용해 가격등락을 유도하기 때문에, 다수의 주장이나 분석이 통하지 않는 것이다. 그럼에도 불구하고 다수의 투자자들은 금융상품의 가격이 다수결 원칙에 의해서 결정되는 것처럼 생각한다. 그래서 친구들이 부동산투자로 돈을 벌었다고 하면 너도나도 은행에서 돈을 빌려 부동산에 투자하고, 이웃집에서 주식투자로 돈을 벌었다는 소문을 들으면 너도나도 주식시장에 뛰어드는 것이다.

2008년 이후 외환시장 전망 실패

2008년 초에는 다수의 경제전문가들과 외환전문가들이 "한국은 외화보유액이 충분하기 때문에 원/달러 환율 상승은 일시적이면서 제한적이다"라고 주장했다. 그러나 원/달러 환율은 2009년 2월 말 달러 당 1,550원까지 1년 동안에 약 60% 상승했다. 그리고 2009년 초에는 환율이 급등하자 "2009년 안에 달러 당 2,000원까지 상승할 수 있다."라는 루머가 확산되기 시작했고, 환율이 달러 당 1,500원 초반에서 1,550원을 돌파하는데 불과 하루 밖에 걸리지 않았다. 언론 등에서는 이러한 분위기에 편승하여 앞다투어 환율문제를 다루기 시작했다. 당시 필자가 환율 관련 인터뷰를 한 것만도 1주일 동안에 불교방송 등 2~3건이나 된다. 필자가 2009년 2월 말 '환율의 경기 자동조절기능'

을 강조하면서 걱정하지 않아도 된다는 논리를 전개하자, 모 방송 진행자는 정말 문제가 없냐고 반문하기도 했다. 하지만 곧바로 환율은 안정되기 시작했다. 환율이 급등하자 수입은 감소하고 수출이 급증하면서 경상수지가 적자에서 흑자로 반전되었고, 국제 투기성 자본이 이러한 기회를 이용하여 한국의 주식을 매수한 것이 중요한 원인이다. 또한, 외국인 투자자들이 가져온 달러 때문에 달러 공급이 증가하면서 외화유동성 부족 문제가 빠르게 해소된 것도 중요한 환율 안정 요인이다.

2009년에 원/달러 환율이 달러 당 2,000원까지 상승하지 못한 가장 중요한 원인은 달러 당 1,550원까지 상승한 높은 환율 수준 자체라고 할 수 있다. 외국인 투자자들이 한국의 수출 대기업에 대한 투자 규모를 늘린 이유도 '높은 환율 수준이 상장기업의 영업이익 증가로 이어질 수 있다'는 믿음 때문이다.

2007~2009년의 평균 환율과 경상수지 관계를 보면 환율 수준 자체가 환율변동 요인이라는 사실을 알 수 있다. 한국은행 통계에 의하면 평균 환율이 큰 폭으로 상승한 2008년 하반기 이후에는 경상수지가 개선된 것으로 나타났다. 다만, 환율이 변동한 이후 수출입에 반영되는 데 걸리는 시간이 6개월 정도여서 상당한 시차를 두고 환율효과가 발생했다.

〔표3-5〕 환율 수준과 경상수지 추이

	2008년 상반기	2008년 하반기	2009년 상반기	2009년 하반기
원/달러(원)	986	1,212	1,351	1,205
경상수지(억 달러)	-53	-5	217	209

자료 : 한국은행, 평균 환율

  이 기간 외국인 투자자자들은 환율이 상승하는 국면에서는 주식시장에서 순매도로 대응했고, 환율이 하락하기 시작한 2009년 3월 이후에는 순매수를 한 것으로 나타났다. 외국인 투자자들이 환율을 이용하는 투자전략으로 접근하고 있음을 알 수 있다.

  일부 경제전문가들은 대한민국 정부가 한국 돈을 미국에 담보로 제공하고 미국에서 달러를 일정기간 빌리는 통화스왑체결이 중요한 환율안정 요인이라고 주장했지만 설득력은 크지 않다. 정부의 통화스왑은 만기일에 다시 상환해야 한다는 점에서, 일시적인 외화유동성 부족 해소에 도움이 될 수 있어도 근본적인 해결책이 아니기 때문이다.

〔표3-6〕 환율과 외국인 투자자 추이

	2008년 상반기	2008년 하반기	2009년 상반기	2009년 하반기
원/달러(원)	986	1,212	1,351	1,205
외국인(억 원)	-19조 4,516	-15조 9,956	11조 9,832	20조 4,030

자료 : 한국은행, 환율은 평균 환율

  2010년 2분기 경기 관련 거시경제지표들이 갑자기 둔화된 이유는 경제전문가들과 증권전문가들이 환율전망에 실패하여, 기업과 투자자들이 주식시장과 외환시장에서 투자손실을 입은 데 있다. 또한 미국은 물론, 유로화 사용 국가와 일본, 중국의 상장기업들 다수가 달러표시 자산을 줄이고 유로화표시 자산 비중을 늘렸는데, 환율이 예상과 반대 방향으로 움직이면서 환차손을 입었기 때문이다. 그리고 가계가 주식 투자손실을 입어 소비를 줄인 것도 2분기 경제성장률 둔화에 적지 않은 영향을 미친 것으로 평가할 수 있다.

― 화폐전쟁 깊이 읽기 ❹ ―
통화량 증가에 대한 오해

경제성장률 전망 실패의 원인

경제에 관심이 있는 독자들은 2009년 6월 한국과 미국의 경제학자들과 증권전문가들이 언론에서 언급한 "정부의 재정지출이 더 이상 없을 경우 한국과 미국의 3, 4분기 경제성장률은 크게 낮아질 수밖에 없다."라는 전망을 기억할 것이다. 당시 S증권회사 K팀장은 "실물경제 성장 없는 통화량 증가는 자산시장에 거품발생만 유도하기 때문에, 코스피지수는 2009년 말까지 1,400선대 이하로 하락할 것이다."라고 주장하면서, 투자자들에게 주식을 매도하도록 권고하기도 했다. 일부 경제연구소에서는 미국의 본원통화량이 약 1년 동안 100% 증가했기 때문에, 원/달러 환율은 달러 당 1,200원에서 2009년 말 달러 당 1,050원대 수준까지 하락할 것으로 전망하기도 했다.

그러나 2009년 3, 4분기 경제성장률은 한국과 미국 모두 전문가들의 예상과 달리 높게 나타났다. 주가지수도 증권전문가들의 예상보다 큰 폭으로 상승했고, 2009년 4분기에는 달러가치도 유로화 대비 강세로 반전했다. 미국이 본원통화량을 100% 이상 증가시켰지만, 달러가치는 당시 본원통화량이 감소한 유로화가치보다 오히려 큰 폭으로 상승한 것이다.

그렇다면 왜 유명 경제학자들과 증권전문가들의 예상이 이렇게 크게 빗나간 걸까? 우선 통화량 증가와 경제성장률 관계에 대한 이해부족이 원인이라고 할 수 있다.

경기불황 국면에서 민간 기업은 돈이 있더라도 투자를 하지 않고 안전한 은행 예금상품이나 국채 등에 투자하는 경향이 있다. 때문에 정부는 국채를 발행하여(재정지출) 사회간접자본시설을 확충하는데, 이 과정에서 실물경제가 성장하게 된다.

수출을 통해 통화량이 증가하는 경우에도 실질 GDP가 증가하기 마련이다. 경기불황기에 환율이 상승하면 수출기업은 수출단가를 인하해서 수출량을 늘리는데, 수출량 증가는 실질 GDP 성장으로 이어지기 때문이다. 또한, 기업은 돈을 벌면 R&D(연구개발) 투자를 늘리는 경향이 있다. 예를 들면, 전기 소모량이 많은 LCD TV 생산을 줄이는 대신 전기 소모량이 적은 LED TV 생산에 투자하는 것처럼, 통화량이 증가하더라도 실질 GDP가 증가할 수 있다.

외국인 투자자들이 한국에 대한 투자규모를 늘리는 과정에서 원화표시 통화량이 증가하고 주가지수가 상승하더라도 GDP는 증가한다. 주가지수가 상승하면 투자자들의 자산가치가 증가하기 때문에, 투자자들이 소비를 늘리는 과정에서 GDP가 증가하게 된다. 2009년 4분기 소비 증가율이 예상보다 높게 나타난 것은, 수출 증가(상장기업 매출액 증가)에 따른 기업의 지출 증가와 주가지수 상승에 따른 가계의 소비 증가에 있다. 이는 통화량 증가가 실질 GDP 증가로 이어짐을 의미한다.

부동산시장에서도 통화량 증가가 실질 GDP 성장에 기여할 수 있다. 증가한 통화량을 이용해 재개발 지역에 상업용 건물을 신축하면 실질 GDP 증가 요인이 되고, 이 건물에 입주한 기업이나 자영업자의 매출액이 증가하더라도 GDP 증가 요인이 된다.

2002년 이후 한국의 통화량과 경제성장률 관계를 보면 통화량이 증

[그림3-1] 한국의 본원통화량과 경제성장률, 소비자물가 상승률 추이

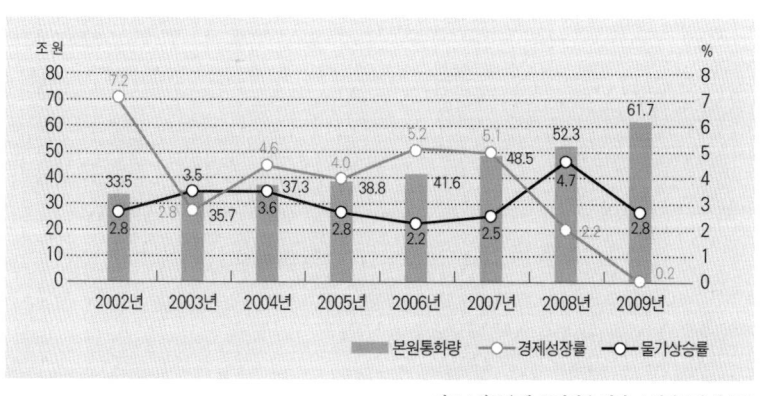

자료 : 한국은행, 통화량은 평잔, 소비자물가 상승률

가하면서 GDP도 증가한 것으로 나타났다. 2002년 이후 큰 폭으로 상승한 원자재가격이 한국의 통화량과 무관하다는 점에서, 통화량 증가가 소비자물가 상승에 미친 영향은 적다고 볼 수 있고, 오히려 실질 GDP 증가에 크게 기여한 것으로 평가할 수 있다.

 중국도 마찬가지다. 2002년 이후 중국의 본원통화량 증가율은 연평균 20%이고 GDP 성장률은 연평균 10%다. 그러나 소비자물가상승률은 극히 적다. 영국 파이낸셜 타임지가 중국경제를 일컬어 '골디락스 경제'라고 칭송한 것도, 소비자물가 상승 없이 실질 GDP가 장기간 높은 성장을 하자 만들어낸 신조어다. 한국은행 통계를 보면, 중국의 본원통화량은 2000년 3.6조 위안에서 2008년 12.9조 위안으로 약 3.5배 이상 증가했다. 이에 힘입어 중국의 GDP도 2000년 1조 2,000억 달러에서 2008년 4조 5,000억 달러로 약 3.8배 증가했다. 반면, 소비자물가는 8년 동안 겨우 5% 상승에 그쳤다. 2008년 중국의 높은 소비자물가 상승률도 원자재가격 상승분을 제외하면 본원통화량과 소비자물가의 관계를 설명하기 어렵다. 대부분의 원자재는 미국 달러로 거래되기 때문에 중국의 본원통화량 증가와 거리가 멀기도 하지만, 원자재는 희소한 자원이기 때문에 수요가 공급보다 많으면 상승하기 때문이다.

[표3-7] 2000년 이후 중국의 본원통화량과 GDP, 소비자물가지수 추이

	2000년	2002년	2004년	2006년	2008년
본원통화량	3,649	4,514	5,885	7,776	12,922
GDP(억 달러)	11,985	14,538	19,316	26,578	45,199
물가지수	100.4	99.2	103.9	101.5	105.9

자료 : 한국은행, 연말 기준

　이와 같은 현상 때문에 국민소득결정이론에서는 화폐경제학 이론과 달리 "통화량이 증가하면 총수요 곡선이 우측으로 이동하기 때문에 실물경제 성장을 견인한다."라고 설명한다. 경제전문가들이 경기회복 국면에서 경제성장률을 예측하는 데 실패하는 이유는 '통화와 실물경제의 상관관계'에 대한 지식의 사각지대가 존재하기 때문이다. 즉, '통화량이 증가하면 GDP 증가 없이 물가만 상승하는 것'으로 오해하고 있는 것이다.

통화량과 정부의 부채 관계

　선진국 중에는 정부 부채가 거의 GDP 규모에 육박하는 국가가 많다. 일본은 GDP 규모보다 정부 부채가 오히려 2배 이상 많다. 경기불황 때마다 정부가 재정지출을 늘리자 부채가 증가한 것이다. 특히, 일본이나 미국, 유럽의 일부 국가들은 부동산시장의 거품이 붕괴되는 국면에서 부채가 큰 폭으로 증가했다. 영국은 2005년까지만 하더라도 부채가 GDP의 48%에 불과했지만, 글로벌 금융위기 극복 과정에서 재정지출을 늘린 결과, 2009년 말 기준으로 GDP 대비 64%에 육박했

다. 각국의 정부는 재정지출에 필요한 자금을 보통 조세징수로 조달하는데, 부족한 자금은 국채발행을 통해 조달하기도 한다. 국채를 발행한다는 것은 자국민들이나 해외로부터 돈을 빌리는 것이기 때문에 재정적자 증가 요인이다.

화폐현상을 연구하는 전문가 중에는 재정적자가 본원통화량 증가를 반드시 수반하는 것으로 오해하는 사람들이 많다. 그러나 국채를 발행하더라도 중앙은행이 인수하거나 기존에 유통되는 국채를 중앙은행이 매입할 때만 본원통화량 증가를 수반한다. 그러나 재정정책 당국이 국내 민간 부문을 대상으로 국채를 발행해 재정지출을 늘리면 본원통화량의 변화는 없다.

미국의 경우, 본원통화량은 2002년 말 6,860억 달러에서 2009년 말 2조 220억 달러로 190% 이상(약 1조 3,960억 달러) 승가했다. 그것도 2008년 10월 이후에만 1조 달러 이상 증가한 것이고, 2007년까지는 겨우 1,000억 달러(15%) 정도만 증가했다. 그러나 2002~2009년 미국의 재정적자는 약 2조 5,000억 달러 이상 증가했다. 본원통화량 증가액보다 재정적자 규모가 20배 이상 더 큰 것이다. 이는 미국이 발행한 국채 대부분을 미국의 시중 은행이나 중국, 일본 등의 중앙은행, 또는 채권형 펀드에서 인수했음을 의미한다. 이와 동시에 공급된 달러자금보다 국채발행 금액이 훨씬 많았다는 것을 의미한다.

한국도 마찬가지다. 2008년 미국발 금융위기 국면에서 재정지출이 크게 증가하자 2009년 1년 동안 증가한 재정적자 규모가 GDP의 약

5%에 해당되는 50조 원 수준에 육박했다. 이 기간 본원통화량은 연간 3.5조 원도 증가하지 않았다. 대부분의 국채를 중앙은행이 인수하지 않았고, 이미 유통된 본원통화의 유통속도를 증가시키는 방법으로 민간 부문이 인수했기 때문이다.

일본도 예외가 아니다. 한국은행 통계에 의하면, 일본은 2009년 말 기준으로 본원통화량이 약 106조 엔 수준이었다. 그러나 2010년 3월 일본 정부의 부채는 GDP의 200% 이상인 883조 엔을 넘겼다. 일본 역시 본원통화량이 정부 부채의 12%에 불과한 것이다. 정부가 중앙은행에 국채를 인수시키지 않고 민간에게 국채를 매각하는 방법으로 자금을 조달하면, 본원통화량 증가 없이 재정적자가 증가할 수 있음을 보여준다.

《화폐전쟁》의 저자 쑹훙빙은 "시중에 유통되는 본원통화는 모두 중앙은행이 국채를 인수하는 방법으로 공급된다. 정부가 국채를 모두 상환하면 시중에 유통되는 본원통화가 없어지기 때문에, 정부는 국채 발행을 계속 늘리는 방법으로 화폐를 공급한다."라고 주장했다. 그러나 그의 이러한 주장은 전혀 설득력이 없다. 그의 주장대로라면 시중에 유통되는 본원통화량과 국채발행 잔액이 일치해야 한다. 그렇지만 현실은 국채발행 잔액보다 본원통화량이 훨씬 적다.

또한, 중앙은행이 국채를 인수하는 방법으로 본원통화를 계속 공급한다면, 국채 때문에 회사채 금리는 상승하지 않을 것이다. 그러나 현실은 이미 공급된 본원통화량에 기초하여 발행되는 국채가 많기 때문에, 국채발행 규모가 증가하면 회사채 금리가 상승하는 경향이 있다.

　무엇보다 중앙은행이 아닌 민간 부문에서 인수한 국채는 만기가 되면 정부가 민간에게 조세수입으로 상환하기 때문에, 쑹훙빙의 주장과 달리 시중 본원통화가 없어질 이유가 없다. 구체적으로 설명하면 다음과 같다.

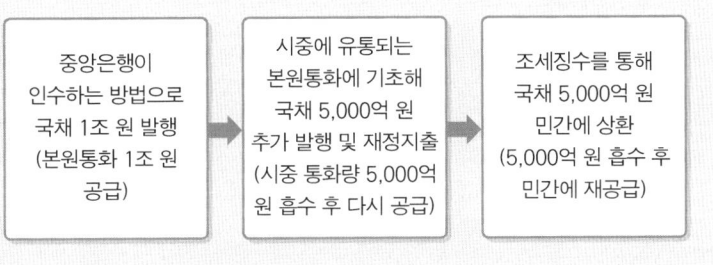

이 경우 시중에 유통되는 본원통화량은 최초 중앙은행이 인수한 1조 원 그대로다. 다만, 최초 중앙은행 인수를 통한 국채발행액을 조세징수로 흡수해 중앙은행에 상환하면, 쑹훙빙의 주장대로 시중에 유통되는 본원통화량이 없어지는 문제가 있다.

독자의 이해를 돕기 위해 한국은행 통계를 인용하면, 2009년 말 기준으로 한국 국채발행(정부 부채) 잔액은 외국환 평형기금 채권(3조 원)을 포함해 283조 원이다. 하지만 본원통화량 잔액은 65조 원에 불과하다. 이는 대부분의 국채를 중앙은행이 아닌 민간부문이 인수했음을 의미한다.

한국의 사례에서 쑹훙빙의 주장이 설득력을 가지려면 시중에 유통되는 본원통화량(65조 원)과 국채발행 잔액(283조 원)의 차이에 해당되는 약 216조 원의 본원통화량이 어디로 갔는지 해명할 수 있어야 한다. 통안증권을 발행해 흡수한 금액을 공제하더라도 사라진 차액을 해명할 수 있어야 한다.

이와 관련하여 밀턴 프리드먼 교수는 그의 저서에서 "정부는 민간에게 국채를 인수시킬 수 있지만, 인플레이션 유도를 통한 조세수입 증대 목적으로 중앙은행을 통해서 국채를 발행하는 것을 선호한다."라고 설명했다. 그러나 밀턴 프리드먼의 주장도 현실을 설명하지 못하고 있다. 한국과 미국 모두 시중에 유통되고 있는 본원통화량과 정부 부채 잔액을 비교하면, 중앙은행을 통해 발행되는 국채 규모보다 민간이나 해외 금융시장을 통해 발행되는 규모가 훨씬 더 크다. 심지어 중국과 일본의 중앙은행까지 기존에 발행된 기축통화인 외화보유액을 이용하여 미국 국채를 인수하고 있는 것이 현실이다. 이 경우 미국의 정부 부채는 증가하지만, 달러 공급량은 이자 상당액 정도 증가하게 된다.

아는 것이 힘이다

중국의 경제위기 가능성

미국 등의 서방 언론들은 "중국경제가 붕괴될 수 있다."라고 2000년부터 줄기차게 주장해왔다. 2000년에는 "중국 금융회사의 부실채권이 지나치게 많아서 중국경제가 조만간 위험에 직면할 수 있다."라고 했고, 2010년 초에는 "중국 도시지역의 주택시장 거품붕괴 때문에 중국경제가 충격을 받을 것이다."라고 주장했다. 그러나 아이러니하게도 중국경제의 붕괴를 주장한 선진국 경제가 중국보다 먼저 붕괴되었다. 미국경제는 2008년 충격을 받았고, 유럽경제는 2010년 그리스, 스페인 등의 재정위기가 유럽 전체로 확산되면서 충격을 받았다.

이처럼 서방 언론들이 유독 중국경제의 위기 가능성을 지속적으로 경고하는 이유는 무엇이고, 그럼에도 불구하고 중국경제가 쉽게 붕괴되지 않는 이유는 무엇일까? 미국 등의 서방 언론에서 중국경제의 위기 가능성을 제기하는 이유를 긍정적으로 해석하면, 중국경제가 세계경제에 미치는 영향력이 큰 만큼 위험에 대비하라는 의미로 해석할 수 있다. 중국경제가 붕괴되면 세계경제도 심각해질 수 있기 때문이다.

부정적인 시각에서도 해석할 수 있다. 중국경제의 성장과 발전이 원자재 수요 급증으로 이어지면 선진국 경제성장에 부담이 되기 때문에, 사전에 이를 차단하는 전략일 수 있다. 다시 말해, 원자재가격 상승으로 선진국 중산층의 실질소득이 감소하면 중장기적으로 선진국 경제가 성장하기 어렵기 때문에, 중국경제 흔들기로 해석할 수도 있을 것이다.

그러나 화폐전쟁을 주도하는 국제 투기성 자본의 과거 행태를 보면 후자에 가까울 수 있다. 중국경제 성장에 따른 위안화의 위상 강화는 미국 달러와 유로화의 위상 약화로 이어질 수 있기 때문에, 미국 및 영국계 투기성 자본에게는 달갑지 않을 것이다. 그리고 중국경제 흔들기를 통해 더 많은 자산을 헐값으로 취득할 경우, 경제성장에 따른 과실을 선진국이 얻을 수 있는 것도 숨겨진 진실일 수 있다. 이는 미국이 대중국 무역수지 적자가 감소하기 어려움에도 불구하고 위안화의 평가절상을 요구하는 배경과 같다. 실제로는 다른 목적이 있으면서 겉으로는 무역수지 적자 개선을 명분으로 내세우는 것이다. 마치 이라크 공격 당시 대량살상무기를 거론하면서 석유시장과 달러가치 보전을 추구하는 것과 같은 전략이다. 병법에서 말하는 '성동격서 聲東擊西'

와 같다.*

그렇다면 중국경제가 좀처럼 무너지지 않는 이유는 무엇일까?

첫째, 높은 경제성장률이 중요한 원인이다. 일반적으로 경제가 높은 성장을 하는 동안에는 여러 악재가 노출되지 않고 잠복되는 경향이 있다. 마치 인체가 평소 각종 병원균에 노출되어 있지만, 건강할 때는 병원균을 이겨낼 수 있는 원리와 같다. 선진국들이 제기하는 중국 금융회사의 부실채권 문제도 경제규모가 커지면 GDP에서 차지하는 비중이 낮아지기 때문에, 과거 경제규모가 작을 때와 달리 흡수할 수 있다. 예를 들어, 은행의 자산이 1조 원일 때 부실채권이 3,000억 원이라면 자산 대비 부실채권 비중이 30%나 돼서 은행의 위기로 발전할 수 있다. 하지만 경제성장에 힘입어 은행의 자산이 4조 원으로 증가했다면, 부실채권이 2배 증가하더라도 자산 대비 부실채권 비중이 15%밖에 안 되기 때문에 위기가 발생하지 않는 것과 같은 이치다. 이는 2000년 이후 중국의 1인당 국민소득 증가 추이를 보면 알 수 있다. 대출 원리금 상환능력이 빠르게 개선되면서 위기가 현실화하지 않은 것이다.

[표3-8] 2000년 이후 중국의 GDP 및 1인당 국민소득 추이

	2001년(A)	2003년	2005년	2007년	2008년	2009년(B)	B/A(%)
GDP(10억 달러)	1,325	1,641	2,236	3,382	4,512	4,909	370.4
1인당 국민소득(달러)	1,038	1,270	1,710	2,560	3,404	3,678	354.3

자료 : 한국은행

* 동쪽에서 소리를 내면서 서쪽을 공격하는 전술

둘째, 경제가 성장하면 과거의 부실채권도 건전한 자산이 된다. 은행의 부실채권은 기업이나 가계가 빌려간 대출금 중 경제적인 어려움에 직면한 고객이 상환하지 못하는 금액을 의미한다. 그런데 경제가 높은 성장을 지속하면 이들이 대출금을 상환할 수 있기 때문에, 부실채권 중 일부가 건전한 채권으로 전환되면서 우려하던 위기가 발생하지 않는다. 이와 같은 현상은 선진국도 마찬가지다. 또한, 대출시 담보로 취득한 자산도 경기가 회복되면 시장에서 매각할 수 있기 때문에, 은행의 부실채권이 감소하면서 우려하던 위기 원인이 해소된다. 2009년 초 일부 경제전문가들이 미국 금융회사의 부실채권 문제를 이유로 더블딥(2분기 연속 마이너스 성장) 발생을 우려했지만, 경기가 회복되면서 부실채권이 감소한 것과 같은 이치다.

셋째, 공기업 민영화를 통한 부실채권 축소 전략이다. 중국의 부실채권은 대부분 국영기업의 비효율적인 경영에서 비롯되었다. 따라서 공기업을 민영화하는 방법으로 이를 해소할 수 있다. 중국의 개혁·개방 초기인 1980년대에 중국 정부가 농촌 지역에 성과급 제도를 도입하자, 농산물 생산량이 급증한 원리와 같다.*

넷째, 중국의 정치·경제와 금융시스템도 위기극복에 효과적이다. 선진국은 시장의 기능을 지나치게 강조한 결과 반복적인 실패를 경험하고 있지만, 중국은 중앙정부 차원에서 시장에 개입하기 때문에 극단

* 존 나이스비트가 저술한 《메가트렌드 차이나》 참조

적인 상황으로 발전하지 않고 있다. 예를 들면, 파생상품이 발달하지 않은 것도 중국경제의 문제점이 극단적으로 발전하지 않는 중요한 요인이 된다. 대부분의 파생상품은 경기불황 국면에서 경기불황을 오히려 심화시키는 역할을 하기 때문이다.

중국의 부동산시장 거품붕괴 문제도 상당 기간 현실화되기 어렵거나, 현실화되더라도 선진국이 우려하는 만큼 충격이 크지 않을 수 있다. 중국경제가 높은 성장을 하고 있어서 국민의 소득 수준이 높아지면 거품문제가 해소될 수 있기 때문이다. 그리고 도시화가 이루어지면서 농촌 인구가 도시로 유입되고 있기 때문에 가격이 큰 폭으로 하락하더라도 빠르게 회복될 수 있다. 즉, 중국은 주택보급률이 낮아서 경기불황 국면에서 일시적으로 주택가격이 하락하더라도, 매수 대기 세력이 많기 때문에 거품붕괴로 인한 충격이 크지 않을 수 있다. 2008년 미국발 금융위기 국면에서 중국도 부동산가격이 단기적으로 30% 정도 하락했지만, 미국이나 유럽과 달리 빠르게 회복된 것이 대표적인 예가 될 수 있다.

글로벌 금융위기에 대한 음모론

음모론자들은 조지 소로스 퀀텀펀드 회장을 2008년 미국발 금융위기의 음모 세력으로 본다. 그러나 조지 소로스 회장은 2007년 12월 주가지수가 높은 수준에 있을 때 언론을 통해 주식시장의 위험을 경고했다. 이는 그가 음모 세력이 아니거나 음모에 가담하지 않았다는 강력한 증거다. 만약 조지 소로스가 음모 세력의 한 사람이었다면, 그는 자신에게 돈을 맡긴 음모의 배후세력에게 반기를 든 것과 같다. 더구나 조지 소로스가 '천기'를 누설한 시점은 전 세계적으로 주가지수가 고점이었기 때문에, 음모에 가담하지 않은 사람이 보유 주식을 먼저 처분하면 음모 세력이 오히려 당할 수밖에 없는 상황이다.

음모론자들에 의하면 국제 투기성 자본은 돈을 위해서라면 전쟁도 불사하고 대통령 저격도 망설이지 않는 공포의 집단이다. 그들은 미국의 에이브러햄 링컨 대통령과 존 F. 케네디 대통령도 음모 세력의 저격을 받고 사망했다고 주장한다. 이들의 주장대로라면 천기를 누설한 조지 소로스 회장도 저격을 당했어야 한다. 대통령처럼 경호원도 없는 조지 소로스 회장이 비밀을 누설한 후 3년 이상 저격당하지 않고 살아 있다는 사실 자체가 음모 세력이 아니라는 확실한 증거다.

한국의 외환위기도 마찬가지다. 음모론자들은 한국의 외환위기와 아시아 외환위기가 국제 투기성 자본에 의한 음모라고 주장한다. 그러나 당시 한국은 외화보유액이 부족해서 국제 투기성 자본이 음모를 꾸밀 실익도 없었다. 오히려 국제 투기성 자본이 자본시장이 개방된 1995년부터 약 400억 달러를 한국에 투자했기 때문에, 외환위기를 지연시킨 역할을 한 것으로 평가할 수 있다.

외환위기 직전 한국에 외채 상환을 요구한 채권자들의 대부분이 일본계 금융회사라는 것도, 음모론을 주장하는 사람들의 주장에 설득력이 없음을 보여준다. 그러나 이들은 "당시 IMF와 미국계 투기성 자본이 일본 금융회사가 대출금 상환 연기를 하지 못하도록 조종했다."라고 주장하나, 이 역시 설득력이 없다. 2008년 10월 외화유동성 위기 때 IMF의 배후 조정이 없었음에도 단기외채가 크게 감소한 사실을 보면 알 수 있다. 이는 IMF 등의 배후세력이 없더라도 채권자들은 부채가 많은 국가의 경제가 어려움에 직면하면 만기를 연장해주지 않는다는 것을 보여준다. 설령, 배후에서 조종을 했다고 하더라도 중장기적인 관점에서 보면 한국경제의 건전한 성장과 발전에 도움이 된 것으로 평가할 수 있다. 당시 일본계 금융회사가 부채상환을 연기해줘서 외환위기를 모면했다고 하더라도, 그 이후 더 큰 위기에 직면했을 것이기 때문이다.

기술적 지표를 중시하는 투자자들이 보기에는 국제 투기성 자본의 전략은 이해하기 어려운 투자전략일 수 있다. 세계경제가 암울했던 2009년 초 워런 버핏이 대규모 투자의사를 밝히자, "이제는 워런 버핏도 나이가 들어 판단력이 흐려졌다."라고 비난한 사람들도 있었다. 보통 사람들이 보기에는 위험천만한 투자전략이기 때문이다. 이들은 워런 버핏이 주식이나 채권, 환율상품을 매도하는 시점도 이해가 되지 않기는 마찬가지 일 것이다.

국제 투기성 자본은 오랜 세월 화폐전쟁을 많이 겪어봤기 때문에, 거품이 발생하는 환경과 거품이 붕괴되는 환경을 잘 알고 있다. 이들은 일반 투자자들보다 매우 합리적인 투자자라고 볼 수 있다. 일반 투자자들은 가격이 상승하는 것을 확인하고 기술적 분석에 기초하여 가격 상승 분위기에 편승한다. 그러나 이들은 가격이 상승할 것으로 예상되면 미리 투자한다. 그리고 인내심을 가지고 기다리다가 거품논쟁이 발생하기 전에 보유하고 있는 주식을 처분하는 전략을 쓴다.

  필자가 2007년 12월에 주변 사람들에게 주식을 매도하고 엔화표시 예금을 권유한 배경도 같은 맥락이다. 당시 경제 환경은 주식시장과 부동산시장의 거품이 붕괴될 수밖에 없는 모든 조건을 갖추었기 때문이다. 그리고 2009년 2월 환율이 달러 당 1,500원 선을 돌파하자, 외화표시 예금을 해지하고 주식투자의 비중을 늘리라고 권유한 배경도 국제 투기성 자본과 같은 접근 방법이다.

화폐전쟁 시대의 진정한 음모 세력

  화폐전쟁은 경제 현상을 이용해 전 세계를 대상으로 벌이는 금융전쟁이다. 채권시장과 주식시장, 부동산시장, 외환시장, 원자재시장의 환경을 이용해 가격 변동을 유도하기 때문에 시장 관련 지식이 강력한 무기다. 화폐전쟁에서 승리하기 위해서는 화폐의 기능과 역할을 알아야 하고, 투기성 재화시장의 가격결정원리를 알아야 한다. 국제 투기성 자본이 화폐전쟁에서 거듭 승리하는 이유도 투기성 재화시장의 가격결정원리를 기초로 관련 정보를 정확하게 해석하고 민첩하게 대응하기 때문이다.

  화폐 현상을 연구하는 일부 사람들은 세계 금융위기의 음모 세력으로 씨티, 메릴린치, 뱅크오브아메리카 은행과 같은 세계적인 투자은행을 지목한다. 그러나 이들도 2008년 미국발 금융위기 때 부도위기를 맞았다. 이는 세계적인 투자은행이라도 화폐와 실물경제의 상호작용 관계에 대한 지식이 부족하거나 정보를 정확하게 해석하지 못하면, 얼마든지 화폐전쟁에서 패할 수 있다는 것을 뜻한다. 또한, 2008년 서브프라임 사태의 배후세력이 투자은행이 아니라는 반증이기도 하다. 그들이 음모의 배후세력이라면 부도위기에서 빠져나갔어야 하는데, 그들도 당했다는 점에서 음모의 주체라기보다 화폐전쟁의 피해자다.

  어찌 보면 화폐전쟁 시대의 '진정한 음모세력'은 정보해석 능력이 뛰어난 워런 버핏이나 조지 소로스, 투자계의 살아있는 전설로 알려진 짐 로저스와 같은 사람이라고 할 수 있다. 이들의 저서와 인터뷰 내용을 보면 이들의 논리가 투기성 재화시장의 가격결정원리에 부합된다는 것을 알 수 있다. 즉, '진정한 음모세력'은 화폐전쟁 지식으로 무장한 사람들이라고 할 수 있다.

도깨비방망이 변동환율제도

  변동환율제도는 경제의 규모가 크고 대외의존도가 높으며 금융 산업이 발달되어 있거나 국제간 자본이동이 활발한 경우 효과적인 환율제도라고 할 수 있다. 그래서 오늘날 세계경제 환경에 부합되는 환율제도라고 할 수 있다.

변동환율제도의 장점이자 문제점은 국제간 교역 규모가 커질수록 특정 국가의 경제가 환율에 민감하게 반응하는 데 있다. 한국처럼 산업구조가 수출지향적 구조로 되어 있으면, 환율이 높은 수준을 유지할 경우 수출기업에게는 큰 도움이 되지만, 소비자물가가 상승하기 때문에 가계에게는 큰 부담이 된다. 반면 환율이 큰 폭으로 하락하고 이 상태가 지속될 경우 소비자물가는 안정되지만, 상장기업의 영업이익 감소와 함께 주가지수가 하락하기 때문에 경기불황의 원인이 될 수 있다.

국제 투기성 자본은 국제간 금리 차이를 이용하기도 하지만, 이보다 훨씬 수익률에 영향을 미치는 환율변동을 더 중요시 한다. 만약, 한국이 미국보다 금리가 연 2% 정도 높고 환율이 1년 동안 15% 이상 하락할 것으로 판단되면, 국제 투기성 자본은 한국 국채에 투자한다. 연 17% 이상의 수익률을 기대할 수 있기 때문이다.*

이와 같이 국제 투기성 자본은 변동환율제도를 이용해 각국의 금융시장을 공격한다. 때문에 변동환율제도는 국제 투기성 자본 입장에서는 도깨비방망이인 셈이다. 해당 국가의 환율변동을 유도해서 경기를 조절할 수 있고, 이를 통해 주가지수와 시장금리, 부동산가격에 영향을 미칠 수 있기 때문이다. 그래서 국제 투기성 자본이 음모 세력의 배후

----

* 하지만 예상되는 환차손이 금리차이보다 크다면 투자를 망설일 것이다.

로 의심을 받는지도 모른다.

각국의 정부도 변동환율제도를 이용해 소기의 목적을 달성할 수 있다. 환율상승을 유도하면 수출이 증가하고 수입물가가 상승하기 때문에 상장기업의 매출액이 증가한다. 이에 따라 가계의 임금소득이 증가하고 소비가 늘어나는데, 이는 정부의 조세수입 증가로 이어진다.

3~5년 주기로 반복되는 거품발생과 거품붕괴

1985년 이후 반복되는 투기성 재화시장의 거품발생과 거품붕괴 주기를 보면 3~5년임을 알 수 있다.

- 1987년 : 블랙먼데이 사태 발생
- 1990년 : 일본 증시 및 부동산시장 붕괴
- 1992년 : 영국 파운드화가치 급락
- 1997년 : 아시아 외환위기 발생
- 2000년 : 닷컴시장 거품붕괴
- 2003년 이후 : 세계적인 부동산시장 거품생성
- 2008년 : 부동산시장 거품붕괴
- 2010년: 유로 지역 재정위기 사태와 금융시장 충격

이밖에도 세계 도처에서 국지적으로 발생하는 통화위기 및 경제위

기로 인한 충격까지 감안하면, 평균 3년을 주기로 세계 금융시장에 거품생성과 거품붕괴 현상이 지속되고 있다. 예를 들면, 1998년 러시아의 디폴트 선언과 중남미 경제위기는 아시아 외환위기 이후 곧바로 진행되었고, 2010년 그리스발 재정위기는 2008년 미국발 금융위기 이후 2년 만에 발생했다.

이와 같은 현상이 나타나는 이유는 세계경제가 하나로 연결되어 있기 때문이다. 그리고 화폐전쟁을 주도하는 국제 투기성 자본이 환차손과 주식투자손실을 우려하여 재테크시장 환경 변화에 민감하게 반응하는 것도 원인이 될 수 있다. 국제 투기성 자본이 환차익을 노리고 환율이 비정상적으로 높은 국가에 집중적으로 투자한 다음, 환율이 적정 수준보다 하락하면 환차손과 주식투자손실을 피하기 위해 집중적으로 매도하기 때문이다. 즉, 자본의 국제간 이동으로 환율 등락과 함께 투기성 재화의 가격이 큰 폭으로 등락하는 것이다.

그러나 앞으로는 거품발생과 거품붕괴의 주기가 더 빨라질 것이다. 과거에 없었던 문제까지 나타날 수 있기 때문이다. 예를 들면, 지구온난화에 따른 기상이변과 자연재해의 발생이다. 또한, 반복되는 경기불황을 극복하는 과정에서 재정적자가 급증한 것도 향후 거품발생과 거품붕괴 주기가 짧아질 수 있는 원인이 된다. 재정적자를 조세징수로 줄이는 과정에서 경기가 다시 위축될 수 있기 때문이다.

3~5년을 주기로 거품생성과 거품붕괴가 반복된다는 것은 재테크시

장 참여자들이 투자전략을 수립하는 데 큰 도움이 된다. 이러한 주기를 이용하면 위험도 관리할 수 있고, 투자수익률도 높일 수 있기 때문이다.

일부 재테크전문가들은 장기투자를 해야 수익률이 높다고 주장하지만, 3~5년을 주기로 거품붕괴가 반복되는 현실을 감안하면 설득력도 없고, 이미 실패 가능성이 높은 투자전략이라는 것도 입증되었다. 1990년 초 일본 주식과 부동산에 투자한 사람은 18년 이상 투자원금을 회복하지 못하고 있고, 2007년 4분기에 중국 증시에 투자한 사람도 3년 이상 투자원금을 회수하지 못했다. 한국도 마찬가지다. 2007년 12월 주가지수 1,900선에서 장기투자한 사람들 대부분이 2010년 9월 현재까지 3년 동안 투자원금도 회수하지 못했다. 하지만, 2009년 3월에 투자한 사람들은 한 해 동안 최소 50~100%의 투자수익률을 기록했다.

자산시장의 거품발생과 거품붕괴 원인을 두고 전문가들 사이에서 견해가 엇갈리고 있지만, 자본주의의 역사는 거품은 발생하면 반드시 붕괴된다는 사실을 여러 차례 보여주었다. 1987년 미국에서 발생한 블랙먼데이 사태도 좋은 예가 될 수 있다. 블랙먼데이 사태는 국제 투기성 자본이 미국 증시를 공격했기 때문에 발생한 것이 아니라 시장 기능에 의해 주가가 폭락한 사건이라는 점에서, 투기성 재화시장은 거품이 발생하면 반드시 붕괴된다는 사실을 보여주었다. 1987년 블랙먼데이 사태 이전의 시장 평균 주가수익률[PER]은 18.3배로서, 과거 다우

존스의 평균 PER인 14배보다 약 30% 고평가되어 있었다. 또한, 배당수익률은 2.6%로 과거 평균 배당수익률인 4.5%를 밑돌았다. 결국 언론을 통해 거품논쟁이 발생하자 1987년 10월 19일 월요일 미국 다우지수는 22% 폭락했고, PER은 60년 평균 수준인 13.3배까지 하락했다.

1990년대 닷컴기업의 PER도 50~100배가 될 때까지 상승했다. 상장기업들의 영업이익이 증가하지 않았는데도 주가만 상승하자 결국 미국 나스닥시장이 붕괴되고 말았다. 그후 닷컴시장의 주가지수는 10년 이상 회복되지 못했다. 이는 거품이 발생한 시장에 장기투자하는 전략이 얼마나 위험한지를 보여준 사건이다.

2008년 붕괴된 중국 증시도 당시 주가수익률이 40~50배 수준이었다. 시장금리 7% 안팎에서 적정한 주가수익률이 10배인 점을 감안하면, 고점 대비 60% 이상 하락하는 것은 너무나 당연하다. 미국의 블랙먼데이 사태와 차이점이 있다면 블랙먼데이 사태는 하루에 22% 폭락했지만, 중국 증시는 1년에 걸쳐 고점 대비 약 70% 하락했다. 거품의 정도가 컸던 만큼 하락폭도 컸던 것이다.

은행의 거품생성과 거품붕괴 전략

《화폐전쟁》의 저자 쑹훙빙은 "은행은 대출금리를 인하하는 방법으로 자산시장에 거품발생을 유도하고, 거품이 발생하면 대출금리 인상을 통해 위기를 조장한다. 그리고 거품이 붕괴되면 담보자산을 헐값으로 인수했다가 가격이 상승하면 되파는 방법으로 성장, 발전한다."라고 주장한다. 쑹훙빙의 이러한 주장은 호랑이 담배 피우던 시절의 이야기다. 오늘날의 은행은 자산시장에 거품발생과 거품붕괴를 유도하는 방법으로는 생존할 수 없을 뿐만 아니라, 은행도 함께 망할 수 있다. 좀 더 구체적으로 살펴보자.

첫째, 한국은행 통계에 의하면 2005년 말 기준으로 시중 은행의 대출금 잔액은 614조 원이었다. 세계적으로 경제가 불확실했던 2009년 말 대출금 잔액은 953조 원으로 4년 동안 약 55% 증가했다. 이 기간 은행의 예금 잔액은 약 33% 증가했는데, 예금보다 대출이 20% 이상 증가한 것이다. 이는 은행이 거품이 붕괴되는 경기불황기에도 대출금을 회수하지 않고 대출금을 늘렸다는 증거다.*

1997년 발생한 외환위기 전후에도 예금 잔액과 대출금 잔액은 꾸준히 증가했다. 1995년 말 기준으로 은행의 대출금 잔액은 152조 원이었다. 그런데 1999년 은행의 대출금 잔액은 250조 원으로 5년 동안 70% 이상 증가했다. 다만, 외환위기 직후 연도인 1998년에는 부동산경기 침체와 함께 시장금리가 급등해(15%) 대출수요가 감소했고, 은행이 부도위기에 직면한 결과 자금조달이 어려워 대출을 할 수도 없었다.

---

* 은행의 대출금 잔액이 예금 잔액보다 크다는 것은 은행이 대출을 위해 해외 차입이나 은행채 발행 등을 통해 자금을 조달한다는 의미다. 이와 관련해 2008년 초 영국 파이낸셜타임지는 "한국의 예금은행들은 예금보다 대출 잔액이 30~40% 이상 많기 때문에 대외 환경 악화 시 위기에 직면할 수 있다."라고 경고했다.

[표3-9] 2005~2009년 예금 및 대출 잔액 추이 (단위: 조 원)

	2005년	2006년	2007년	2008년	2009년	B/A(%)
예금 잔액	562	593	593	675	751	133.6%
대출 잔액	614	699	804	917	953	154.0%

자료 : 한국은행

　　미국과 중국 등도 경기불황 국면에서 대출금이 지속적으로 증가했음을 간접적으로 확인할 수 있다. 일반적으로 광의의 유동성(M2)은 은행의 신용창출(대출)을 통해 증가하는 금액이 가장 많다. 따라서 광의의 유동성(M2)이 증가한다는 것은 은행의 대출금 잔액이 증가하고 있음을 의미한다. 그런데 표3-10을 보면 2007년 이후 미국, 일본, 중국, 유럽에서 광의의 유동성(M2)이 증가하는 추세를 보이고 있다. 이들 국가의 은행도 경제위기 국면에서 대출금을 회수한 것이 아니라 대출을 늘렸다는 증거다.

[그림3-2] 1995~1999년 예금 및 대출 잔액 추이

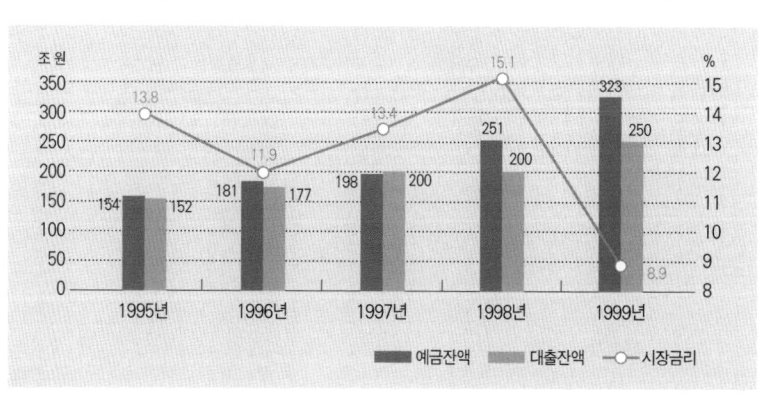

자료 : 한국은행, 시장금리는 회사채3년(A급) 연말기준

[표3-10] 2007년 이후 주요 국가의 광의의 유동성(M2) 추이

	2006년 12월	2007년 12월	2008년 12월	2009년 12월
미국(조 달러)	7.1	7.5	8.2	8.5
일본(조 엔)	1,037	1,045	1,053	1,074
중국(조 위안)	35	40	48	60.6
유로(조 유로)	6.7	7.4	8.1	8.2

자료 : 한국은행

둘째, 경기불황기에는 대출 고객의 상환능력이 약해지기 마련이다. 그래서 은행이 대출채권을 강제로 회수할 경우, 부실채권이 발생해서 은행의 재무구조가 악화되는 문제가 생긴다. 예를 들어, 대출을 많이 받은 건설회사가 아파트 건설 중에 부도가 나면, 은행이 담보로 잡은 미분양 주택을 헐값으로 처분한다고 해도 분양된다는 보장이 없다. 이에 따라 은행은 어쩔 수 없이 부도위기에 직면한 대형 건설회사에게 대출금 상환기일을 연장해준다. 은행이 대출이 많은 기업을 부도처리 하면 은행도 공멸하기 때문이다.

가계 대출도 마찬가지다. 대부분의 가계는 부동산시장 거품생성 국면에서 상환능력은 고려하지 않고 은행 차입을 통해 주택을 구입하는 경향이 있다. 하지만 1990년대 중반 일본과 2009년 미국의 사례에서 보듯이, 주택가격이 50%까지 하락했음에도 불구하고 중산층의 붕괴로 담보물을 처분할 수 없게 되었다. 은행도 부도난 건설회사처럼 장부상 이익은 발생할 수 있지만 예금인출 사태에 직면할 수 있다. 미국이나 일본의 은행들이 부동산시장 거품붕괴 국면에서 파산한 이유이기도 하다.

셋째, 경기불황 국면에서는 대출금리가 오히려 하락하는 경향이 있다. 금융정책 당국이 경기회복 및 금융회사의 부실채권 발생을 줄이기 위해, 기준금리를 인하하는 동시에 시장금리 하락을 유도하기 때문이다. 2008년 미국발 금융위기 발생 이후 2009년 말까지 한국 시중 은행의 예금금리와 대출금리를 보면, 경제위기 국면에서 대출금리 하락폭이 수신금리 하락폭보다 오히려 큰 것으로 나타났다. 이는 예대 마진율이 낮아졌다는 것을 의미하는 동시에, '양털 깎기'를 하지 않았다는 증거다.

[표3-11] 2005~2009년 예금은행의 수신금리 및 여신금리 추이 (단위: %)

	2005년	2006년	2007년	2008년	2009년
수신 금리(A)	2.97	3.56	4.20	4.80	3.18
여신 금리(B)	6.36	6.60	7.16	7.50	5.80
예대 마진(B-A)	3.39	3.04	2.96	2.70	2.68

자료: 한국은행, 잔액기준 가중평균 금리

화폐개혁이 실패할 수밖에 없는 이유

화폐개혁은 실물경제에 충격을 주지 않아야 하고, 소비자물가 안정에 기여할 수 있어야 한다. 그러나 대부분의 화폐개혁은 실물경제에 충격을 주지 않을 수 없다. 그리고 소비자물가는 일시적으로 안정될 수 있지만, 정치가와 기업의 이해가 일치하기 때문에 소비자물가는 다시 상승할 수밖에 없다. 더구나 화폐개혁 당시 경제가 불경기라면 경기침체로 이어지고 실업자가 증가할 가능성이 높다. 북한이 2010년 초 화폐개혁에 실패한 사례가 대표적이다. 경제가 어려운 상황에서 화폐개혁을 강행하자, 화폐유통속도가 갑자기 둔화되면서 실물경제가 충격을 받았다.

변동환율제도에서 통화가치 안정을 위해 화폐개혁을 시도하면 수출기업과 수입기업 모두 충격을 받을 수 있다. 더구나 산업구조가 수출지향적인 국가의 경우, 화폐개혁은 자국통화 강세로 이어지기 때문에 수출경쟁력이 약화된다. 나아가 화폐개혁은 명목소득 감소 및 자산가치 하락을 수반하기 때문에 소비가 위축되고 경제성장률 둔화와 함께 실업자 증가 문제로 발전할 수 있다.

1990년 유로화 출범도 보는 시각에 따라서는 실패한 것으로 평가할 수 있다. 유로화 체제 이후 유로 지역의 경제성장률을 보면, 유로화를 사용하지 않는 영국보다 성장률이 낮은 것이 그 증거다. 2000년 닷컴시장 붕괴의 여파로 세계경제가 어려운 상황에서 영국경제는 2.1~2.8% 성장했지만, 유로 지역 경제는 0.8~0.9% 성장에 그쳤다. 유로화를 사용하는 개도국들이 독일, 프랑스 등 선진국과의 교역에서 환율효과를 거두지 못했기 때문이다.

일반적으로, 독립된 화폐를 가진 국가에 재정위기가 발생하면 통화가치가 하락하기 때문에, 수출증가 등으로 위기를 조기에 극복할 수 있다. 그러나 유로화 사용 국가에서 재정위기가 발생하면 해당 국가의 통화가치 하락효과는 발생하지 않고 부작용만 발생하고 있는 것이 현실이다.

특히, 재정위기 국가의 기업들과 거래하던 기존 업체가 상대적으로 안전한 다른 유로화 사용 국가 기업으로 거래처를 바꾸면서 해당 국가의 경제는 오히려 어려움이 가중되었다. 2010년 독일경제가 유로 지역 재정위기 국면에서 예상보다 높은 성장을 한 것이 좋은 사례다. 재정적자 규모가 큰 국가와 거래하던 기존의 기업들이 위험관리 차원에서 거래 대상을 독일 기업체로 바꾸면서 독일경제가 혜택을 입은 것으로 평가할 수 있다.

2008년 미국발 금융위기를 계기로 논의됐던 기축통화제도 개선 역시 마찬가지다. 만약, 새로운 기축통화질서가 구축된다면 적지 않은 문제점이 발생할 것이다. 새로운 기축통화가 자리를 잡을 때까지는 경제적으로 취약한 국가를 중심으로 악재가 노출되면서 세계경제의 침체로 발전할 가능성이 높다. 세계경제가 기축통화를 중심으로 연결되어 있는 현실을 감안할 때, 한국 등에서 문제가 발생하면 다른 국가로 파급되기 때문이다. 게다가 국제 투기성 자본이 기축통화질서 변경에 따른 경제 불안 요인을 이용하여 머니 게임을 벌일 경우, 경제적으로 취약한 국가들은 또 다시 외화유동성 위기에 직면할 것이다.

화폐개혁을 주장하는 사람들은 물가안정 효과를 주장하지만 화폐는 기본적으로 허상이기 때문에, 새로운 화폐를 도입하더라도 중장기적으로는 물가가 상승할 수밖에 없다. 빈대 잡으려다 초가산간을 다 태우는 꼴인 것이다. 따라서 정책당국자와 정치가들은 화폐개혁을 주장하거나 기축통화질서를 변경하고자 할 때, 신중에 신중을 기해야 한다. 사전에 통화가치 안정을 위해 노력하는 자세가 중요하지, 물가 상승을 유도한 다음 물가안정을 위해 화폐개혁을 주장하는 것은 모순이고 너무 위험하다. 한국처럼 부동산시장에 거품붕괴 논쟁이 있고 가계소득 대비 부채 비율이 높은 국가는 화폐개혁을 추진하거나 기축통화가 변경되면, 부동산시장의 거품이 붕괴되면서 국민경제 전반에 큰 충격을 줄 것이다.

화폐전쟁 깊이 읽기 ❺

화폐수량방정식 제대로 이해하기

화폐수량방정식 거꾸로 이해하기

사람들은 가끔 닭이 먼저인지 알이 먼저인지를 놓고 논쟁을 벌인다. 화폐수량방정식(MV=PT)도 이와 비슷한 논쟁이 벌어질 수 있다. 다시 말해, 화폐 중심이 아닌 재화 및 서비스의 생산량(T) 중심으로 설명할 수 있다. 주택, 자동차, TV, 컴퓨터 등 우리가 사용하는 제품의 생산량은 매년 증가하고 있고, 이에 따라 더 많은 통화량이 필요하다. 예를 들어, 자동차를 1만 대 생산하다가 생산량이 10만 대로 증가하면, 자동차 가격이 상승하지 않더라도 더 많은 돈(화폐)이 필요하다. 따라서 통화량이 증가하더라도 재화 및 서비스의 생산량이 증가하면, 물가는 안정되거나 오히려 하락하기도 한다. 한국과 중국, 미국 등에서 2001년 이후 10년 동안 본원통화량이 증가 추세를 보여 왔음에도, 소비자물가상승률이 통화량증가율보다 훨씬 낮은 이유도 여기에 있다.

재화 및 서비스의 가격(P) 중심으로 설명할 수도 있다. 대부분의 원자재는 땅속에 매장되어 있기 때문에 수요가 증가할수록 더 깊은 곳에 있는 원자재를 캐내야 한다. 이 경우 생산원가가 상승할 수밖에 없다. 게다가 세계 인구는 점점 증가하고 있어서, 이들이 먹고, 입고, 거주하고, 문화생활을 즐길수록 원자재 수요는 증가할 수밖에 없다. 즉, 원자재가격은 중장기적으로 수요공급이론에 따라 상승하기 때문에, 본원통화량(M)이 증가하지 않으면 화폐유통속도(V)가 빨라진다.

이와 같이 화폐수량방정식(MV=PT)을 본원통화 중심으로 이해하지 않고 생산량이나 생산원가 중심으로 이해하면 화폐경제학 이론과 정반대의 해석이 가능하다. 즉, 통화량(MV)이 물가(P)를 결정하는 것이 아니고, 재화와 서비스 생산량이 통화량(MV)을 결정하게 된다. 이 경우, 본원통화량에 변동이 없으면 화폐유통속도 증감 및 가격변동을 통해 화폐시장과 실물경제가 균형을 이루게 된다.

밀턴 프리드먼의 "통화량이 증가하면 물가가 상승한다."라는 주장과, "인구증가와 소득수준의 향상에 따라 재화 및 서비스의 수요가 증가하기 때문에 물가가 상승한다."라는 주장 중, 어느 것이 현실에 부합되는지 살펴보자. 그레고리 맨큐 하버드대 경제학 교수가 설명하는 '국제유가와 생산량 관계'를 보면 누구의 주장이 현실에 부합되는지 알 수 있다.

맨큐 교수는 유가가 상승하면 생산량이 증가하기 때문에 결국 유가도 하락한다고 설명한다.* 그러나 밀턴 프리드먼 교수는 "돈(화폐)이 석유시장으로 많이 이동해서 유가가 일시적으로 상승하더라도, 전체 통화량이 변동하지 않는다면 다른 재화의 가격은 하락하고, 언젠가는 돈이 석유시장에서 빠져나가기 때문에 유가도 다시 하락한다."라고 주장했다.

맨큐 교수와 프리드먼 교수 모두 현실성 없는 가정을 전제로 하고 있지만, 2001년 이후 국제유가와 생산량 추이를 보면, 그래도 맨큐 교수의 주장이 설득력이 높다. 영국의 세계적인 석유회사 BP의 자료에 의하면, 국제유가는 2001년 배럴 당 43달러에서 2008년 6월 140달러까지 상승했다. 이 기간 하루 석유 생산량은 약 750만 배럴에서 844만 배럴로 증가했다. 그리고 2008년 이후에는 유가가 하락하자 석유생산량도 감소했다. 맨큐 교수의 주장대로 유가가 상승하자 석유회사들이 석유 생산량을 늘린 것이다. 그리고 2008년 하반기부터 2010년 상반기에도 통화량이 급증했지만 유가는 오히려 큰 폭으로 하락했다.

석유라는 재화는 희소가치와 사용가치가 크기 때문에, 종이화폐(본원통화)가 아닌 금으로 결제되더라도 시간이 지날수록 가치가 상승할 수밖에 없다. 2001~2008년 중반까지 금값은 온스 당 274달러에서 864달러로 약 3.1배 상승하고, 유가는 배럴 당 20달러 안팎에서 120~140달러까지 약 6~7배 상승한 것이 대표적이다. 이는 희소한 재

---

* 이는 가격이 상승하면 명목 GDP뿐만 아니라, 실질 GDP(생산량)도 증가한다는 얘기다.

화의 가격은 본원통화량 증감으로 설명할 수 없다는 것을 의미한다. 그럼에도 불구하고 다수의 화폐경제학자들은 "본원통화량이 증가하면 가격이 상승하고 본원통화량이 감소하면 가격이 하락한다."라는 논리를 펼친다.

여기서 흥미로운 점은 GDP 대비 본원통화량 증가율이 훨씬 높은 중국이 미국보다 실질 경제성장 속도가 훨씬 더 빠르다는 사실이다. 중국은 통화량이 매년 20% 씩 증가하고 있음에도 소비자물가 상승 없이 높은 경제성장을 지속하고 있다. 그 이유는 앞에서 설명한 바와 같이 재화와 서비스의 생산량이 증가해서 더 많은 통화량이 필요하기 때문이다. 미국도 2001년부터 2007년까지 본원통화량은 29% 증가했지만, GDP 성장률은 같은 기간 37% 이상 증가했다. 중국은 같은 기간 본원통화량이 152% 증가했고, GDP 성장률은 155% 증가했다.

중요한 사실은 2008년 미국 달러의 공급량 증가 국면에서, 통화량 증가가 거품발생만 초래(물가상승 및 통화가치 하락)할 것이라고 믿었던 재테크시장 참여자들이 실패했다는 것이다. 이와 반대로, 증가한 달러 때문에 경제가 예상보다 빨리 성장할 것이고, 이 달러가 아시아 개도국으로 유입되면 통화량 증가 및 환율효과 때문에 경제가 성장할 것이라고 해석한 화폐전쟁 전문가들은 성공했다. 또한, 미국의 달러 공급량 확대 때문에 유로화가치가 상승할 것으로 예상한 사람은 2010년 상반기의 화폐전쟁에서 실패했다. 반면, 미국 달러 공급량 확대로 추락한 미국경제가 유럽보다 빠르게 회복될 것이라고 예상한 사람은 화폐전쟁에서 성공했다.

화폐전쟁에서 승리하려면 화폐수량방정식을 본원통화량 중심이 아닌, 실물경제와 금융시장의 상호 관계를 중심으로 해석해야 한다. 오

〔그림3-3〕 통화량과 GDP 관계

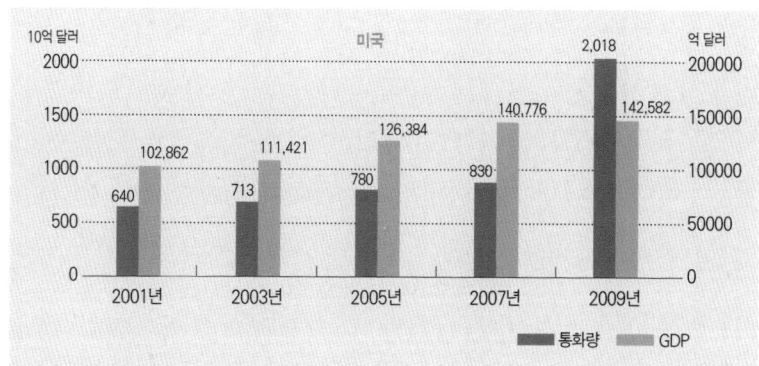

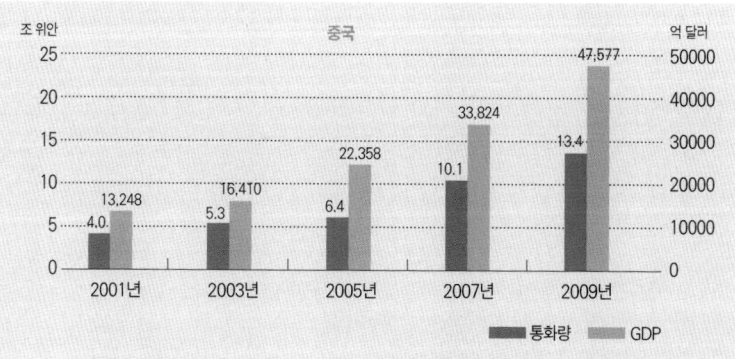

자료 : 한국은행, 시장금리는 회사채3년(A급) 연말기준

늘날 화폐전쟁을 주도하는 국제 투기성 자본이 화폐경제학 이론의 허점을 파고들고 있다는 점에서, 교과서를 암기하는 수준의 지식으로는 화폐전쟁에서 실패할 확률이 매우 높다.

출구전략과 화폐수량방정식

출구전략이란 군사 용어로 임무를 수행하고 안전하게 복귀할 수 있는 전략을 말한다. 경제학에서는 경기회복을 위해 금리를 인하하거나 재정지출을 늘린 이후, 다시 금리를 인상하고 긴축정책으로 회귀하는 전략이라고 할 수 있다. 이 출구전략을 화폐수량방정식(MV=PT)에 접목해보자.

이론적으로 기준금리를 인상하면 화폐유통속도(V)가 둔화되고 재화와 서비스 가격이 하락한다. 또한, 중앙은행이 경기불황 때 매수한 은행채를 다시 매각하면 본원통화량(M)이 흡수되면서 시장금리도 상승한다. 이 경우 GDP에 해당되는 'PT'가 감소할 수 있다. 이처럼 화폐수량방정식은 출구전략에 실패하면 다시 경제가 불황에 직면할 수 있음을 보여준다.

따라서 금융정책 당국은 출구전략을 신중하게 펼칠 수밖에 없다. 그래서 경기불황 국면에서 기준금리를 인하할 때는 인하 폭도 크고 짧은 기간에 하지만, 기준금리를 인상할 때는 0.25~0.5% 범위 내에서, 그것도 3~6개월 간격으로 2년에 걸쳐 인상한다. 기준금리 인상이 상장기업의 영업활동에 영향을 미쳐서 주식시장에 충격을 줄 수 있기 때문이다. 또한, 경기가 회복되면서 재화와 서비스 생산량이 증가하면 통화가 더 필요하기 때문에, 시중에 풀린 돈을 100% 회수하면 오히려 경기가 다시 둔화될 가능성도 높다. 이에 따라 금융정책 당국은 경상수지 흑자나 외국인 투자자금 유입 등으로 시중 유동성이 늘어나는 국면에서 통화량을 흡수한다.

그리고 금융정책 당국이 기준금리를 인상하더라도 예전 수준으로 복귀되지 않는 경향이 있다. 1980년 이후 미국의 기준금리(연방기금금리) 추이를 보면 알 수 있다.(그림3-4 참고) 2000년 나스닥시장의 거품 붕괴를 계기로 시작된 경제위기 국면에서 연 6.50%였던 기준금리를 2003년 6월에 1.00%까지 인하했지만, 경기회복 국면에서는 5.25%까지만 인상했다. 그리고 2007년에 시작된 경기불황 국면에서는 5.25%에서 0.25%까지 인하했지만, 경기회복에도 불구하고 상당 기간 기준

〔그림3-4〕 1980년 이후 미국의 기준금리 추이

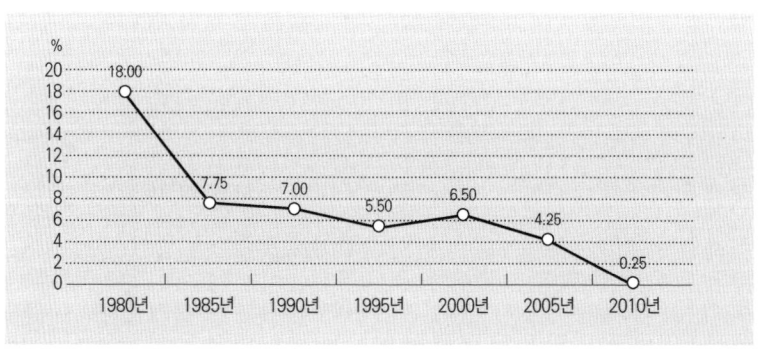

자료 : 한국은행, 연말기준

금리 인상을 못했다. 기준금리를 공격적으로 인상하면 부채가 많은 경제주체들의 대출 원리금 상환능력이 다시 약해지면서 국민경제가 충격을 받을 수 있기 때문이다.

　통화정책도 마찬가지다. 시간이 갈수록 인구가 증가하고 GDP 규모가 커지기 때문에, 풀린 돈을 모두 회수하지 않더라도 통화량 과잉 문제가 해소될 수 있다. 그리고 GDP가 증가하면 새로운 통화 수요가 발생하기 때문에, 원상복구하게 되면 정부의 통화정책 실패가 되고, 경기가 다시 불황국면에 진입할 수 있다. 지난 30년 동안 본원통화량이 지속적으로 증가한 이유이기도 하다. 아래 표3-12를 보면 출구전략을 시행하더라도 국민경제에 미치는 충격을 주지 않는 수준에서 접근하고 있다는 것을 알 수 있다.

[표3-12] 1980년 이후 미국의 본원통화와 GDP 추이

	1980년	1985년	1990년	1995년	2000년	2005년	2009년
본원통화량(억 달러)	1,445	2,066	2,966	4,390	5,900	7,934	20,219
GDP(조 달러)	2.7	4.2	5.8	7.4	9.9	12.6	14.3
유통속도(배)	18.7	20.3	19.5	16.8	16.8	15.9	7.1

자료 : 한국은행, 연말기준, 화폐유통속도는 GDP를 본원통화량을 나눈 값

화폐수량방정식은 왜 성립하지 않나?

화폐수량방정식(MV=PT)은 본원통화량(M)에 화폐유통속도(V)를 곱한 값과 재화와 서비스 생산량(T)에 해당 가격(P)을 곱한 금액이 같다는 공식이다. 그러나 현실 경제에서는 화폐수량방정식의 좌변과 우변이 일치할 수 없다. 한국과 미국의 사례를 통해 살펴보자. 2008년 한국의 본원통화량이 몇 번 회전했는지를 나타내는 광의의 통화량(M2)은 1,368조 원이다.(평잔 기준) 그리고 한 해 동안 생산된 GDP는 1,023조 원이다. 광의의 통화량(M2=MV)이 한 해 동안 생산된 재화와 서비스(GDP=PT)보다 많다. 그러나 미국은 한국과 달리 광의의 통화량(M2=MV)이 한 해 동안 생산된 재화와 서비스(GDP=PT)보다 오히려 적다. 2008년 말 기준으로 미국의 광의의 통화량은 8.2조 달러이고 GDP는 14.4조 달러다.

[표3-13] 2008년 한국과 미국, 중국의 통화량과 GDP 관계

	한국	미국	중국
GDP(PT)	1,023조 원	14.4조 달러	29.2조 위안
광의의 통화량(MV)	1,368조 원	8.2조 달러	47.5조 위안
GDP/MV	75%	175%	60%

자료 : 한국은행, 중국은 2008년 환율(1달러=6.83 위안)을 가지고 GDP 환산

그렇다면 화폐수량방정식의 좌변과 우변은 왜 일치하지 않는 것일까? 우선 좌변에 해당되는 MV(광의의 통화량)부터 살펴보자. 현실 경제에서 결제수단으로 이용되는 것은 광의의 통화량뿐만이 아니다. 화

폐로 분류되지 않는 상품권과 어음이 이용되기도 한다. 상대적으로 경제가 투명한 미국은 좌변과 우변이 일치하지 않는 이유를 전자화폐 사용(예금계좌 간 이체) 증가에서 찾을 수 있다. 전자화폐를 사용하면 GDP(PT) 생산에 필요한 통화량이 많이 필요하지 않기 때문이다.

그렇다면 GDP(PT)보다 통화량(MV)이 상대적으로 많은 한국과 중국은 어떻게 설명할 수 있을까? 중국의 경우, GDP 통계가 실제보다 작을 수 있다. 일부 농촌 지역에서 생산되는 재화와 서비스는 화폐(통화)로 교환은 되고 있지만 GDP 통계에 잡히지 않을 수 있다는 것이다. 예를 들어 보자. 생산된 재화와 서비스를 돈으로 교환은 했지만, 신고를 하지 않으면 통계 당국은 알 수가 없다. 즉, 지하경제가 발달한 국가일수록 거래 사실이 통계에 잡히지 않는 경우가 많아서, 실제 GDP 규모가 통계보다 클 수 있다. 소득수준이 높은 일부 전문직 종사자들이 절세(탈세)하는 경우도 마찬가지다. 이들이 재화와 서비스 생산량을 줄여서 신고하면 실제 GDP는 통계청 발표보다 많을 수 있다. 그러나 거래 규모를 실제보다 낮게 신고하거나 거래 사실을 숨기더라도, 화폐가 교환수단으로 이용되면 은행예금 등에 나타나기 때문에 통화량(MV)은 증가하게 된다.

또한, GDP에 포함되지 않는 거래도 있을 수 있다. 주택(아파트 등)처럼 10년 전에 생산된 재화도 거래되기 때문에, 1년 단위로 생산량을 구분하는 GDP 규모보다 연간 사용된 통화량(MV)이 많을 수도 있는 것이다. GDP 산출 기간을 1년으로 하지 않고 5년, 10년 단위로 해도 마찬가지다. 기존에 생산된 재화가 거래되기 때문에 화폐수량방정식이 성립되기 어렵다.

투기성 재화의 거래도 화폐수량방정식의 좌변과 우변이 일치하지 않는 중요한 요인이다. 주식과 같은 투기성 재화는 GDP와 상관없는 거래량까지 거래돼서 통화량이 많이 소요되기 때문이다.

정보에 대한
판단능력을 향상시켜라

투기성 재화의 가격결정원리를 이해하라

대부분의 증권전문가들은 "숲을 먼저 보고 나무를 보라."라는 식으로 투자전략을 조언한다. 투자 종목을 선정하기 이전에 '숲'부터 공부하란 얘기인데, 그 이유는 종합주가지수가 하락하는 상황에서 개별주가의 상승을 기대하는 투자전략은 확률적으로 성공하기 어렵기 때문이다. 세계적인 기업들도 경기가 불황일 때는 매출액과 영업이익이 감소하는 등으로 주가가 큰 폭으로 하락할 수 있다. 그래서 투자하기 전에 경기가 호황인지 불황인지 판단하는 것이 매우 중요하다.

하지만 전공이 숲을 보는 증권전문가들과 경제학자들도 숲을 제대로 보지 못하고 있는 것이 현실이다. 수많은 경제전문가들 중에서 2008년 미국발 금융위기를 사전에 예고한 사람은 누리엘 루비니 뉴욕대 교수를 비롯해 지극히 일부에 불과하다. 노벨경제학상을 수상한 스티글리츠 교수와 폴 크루그먼 교수의 지적대로, 경제전문가들이 경제예측에 실패하는 중요한 이유는 현실성 없는 가정에 기초한 경제이론을 가지고 경기를 전망하기 때문이다. 그리고 경제연구소 연구원 개개인은 자기가 맡은 분야를 중심으로 연구하기 때문에 정보의 사각지대와 지식의 사각지대가 존재하기 마련이다. 그래서 유명 경제연구소라고 하더라도 경기 예측에 실패할 확률이 매우 높다. 다수의 연구원들이 통화와 금융시장에 대한 이해와 실물경제에 대한 경험이 부족한 상태에서 경제성장률을 전망하고 있기 때문이다.

숲을 제대로 보려면 기본부터 충실히 다져야 한다. 기본에 충실하다는 것은 '주식과 채권, 부동산의 가격결정원리를 존중해야 한다.'라는 의미다. 예를 들면, 기준금리 인상 또는 인하 자체보다 기준금리 인하 시 매출액과 영업이익이 증가할 수 있는지, 아니면 기준금리 인상 시 매출액과 영업이익이 감소할 수 있는지가 중요하다. 즉, 금리를 인하하더라도 상장기업의 매출액과 영업이익이 감소할 수밖에 없다면, 금리인하에도 불구하고 주가지수는 하락하기 때문이다. 금리인상의 경우도 마찬가지다. 금리인상에도 불구하고 상장기업의 매출액과 영업이익이 증가한다면 주가는 상승한다.

상장기업의 향후 매출액과 영업이익의 증가 여부는 통계청에서 발표하는 경기선행지표를 보면 어느 정도 알 수 있다. 경기선행지수는 일반적으로 4~6개월 이후의 상장기업 매출액과 영업이익을 예고한다. 만약, 경기선행지수가 악화하는 추세라면 향후 4~6개월 이후 상장기업의 매출액과 영업이익이 감소할 수 있음을 예고하는 것이다.(주가지수 하락 요인) 반대로 경기선행지수가 개선되고 있다면 향후 4~6개월 이후 상장기업 매출액과 영업이익이 증가할 수 있음을 예고하는 것이다.(주가지수 상승 요인)

2007년 경기선행지수와 실물경제 및 주가지수 관계를 보면 주식을 매도해야 하는 시기와 매수해야 하는 시기를 알 수 있다. 표3-14를 보면 경기선행지수가 높았던 2007년의 주가지수는 1,897이었고, 경기선행지수가 낮았던 2008년에는 주가지수가 1,124까지 하락한 것으로 나타났다. 그리고 2009년 초부터 경기선행지수가 다시 상승세로 반전되자 주가지수도 다시 상승했다.

[표3-14] 2007년 9월 이후 경기선행지수와 GDP 성장률 및 주가지수 추이

	07년 12월	08년 3월	08년 6월	08년 9월	08년 12월	09년 3월
경기선행지수	115.6	115.2	114.6	113.6	110.4	113.5
GDP 성장률(%)	-	1.2	0.3	-0.1	-4.5	0.2
종합주가지수(P)	1,897	1,703	1,674	1,448	1,124	1,206

자료 : 통계청, 한국은행, GDP는 분기별, 주가지수는 분기 말 기준

이처럼 경기선행지수를 구성하는 항목 중에서 주가지수의 향방은 중요하다. 주가지수 자체가 경기선행지수이기 때문에 주가지수가 충격을 1분기 정도 받으면 경기선행지수가 악화될 수 있고, 펀더멘털을

반영하여 주가지수가 다시 상승하면 경기선행지수가 다시 회복세로 반전될 수 있다.

환율로도 상장기업의 매출액과 영업이익 증가 여부를 알 수 있다. 환율이 낮은 수준에서 상승하고 있다는 것은 상장기업이 수출을 통해 재미를 보지 못하고 있고, 외국인 투자자들도 떠나고 있다는 증거이기 때문에 주가지수 하락 요인이다. 반대로 환율이 더 이상 상승하지 못하고 높은 수준에서 하락하고 있다는 것은 상장기업들이 수출시장에서 재미를 보고 있고, 외국인 투자자들도 주식을 매수하고 있다는 증거이기 때문에 주가지수 상승 요인이다. 한국은행의 통계 자료를 보면, 2008년 3월부터 2009년 9월까지의 환율과 주가지수는 역의 상관관계를 보이고 있음을 알 수 있다.

[그림3-5] 2008년 3월 이후 환율과 주가지수 추이

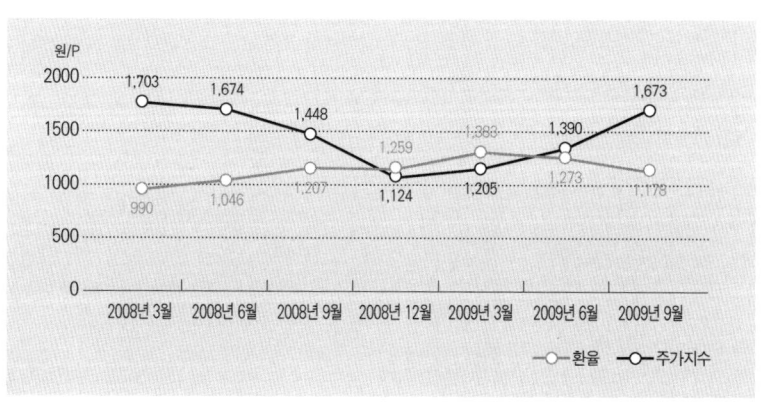

자료 : 한국은행, 월말 기준

이와 같이 경기선행지수와 환율 및 주가지수는 밀접한 상관관계를 가지고 있기 때문에, 거시경제지표에 해당되는 숲을 어렵지 않게 확인할 수 있다. 따라서 숲에 해당되는 경기선행지수와 환율변동 추이를 확인한 다음 나무에 대해서 공부해야 한다. 높은 환율 수준 덕택에 투자하고자 하는 상장기업의 매출액이 증가하고 영업이익이 증가하는지, 아니면 새로운 고부가가치 제품을 개발하여 매출액이 증가하고 영업이익이 개선되는지, 그것도 아니면 비용 절감을 통해서 영업이익을 창출하는지를 알아야 위험도 줄이고 수익률도 제고할 수 있다. 주의할 점은 제조업 경기선행 중심으로 이해할 것이 아니라, 환율과 시중 유동성 상황까지 반영하는 경기선행 종합지수로 이해할 필요가 있다.

서로 반대되는 주장을 비교하라

경제전문가들의 상반되는 주장을 비교해봄으로써 GDP 성장률 및 환율변동을 가늠할 수 있다. 예를 들면, 2008년 초 IMF와 한국은행, 대부분의 경제연구소들은 그 해 경제성장률을 4~5% 정도로 예상했다. 그러나 일부 경제전문가들은 경제성장률을 2~2.5% 정도로 예상하면서 주가지수가 큰 폭으로 하락할 것이라고 전망했다. 2009년 경기회복 국면에서도 경제성장률을 놓고 경제연구소들끼리 큰 차이를 보였다. IMF와 한국의 경제연구소들은 대부분 매우 비관적인 전망을 제시했고, 일본의 노무라 증권은 상대적으로 낙관적인 전망을 제시했다.

기초적인 경제지식만 있으면 이러한 주장들의 비교를 통해 경기 방향을 예측할 수 있다. 이해를 돕기 위해 필자의 경험을 소개해보겠다. 2000년 초 닷컴시장에 거품이 만연할 때, 지인이 찾아와 필자에게 조언을 구했다. "장외에서 거래되고 있는 IT회사인 A사가 상장되면 향후 2년 이내에 최소 50~100만 원까지 상승할 수 있다. A사 주식이 주당 10만 원 이하라면 약 30억 원 상당액을 매수하고 싶다."라고 하면서 매수 방법을 물었다. 그래서 필자는 당시 장외에서 10만 원 이상으로 거래되고 있던 A사 주식을 65,000원에 매수하는 방법을 알려주었다. 조언의 내용은 A사 주식을 보유한 사람들의 논리와 반대되는 정보를 거래의 상대방에게 제공하는 전략이었다. 즉, 주가가 곧 하락할 것인데 현금을 보유하고 있는 사람은 주가가 하락해도 손해가 없지만, 주식을 보유하고 있는 사람은 주가가 하락하면 투자손실이 발생할 수 있다는 것을 강조하는 것이었다.

그로부터 4개월 정도가 지나자 IT 관련 주식은 2000년 4월 거품이 붕괴되면서 1년 만에 고점 대비 60%까지 하락하고 말았다. 지인이 A사 주식을 취득했는지 알 수 없지만, 서로 반대되는 정보를 비교하는 것이 얼마나 중요한지 보여주는 좋은 사례가 될 수 있다

경제전문가들의 상반된 주장을 비교해도 판단이 어렵다면, 외국인 투자자들과 국내 증권전문가들의 투자 행태를 비교하는 방법으로 향후 전개될 시장의 방향을 추정할 수 있다. 2008년 초를 보자. 외국계 투자은행들은 2008년도 한국 주식시장에 대해 장밋빛 전망을 제시했

지만, 실제로는 보유하고 있는 주식을 지속적으로 매도했다. 시장 영향력이 큰 외국계 증권전문가들이 정보를 왜곡했다는 증거다. 이는 부동산을 팔려는 사람이 사려는 사람에게 부동산가격이 하락할 수 있는 악재를 숨기는 것과 같다.

이러한 투자전략을 두고 외국계 투자은행의 '음모'라고 할 수는 없다. 나쁜 점은 가능한 숨기고 좋은 점만 부각시켜야 더 높은 가격으로 매도할 수 있어서, 모든 경제주체들이 공통으로 저지르는 모럴 해저드이기 때문이다.

재테크시장의 환경 변화를 읽어라

국제 투기성 자본이 서로 연대하여 특정 국가의 재테크시장을 공격하는 것처럼 보이지만, 그들도 재테크시장의 환경 변화를 이용할 수밖에 없다. 환경의 변화를 읽지 못하면 2008년처럼 엄청난 투자손실을 입고 부도위기에 처할 수 있기 때문이다. 2008년 미국발 금융위기 때 국제 투기성 자본이 부도위기에 처한 이유도 부동산시장의 환경 변화를 읽지 못한 데 있다. 국제 원자재가격이 큰 폭으로 상승하면 부채가 많은 미국 국민의 실질소득 감소로 이어질 수밖에 없고, 저소득층의 대출금 상환능력 약화를 초래한다는 사실을 인식하지 못한 것이다. 그리고 원자재시장을 투기 시장화하면 상장기업의 생산원가가 상승하고 가계소비가 감소한다는 것, 이에 따라 기업의 매출액 증가율이 둔화되고 영업이익이 감소해서 주식시장에 충격을 준다는 것도 간과했다.

이처럼 오늘날은 세계적인 투자은행이라고 하더라도 환경 변화에 능동적으로 대응하지 못하면 살아남기 어렵다. 따라서 투기성 재화시장 참여자들은 눈앞에 보이는 현상에 현혹되지 않기 위해서라도 시장의 환경 변화를 시시각각 체크해야 한다. 부동산시장 참여자들은 부동산가격에 영향을 주는 대출금리 변동 요인은 물론, 가계의 실질소득에 영향을 주는 원자재시장 및 외환시장의 환경 변화를 읽을 수 있어야 한다. 외환시장 참여자들은 한국의 원화가치 변동 요인과 미국 달러가치 변동 요인은 물론, 엔화와 유로화가치의 변동 요인을 읽을 수 있어야 한다. 환율은 두 나라 통화의 교환비율이기 때문에 '주식회사 한국'의 펀더멘털과 현금흐름은 물론, '주식회사 미국(또는 일본)의' 펀더멘털과 현금흐름도 반영하기 때문이다.

시장의 환경 변화를 체크할 때는 해당 정보의 성격도 알아야 한다. 예를 들어, 정부가 부동산거래 활성화를 위해서 DTI(총부채상환비율) 규제를 완화했다면, DTI의 성격과 당시의 부동산시장 환경을 알아야 한다. 거래활성화 효과가 발생할 수도 있고, '반짝 효과'를 보인 후 오히려 역효과가 발생할 수도 있기 때문이다. 일반적으로 DTI 규제 완화 효과는 가격하락 국면에서는 효과가 없고, 부동산가격이 바닥 수준에 있거나 상승 국면에 있을 때 큰 효과가 있다.

동일한 경제성장률이라고 하더라도 인구가 적은 선진국 경제와 인구가 많은 중국, 인도 등의 개도국 경제에 미치는 영향은 차이가 크다. 경제 환경이 다르기 때문이다. 예를 들어, 선진국은 매출액 대비 부가가치가 높기 때문에, 연 3% 성장하다가 연 5% 성장하면 경기호황으로 주가지수가 큰 폭으로 상승할 수 있다. 하지만 매출액 대비 부가가치가 낮은 중국은 연 10% 성장하다가 성장률이 5%로 둔화되면, 동일한 5% 성장률이지만 경기불황으로 주가지수가 큰 폭으로 하락할 수 있다. 선진국은 5%만 성장하더라도 상장기업 이익이 크게 증가하지만, 개도국이 5% 성장하면 상장기업 이익이 오히려 감소하기 때문이다.

재정정책을 통해 경기불황을 극복할 때와 금융정책을 통해 경기불황을 극복할 때의 차이도 크다. 경기불황기에는 재정정책과 금융정책의 순서에 따라서도 정책효과가 다르고 비용에서도 큰 차이가 난다. 금리가 낮은 수준에서도 소비와 투자가 증가하지 않는다면, 추가적으로 금리를 인하하더라도 효과가 거의 없기 때문에 금융정책보다 재정정책이 효과적이다.

GDP 대비 재정적자 비율이 동일하더라도 재정위기가 발생하는 국가도 있고, 그렇지 않은 국가도 있다. 동일한 정책도 당시의 경제 환경에 따라 그 효과가 다르기 때문이다. 일반적으로 경기호황 국면에서의 통화량 흡수는 경기과열을 막을 수 있지만, 경기불황 국면에서의 통화량 흡수는 기업 부도와 가계 파산으로 발전할 수 있다.

변화에 대한 정보를 분석할 때 주의할 점은 당시 경제 환경을 진단할 때, 눈앞에 보이는 현실이 아닌 근본적인 문제를 짚어야 한다는 것이다. 앞에서 지적한대로, 눈이 나빠진 이유가 '간 또는 위'에 있음에도 눈 자체에 문제가 있는 것으로 오진하면, 병을 치료하지 못하는 이치와 같다. 2008년 미국발 금융위기가 좋은 예이다. 부동산시장 거품붕괴의 진짜 이유를 모른 채 주택담보대출 관련 파생상품에서 원인을 찾으면 미래의 시장 전망에 실패할 수밖에 없다.*

정부 정책의 성공 여부를 판단하라

오늘날 세계경제는 정부의 역할이 대단히 중요하다. 정책 당국의 시장개입이 빈번해지고 있기 때문이다. 그러나 대부분의 정책은 시기 선택에 실패한 나머지 효과가 크지 않거나 반감되기도 하고, 아예 실패해서 또 다시 위기가 발생하기도 한다. 미국의 유명 경제연구소가 정부 정책에 대한 성공확률을 조사했는데, 성공확률은 50% 미만인 것으로 나타났다. 이중에는 경제전문가들이 실패할 것으로 예상했던 정책은 성공하고, 성공할 것으로 기대했던 정책이 오히려 실패하는 경우도 적지 않았다.

2008년 미국발 금융위기를 전후로 내놓은 정책들이 대표적이다. 증

---

* 1990년대 일본은 파생금융상품이 발달하지 않았음에도 부동산거품이 붕괴되었다. 즉, 부동산 관련 파생금융상품 남발은 거품붕괴의 원인 중 하나는 될 수 있어도 근본적인 원인은 될 수 없다.

권전문가들이 긍정적인 평가를 내린 2007년 9월의 기준금리 인하정책은 시기를 놓쳐 큰 효과를 보지 못했다. 기준금리 인하에도 불구하고 주가지수는 1년 후 반 토막 났고, 원하지 않았던 원자재가격만 더욱 상승했다. 반면, 누리엘 루비니 교수 같은 경제학자들이 부정적으로 평가한 재정지출 및 통화량 확대 정책은 성공한 것으로 평가할 수 있다. 통화량 증가에도 경제전문가들이 우려했던 거품은 발생하지 않았고 경기회복도 예상보다 빨라졌다. 정부의 재정 및 금융정책에 힘입어 상장기업의 영업이익이 증가하면서 주가지수 상승이 합리화되었기 때문이다.

　정부의 정책이 성공할 수 있는지의 여부는 당시 경제 환경을 보고 판단할 수 있다. 예를 들면, 기업의 부도 우려 때문에 금리가 상승할 때는 인위적으로 금리를 인하하더라도 효과가 없거나, 1년 이상의 시간이 지난 후에야 그 효과가 나타날 수 있다. 금리인상 정책도 마찬가지다. 부동산시장 과열의 근본 원인이 낮은 금리수준에 있다면 금리인상 정책이 빠른 효과를 보이겠지만, 부동산투자의 기대수익률이 높기 때문에 부동산가격이 큰 폭으로 상승했다면 1~2% 정도의 금리인상 정책 효과는 크지 않다.

　한국의 사례를 들어 좀 더 구체적으로 살펴보자. 노무현 정부의 부동산 경기 안정대책 및 이명박 정부의 부동산 경기 부양대책이 모두 실패한 것이 대표적이다. 노무현 정부는 집권 기간 내내 부동산 경기

안정대책을 내놓았지만 부동산가격은 오히려 상승했다. 노무현 정부가 실패한 이유는 부동산가격 상승 원인이 은행 차입을 통한 투기적 행태에 있는데, 투기 요인을 차단하지 않고 금리로 해결하려고 했기 때문이다.

이명박 정부 역시 집권하자마자 부동산 경기 활성화 대책을 내놓았지만, 부동산 경기는 침체에서 벗어나지 못했다. 실패 이유는 부동산 경기의 침체 원인이 소득 대비 높은 주택가격에 있는데(가계의 높은 부채 비율), 아파트 분양가를 인상하거나 대출 한도를 확대하는 방법으로 접근했기 때문이다.

2010년 정부의 선물환 거래한도 제한도 실패할 확률이 매우 높다. 금융정책 당국은 환율의 급등락 현상을 막고자 외국계 은행의 선물환 거래를 규제했다. 그러나 이 규제는 외화부족 문제가 없을 때는 부작용이 없겠지만, 외화부족 사태가 발생하면 선물환 거래량이 제한되기 때문에 환율이 더 큰 폭으로 상승할 수 있다. 풍선 효과가 발생할 수 있는 것도 문제다. 환율상승 국면에서 선물환 거래를 제한하면 국제 투기성 자본은 주가지수선물 매도를 통해 이 문제를 해결하려고 하기 때문이다. 나아가 환위험을 방어하기 위해 더 많은 현물 주식을 매도하는 상황도 발생할 수 있다.*

---

* 주가의 하락 폭이 클수록 환율의 상승 폭도 커질 수 있기 때문에 선물환 거래 제한 효과가 상쇄된다.

금융정책 당국이 환율이 상승하는 근본적인 문제는 방치하고 선물환 거래만 규제할 경우, 국제 투기성 자본은 이를 역으로 이용하는 방법으로 수익률을 제고할 수도 있다. 이는 성매매 금지법으로 성매매 문제를 해소하지 못하는 원리와 동일하다. 다양한 성매매 방법이 있기 때문이다.

앞으로도 정부의 시장개입 정책은 반복될 것이다. 정책의 성공 여부는 재테크시장 참여자들이 당시의 경제 상황을 종합하여 판단해야 한다. 실패할 수밖에 없는 정부의 부동산 정책을 믿고 투자 규모를 늘릴 경우, 엄청난 투자손실을 입고 저소득층으로 전락할 수 있다. 반대로 성공할 수밖에 없는 정책을 불신하거나 비관론자의 주장을 맹신해서, 보유 주식이나 부동산을 처분하면 엄청난 투자손실로 이어질 수 있다.

참고로 현재 정부가 추진하는 정책의 성공 여부를 판단하기 어렵다면 과거의 사례를 참고하면 된다. 1985년 이후 거품생성 및 거품붕괴 과정에는 언제나 정부의 개입이 있었기 때문에, 당시 정책의 효과와 부작용을 통해 현재의 정책도 성공 여부를 판단할 수 있다.

정보와 지식의 사각지대를 없애라

오늘날은 거시경제지표 상호 간, 산업 간, 금융시장과 실물경제 상호 간에 상관관계가 크기 때문에, 우리가 가지고 있는 정보와 지식의 사각지대를 없애야 한다. 예를 들면, 환율은 금리에 영향을 미치고, 부동산가격에도 영향을 미치고, 상장기업의 매출액과 영업이익에도 영향을 미치기 때문에, 환율을 모르면 화폐전쟁에서 실패할 가능성이 매우 높다. 따라서 환율 관련 정보와 지식은 투기성 재화시장에서 성공하기 위한 가장 핵심적인 지식이라고 할 수 있다. 다수의 시장참여자들이 국제 투기성 자본을 '음모 세력'으로 오해하고 있는 이유 중 하나도 환율결정원리에 대한 이해 부족에서 찾을 수 있다.

　2008년 세계적인 주가지수 대세하락 국면에서 한국에 진출한 국제 투기성 자본이 보유 주식을 매도하지 않고 그대로 가지고 있었다면 어떻게 되었을까? 국내 투자자들은 2008년 말 기준으로 주가하락 폭(30~60%)만큼, 투자손실이 발생하지만, 외국인 투자자들은 환율상승으로 인한 환차손 때문에 80~100%의 투자손실이 발생했을 것이다. 그래서 국제 투기성 자본은 위험관리 차원에서 보유 주식을 매도하고, 주가지수 선물을 매도할 수밖에 없다.

　어떤 사람들은 국제 투기성 자본이 한국을 떠나지 않으면 환율이 상승하지 않을 것이라고 착각하겠지만, 당시 한국의 외환시장 환경은 그들이 떠나지 않았더라도 환율은 상승할 수밖에 없었다. 경상수지적자 지속은 물론, 내국인 투자자들이 해외 증시에 투자했다가 투자원금의 60~80%의 손실을 입었기 때문이다. 게다가 조선업체들과 자산운용 회사들이 해외 증시에 투자하면서 선물환 매도 포지션을 많이 유지하고 있었기 때문에, 포지션 청산(환매수) 과정에서 환율이 큰 폭으로 상승할 수밖에 없었다. 이명박 정부가 환율정책에 실패한 것도 이와 같은 정보의 사각지대가 존재했기 때문이다. 선물환 거래는 레버리지 효과 때문에 환율이 조금만 변동하더라도 청산거래를 할 수밖에 없고, 큰 폭의 환율변동으로 이어진다는 사실을 간과한 것이다.

이와 같은 시장 환경 때문에 국제 투기성 자본은 주식시장 환경이 악화되면 내국인 투자자들보다 먼저 매도를 할 수밖에 없다. 문제는 시장 영향력이 큰 국제 투기성 자본이 보유 주식을 매도하면, 주식시장이 붕괴되고 환율까지 더욱 급등하는 경향이 있다는 것이다. 심하면 자금시장 경색과 함께 다수의 기업들이 연쇄 부도 사태를 겪게 되고, 실업자가 증가해 국민경제에 큰 충격을 주게 된다. 그래서 일부 정치가와 화폐전문가들이 국제 투기성 자본을 거품붕괴의 원흉이라고 비난하지만, 은행 차입 또는 고객으로부터 돈을 위탁받아 자금을 운용하는 그들로서는 어쩔 수 없는 선택이다. 국제 투기성 자본도 위기가 닥치면 위험을 관리해야 되기 때문이다. 그래서 보유하고 있는 현물 주식을 매도하는 동시에 주가지수 선물을 매도하고, 풋 옵션을 매수하고 콜 옵션을 매도하는 것은 물론, 심지어 보유하지도 않고 있는 주식을 빌려 공매도를 하는 방법으로 위험을 관리한다.

화폐전쟁에서 또 다른 중요한 정보와 지식의 사각지대는 화폐수량방정식($MV=PT$)과 관련이 있다. 화폐수량방정식은 실물경제와 화폐부문의 상호작용 관계를 설명하기 때문에 자본주의 질서를 압축하고 있다. 화폐의 성질과 역할은 물론, 화폐유통속도와 통화량 증가가 소비자물가에 미치는 영향과 경제성장에 미치는 영향까지 반영한다. 따라서 화폐전쟁을 수행하는 투자자들에게 화폐수량방정식 관련 지식은 매우 중요하다.

그렇지만 이 공식을 제대로 이해하고 있는 경제학자와 투기성 재화시장 참여자는 극히 소수에 불과하다. 경제학 교과서 이론이 화폐수량방정식을 본원통화와 물가 중심으로 설명하기 때문이다. 경제학 교과서 이론이 현실에 부합하지 않는 이유는 가정을 전제로 논리를 전개하고 있는 것도 문제지만, 무엇보다 100~200년 전 경제 환경을 설명한 이론이라는 것이다. 그럼에도 불구하고 적지 않은 경제학자와 경제 연구소가 낡은 경제이론을 오늘날 경제 환경에 그대로 적용하고 있고, 그렇기 때문에 오판이 반복되고 있는 것이다.

이외에도 다양한 정보와 지식의 사각지대가 존재한다. 첫째, 투기성 재화시장에서 가격이 상승하면 왜 수요가 증가하고, 가격이 하락하면 왜 수요가 실종되는지를 제대로 이해하는 전문가들과 투자자들도 극히 소수에 불과하다. 회계 이론에 대한 정보와 지식의 사각지대를 가지고 있기 때문이다. 예를 들어 주식시장의 경우, 주가가 하락하거나 부동산가격이 하락하는 국면에서는 상장기업의 대차대조표에 기재된 유가증권 가격과 부동산가치가 하락한다. 이런 상황에서는 주가나 부동산가격 하락 자체가 추가적인 주가지수 하락 요인이기 때문에 수요는 감소할 수밖에 없다. 반대로 주가가 상승하거나 부동산가격이 상승하는 국면에서는 상장기업의 대차대조표에 기재된 유가증권 가격과 부동산가치가 상승한다. 즉, 재무구조가 호전되기 때문에 주가가 상승하면 오히려 주식에 대한 수요가 증가하는 것이다.

부동산시장도 마찬가지다. 부동산가격 상승 자체가 상장기업의 재무구조 개선에 기여하기 때문에, 부동산가격이 상승하면 오히려 수요가 증가하는 경향이 있다. 반대로 부동산가격이 하락하면 상장기업의 재무구조가 나빠지고 기업의 내재가치가 떨어져 주가도 하락하게 된다. 따라서 부동산가격이 하락하면 오히려 부동산에 대한 수요가 감소하게 되는 것이다.

둘째, 재테크시장 성격에 따라 경기선행지표가 반영되는 시장이 있고, 경기에 동행하는 지표가 반영되는 시장이 있지만, 이를 제대로 알고 있는 전문가들도 소수에 불과하다. 예를 들어, 2009년 3월 주가지수 상승 국면에서 다수의 증권전문가들이 미국의 고용지표를 가지고 주가지수를 전망했지만 실패했다. 경기선행지표를 반영하는 주식시장 전망에 경기후행지표인 고용지표를 적용한 결과, 주가지수 상승 국면에서 투자손실을 입은 투자자에게 매도를 권유했다. 고용이 다소 감소하더라도 기업의 매출액과 영업이익이 증가하면 주가는 상승할 수 있다는 주가형성원리를 간과한 것이다.

셋째, 유가 등의 원자재 관련 정보도 주식, 채권, 외환, 부동산 시장에 반영되기 마련이지만, 원자재시장을 제대로 알고 있는 투자자들도 극히 소수에 불과하다. 기상이변이 발생하면 농산물만 피해를 입는 것이 아니고, 공산품시장에도 영향을 미치기 마련이다 하지만 적지 않은 전문가들과 정책 당국자, 투자자들은 이를 대수롭지 않게 생각하고 있다.

국제 투기성 자본이 머니 게임에서 승리하는 이유는 정보와 지식의 사각지대가 상대적으로 적은 데 있다. 정보가 실시간으로 전달되는 오늘날에는 정보수집 능력보다는 정보해석 능력이 훨씬 더 중요하다. 국제 투기성 자본은 각 분야별로 우수하고 경험 많은 인재를 확보하고 있기 때문에 정보수집 능력도 탁월하고, 정보를 가공하고 해석하는 능력도 앞서 있다. 그러나 대부분의 전문가들과 일반 투자자들은 정보와 지식의 사각지대 때문에 정보해석에 실패하고 만다. 2008년과 2009년 세계적인 경기불황 및 경기회복 국면에서 국제 투기성 자본과 국내 증권전문가들이 생산한 정보를 보면 그 차이를 알 수 있다. 동일한 정보를 가지고 서로 상반된 해석을 내놓은 결과, 어떤 집단은 부도위기에 직면하고 어떤 집단은 도약의 발판을 마련했다. 그 실상은 다음과 같다.

2009년 세계적인 경기불황 및 경기회복 국면에서 재정 및 금융정책의 긍정적인 측면을 강조한 증권전문가들은 그들의 고객들에게 "경기회복이 멀지 않았다. 주식을 성급하게 매도하지 않는 것이 유리하다."라고 조언했다. 반면, 부정적인 측면을 중시한 경제학자들과 증권전문가들은 "더블딥이 우려된다. 주가지수가 1,300선을 넘으면 보유 주식을 헐값에라도 처분하는 것이 안전하다."라고 조언했다. 이 결과는 엄청난 차이로 나타났다. 한쪽은 투자손실을 만회했고 투자수익도 발생했지만, 다른 한쪽은 투자손실을 조기에 확정한 결과 저소득층으로 전락했거나, 투자수익을 실현할 수 있는 기회를 놓치고 말았다. 게다가 2009년 2월 달러가치 폭락 및 유로화가치 상승을 기대하고 보유 주식을 손절매해 유로화표시 예금으로 변경한 투자자들은, 주식투자에서 40~50% 손실이 발생했고 유로화표시 예금에서도 20% 투자손실을 입었다. 그러자 은행 대출금 이자를 상환하지 못해 부동산까지 경매시장에 강제로 처분되면서 최하위 소득계층으로 전락했다.

일부 경제학자들은 경제가 망가지는 원리는 제대로 이해하고 있었지만, 정부의 재정 및 금융정책에 힘입어 망가진 경제가 복원되는 원리는 몰랐다. 통화증발 효과를 실물경제 중심으로 이해하지 않고, 본원통화와 소비자물가 중심으로 이해한 것이 중요한 원인이다. 그리고 경제이론이 서로 모순되거나 충돌할 경우, 어떻게 해석하는 것이 현실경제를 제대로 설명할 수 있는지에 대해서도 알지 못했다. 즉, 경기불황 국면에서는 통화량이 증가하더라도 소비자물가가 상승하기가 어렵고, 통화량 증가가 총수요 증가로 나타난다는 사실을 이해하지 못한 것이다. 게다가 재정 및 금융정책의 부작용만 강조한 것도 경제성장률 전망에 실패한 중요한 원인이라고 할 수 있다.

이와 같이 투기성 재화시장은 정보와 지식의 사각지대 때문에 부자들도 언제든지 저소득층으로 떨어질 수 있는 시장이다. 정보와 지식의 사각지대를 없애기 위해서는 경제이론에 대한 응용력을 키워야 한다. 투기성 재화시장은 시간을 두고 벌이는 머니 게임이어서 정태적인 경제이론만 가지고는 현실성이 떨어지기 때문이다. 대부분의 경제학자들과 경제연구소가 2008년 미국발 금융위기 때와 2009년 경제위기 극복 과정에서 경제성장률 예측에 실패한 이유 역시 현실성 없는 가정에 기초하여 경제현상을 진단한 것이 원인이다.

상상력을 키워라

재테크시장도 상상력이 필요하다. 기준금리를 인상하면 시장금리는 어떻게 되고, 기업이익은 어떻게 될지 연관해서 사고할 수 있어야 한다. 일반 투자자들은 대부분 정보가 부족하기 때문에 상상력을 동원해서 특정 정보를 본인의 투자전략에 응용해야 한다. 예를 들어 서브프라임 사태가 발생했다면, 원인이 어디에 있고 향후 어떤 파장을 일으킬 수 있는지에 대한 상상이 필요하다. 재테크시장의 상상력을 좀 더 구체적으로 설명하면 다음과 같다.

정부가 재정지출을 늘리면 그 규모는 물론, 어떤 분야를 지원하는지에 대한 기초적인 정보를 가지고, 정부의 재정정책이 실물경제와 금융시장에 미칠 영향을 상상할 수 있다. 2008년 10월 미국이 대규모 통화증발을 발표할 때, 통화증발 용도만 알았더라도 달러가치가 휴지조각이 되지 않으리라는 것을 알 수 있었다. 정부가 투자은행을 지원하면 금융시스템이 복구되고, 돈이 누군가의 수중으로 들어가는 과정에서 재화 및 서비스가 판매될 수밖에 없기 때문이다.

시장기능에 의해서 금리가 상승하고 환율이 상승하는 것과 정책 당국이 금리상승 및 환율 상승을 유도할 때의 효과는 다르기 때문에, 각각 다른 상상이 필요하다. 그리고 정책 당국이 부동산 경기 과열을 막기 위해 부동산 담보대출을 제한하는 효과와 금리인상을 통해 부동산 경기 과열을 막는 효과는 크게 차이가 나기 때문에, 역시 다른 상상이 필요하다.

경제연구소에서 환율이 달러 당 1,000원 이하까지 하락할 수 있다는 보고서가 나오면, 환율이 경제에 미치는 영향을 감안하여 실제로 하락할 수 있는지 상상해봐야 한다. 환율이 큰 폭으로 하락할 경우, 외국인 투자자들은 어떻게 반응하고 경상수지는 어떻게 될 것인지를 상상해보면, 경제연구소가 생산하는 정보의 가치를 판단할 수 있다.

원자재가격 상승으로 매출액이 증가할 때와 환율상승으로 매출액이 증가할 때의 상장기업 영업실적은 크게 차이가 나기 때문에, 이에 대한 상상도 필요하다. 일반적으로 매출액 10% 증가에 따른 당기순이익 증가는 5~10% 안팎이지만, 수출기업에게 환율 10% 상승은 영업이익 100% 증가로 나타날 수 있다. 환율상승에 따른 매출액 증가는 원가부담이 없기 때문에 수출기업에게 환율효과는 큰 폭의 주가상승 요인이다. 반대로 수입업체에게는 환율하락이 매출액 증가보다 훨씬 더 영업이익에 미치는 영향이 크다. 환율상승과 환율하락에 따른 정확한 당기순이익 수치를 알 수 없더라도, 수출기업과 수입기업 모두에게 이익이 될 수 있는지 여부에 대한 상상만으로도 충분히 성공적인 투자를 할 수 있다.

한국의 가장 큰 수출시장인 중국이 금리를 인상할 때 발생할 부정적인 효과와 금리인상에 따른 부동산시장 안정 효과 중, 어느 것이 클 것인지에 대한 상상을 통해서 관련 정보가 없더라도 얼마든지 효과적으로 대응할 수도 있다. 또한, 미국이 왜 위안화 평가절상을 요구하는지에 대해서도 단순히 언론에 보도되는 내용을 있는 그대로 믿을 때와 상상력을 동원하여 직간접적인 파장을 비교할 때의 투자수익률은 큰 차이가 난다.

출구전략을 두고 '단순히 기준금리만 인상하면 주식시장에 악재'라는 식의 사고는 도움이 되지 않는다. 오히려 투자손실을 입을 수 있다. 주식시장 영향력이 큰 우량기업은 대출보다 예금이 많기 때문에, 금리 상승 시 이자소득 증가로 이어질 수 있다. 그리고 이들 기업의 재무구조가 개선되면 금융비용 부담이 없는 유상증자를 통해 더 많은 자금을 조달할 수 있고, 이 자금을 은행에 예금해서 수익을 창출할 수도 있다.

특정기업이 특허를 출원했다는 정보를 입수하면 특허의 부가가치 창출능력에 대한 상상이 필요하다. 부가가치를 창출할 수 없는 특허도 적지 않고, 경쟁회사가 더 나은 특허상품을 만들 수 있기 때문이다. 또한, 자본금이 적고 자금조달에 어려움을 겪는 중소기업 특허와 대기업 특허의 효과는 크게 다르다.

이와 같이 특정한 정보를 언론 등을 통해서 입수했다면 상상력을 동원해 실물경제 및 금융시장에 미치는 영향을 추론해보길 바란다. 이러한 훈련을 통해 투자의 위험을 줄이고 수익률을 높일 수 있다. 이는 마치 전쟁에 참전 중인 군인이 예상치 못한 상황에 직면했을 때, 스스로 판단해서 위기를 극복하고 전쟁에서 승리할 수 있는 길을 찾아야 하는 것과 같다.

New and accurate Mappe of the World, drawne

Eclipse of the Sunne

4장
화폐전쟁을 이용하는 미국의 경기침체극복 전략

2008년 금융위기를 계기로 어려움에 직면한 미국경제가 어떤 방법으로 위기를 탈출할 것인지 살펴보자. 세계경제에서 미국경제가 차지하는 비중과 영향력은 아주 크기 때문에, 향후 전개될 화폐전쟁의 성격을 이해하는 데 도움이 될 것이다.

따라서 이번 장에서는 미국경제가 안고 있는 심각한 재정적자 문제와 만성적인 경상수지 적자 문제 등에 대한 해결방안을 '화폐전쟁 중심'으로 풀어보고자 한다.

미국은 채권시장의
거품붕괴를
어떻게 막을 것인가?

일부 경제전문가들은 미국 국채시장의 거품이 붕괴될 것이라고 주장한다. "정부가 기준금리를 인상하면 채권가격이 하락해서 미국 국채 수요가 감소한다."라는 논리다. 나아가 기준금리 인상은 모기지 채권 금리를 끌어올리고 정부와 기업의 자금조달 비용을 높이기 때문에, 재정적자 규모가 늘어나고 달러가치의 급락으로 이어진다는 지적도 있다.

이에 따라 미국은 기준금리를 인상하더라도 채권시장에 주는 충격을 최소화하는 방안을 강구할 것이다. 가장 바람직하면서 안전한 방법은 정부가 재정적자를 줄이는 방법이지만 현실적으로 여의치 않다. 재정적자 및 무역수지 적자가 지속되고 실업률이 증가하면, 국채발행을 통해 쌍둥이 적자를 해소하고 실업수당을 지급해야 하기 때문이다. 내수경기를 부양하는 방법으로 소득을 창출하고 소비를 증가시켜 조세 수입을 늘릴 수 있지만, 2008년 금융위기 때 소비 주체인 중산층이 붕괴되어서 이마저도 쉽지 않다.

그렇다면 미국 채권시장의 현실적인 안정화 전략은 무엇일까? 첫째, 미국 국민과 미국계 금융회사가 화폐전쟁에서 승리하는 것이다. 미국계 투기성 자본은 달러 기축통화라는 '대량살상무기'를 가지고 있기 때문에 화폐전쟁에서 승리할 확률이 매우 높다. 미국계 투기성 자본은 이 엄청난 무기를 이용해 경제성장률이 높은 아시아 국가의 금융시장과 부동산시장에 거품을 유도하고 주식시세차익과 환차익을 실현한다. 이는 미국의 소비 증가로 이어지고 경상수지 적자 문제를 자본수지로 충당할 수 있어서 국채시장의 붕괴를 막을 수 있다. 소비가 증가하면 경제성장률이 높아지기 때문에 소비세와 소득세 증가를 기대할 수 있고, 달러 강세 현상으로 미국 국채에 대한 수요가 증가해 거품붕괴를 막을 수 있다. 그리고 미국계 투자은행이 화폐전쟁에서 승리한다면 이들의 재무구조가 개선되고 주가가 상승하기 때문에, 미국 정부는 금융위기 극복 과정에서 헐값으로 확보한 씨티은행 등의 지분을 매각하여 국채를 소각할 수 있다.

둘째, 일본처럼 장기간 낮은 금리를 유지하는 전략이다. 1990년대 중반에 발생한 천문학적인 재정적자와 중산층 감소에도 불구하고 일본의 채권시장이 붕괴되지 않은 이유는 낮은 금리를 유지해왔기 때문이다. 큰 폭의 금리인상은 실물경제와 금융시장에 충격을 주기 때문에, 미국도 기준금리를 아주 천천히, 소폭으로 인상하는 전략을 쓰는 것이다.

셋째, 고전적인 수법이기는 하지만, 중국과 일본이 미국 국채를 시장에 내다팔지 못하도록 압력을 가하는 방법도 있다. 미국 국채시장의 붕괴는 미국경제뿐만 아니라, 일본과 중국의 경제위기로 발전할 수 있다는 것을 설득해서, 일본과 중국이 미국 국채를 계속해서 매수하도록 하는 것이다. 중국과 일본 모두 미국 국채시장이 붕괴되면 수출이 급감하고, 보유하고 있는 달러표시 채권가격이 급락하는 등의 손해가 발생하기 때문에 공감대가 형성될 수 있다. 특히, 중국은 외화보유액 증가로 인한 자산시장 거품발생 방지를 위해서라도 미국 국채를 매수할 수도 있다.

넷째, 경제성장률이 재정적자 증가율보다 높아질 경우, 채권시장은 자연스럽게 안정될 수 있다. 경제가 성장하면 GDP 대비 재정적자 비중이 낮아지기 때문에, 국채 차환발행을 통해 채권시장 거품이 붕괴되는 현상을 막을 수 있다. 세계 각국에 달러를 공급해서 해외 증시에 투자하고 있는 자국민에게 환차익과 주식시세차익 실현을 지원하는 전략이다.

다섯째, 일본과 중국의 외화유동성을 미국으로 유도하는 전략도 있다. 일본이나 중국의 통화가치가 더 이상 상승하기 어려운 시점에서 달러 강세 정책을 펼쳐, 돈의 흐름을 일본이나 중국에서 미국으로 바꾸는 것이다. 중국과 일본계 투기성 자본도 미국 국채 투자에서 얻을 수 있는 환차익이 미국 채권가격의 하락을 상쇄하고도 남을 수 있다면 투자할 수 있기 때문이다. 다행스러운 점은 미국계 투기성 자본이 2009년 3월부터 아시아 증시와 중남미 증시에 투자하여 높은 수익률을 기록했기 때문에, 국채가격 하락에 따른 충격을 상당 기간 흡수할 수 있게 되었다. 한국의 예를 살펴보자. 미국계 투기성 자본은 2009년 한 해 동안 약 400억 달러 이상의 시세차익을 실현했다. 당시 한국의 대미국 무역수지 흑자는 86억 달러였다. 대한국 무역수지 적자를 감안하더라도 무려 300억 달러 이상의 시세차익과 100억 달러 이상의 환차익을 얻은 것으로 추정된다.

여섯째, 시중에 풀린 돈을 가능한 천천히 회수하는 전략도 채권시장 거품붕괴를 막을 수 있는 방법이 된다. 현실 경제에서는 통화량 증가가 명목 GDP, 또는 실질 GDP 증가로 이어지기 때문에, 통화량을 천천히 회수하거나 회수하지 않는 방법으로 소득세와 소비세 수입 증가를 기대할 수 있다.

일곱째, 중국, 인도, 브라질 등 인구가 많은 개도국의 경제성장을 도와 경제성장의 열매를 따먹는 전략이다. 이들 국가는 인구가 많아서 경제성장 속도가 빠르기 때문에, 경제성장률이 3년 정도만 높게 유지된다면 미국 국채에 대한 수요가 크게 증가할 수 있다. 2009년 기준으로 중국 GDP 규모는 5조 달러에 육박하고 있다. 연 9% 정도만 성장하더라도 3년 정도면 7조 달러에 도달할 수 있다. 브라질과 인도의 경제 규모도 빠르게 성장하고 있기 때문에, 이들 국가의 경제가 유로 지역 경제 규모까지 성장하는 데 걸리는 시간은 길지 않을 것이다.

여덟째, 2008년 10월 이후 급증한 미국 달러는 개도국이나 경상수지 흑자국가의 외화보유액 증가로 나타나기 마련이다. 이 경우, 외화보유액이 많은 국가들 대부분이 외화보유액 중 상당 부분을 미국 국채로 운용될 것이다. 미국 국채의 금리가 낮더라도 달러가치 하락만 없으면 문제될 것이 없다.

기축통화 지위를
이용하는 전략

　미국은 전통적인 경기부양책인 재정·금융정책 이외에 기축통화인 달러를 이용하여 경기회복을 도모할 수 있다. 예를 들면, 국제간 무역 및 자본거래에서 결제수단으로 사용되는 달러를 부족한 국가에게 빌려줘서 이자소득을 얻을 수 있고, 외환정책을 통해 특정 국가의 경상수지와 주식시장에 영향을 주는 방법으로 여러 문제를 해결할 수 있다. 좀 더 구체적으로 살펴보자. 2009년 3월 대공황에 버금가는 실물경제 침체가 전 세계로 확산되는 시점에서, 미국계 투기성 자본은 세계 각국의 주식시장과 외환시장을 대상으로 공격적인 투자를 했다. 특히, 아시아와 중남미 지역을 먼저 공략한 것은 미국경제가 조기에 회복되는 데 크게 기여한 것으로 평가할 수 있다. 수출을 통해 성장하는 중국과 한국, 브라질, 인도 등의 국가에 달러를 공급해 경기회복을 도

왔고, 경제성장의 열매를 따먹을 수 있었다. 그리고 2008년 10월 리먼 브라더스 사태 이후 이들 국가의 통화가치가 급락했기 때문에 달러 공급을 통한 환차익을 실현할 수 있었다. 주식시세차익과 환차익을 실현한 미국 국민은 이 자금으로 자동차와 가격이 급락한 주택 및 가전제품을 구입할 수 있었다. 소비가 증가하자 미국경제는 회복되기 시작했고, 미국증시도 전문가들의 예상과 달리 빠르게 회복되었다. 이는 미국 국채가격의 상승 요인이면서 다우지수 상승 요인이다. 결국 2009년 3월 이후 세계증시 회복 국면에서 가장 큰 혜택을 본 것은 미국계 투기성 자본과 미국 국민이라 할 수 있다.

누리엘 루비니 뉴욕대 교수가 더블딥 발생 우려의 논거로 제시한 주택경기 침체, 상업용 부동산 부실채권 및 실업률 문제를 기축통화라는 요술방망이를 가지고 어느 정도 해결한 것으로 평가할 수 있다.

기축통화를 이용해 유로화의 위상을 떨어뜨리거나 중국의 위안화 기축통화 추진을 지연시키는 방법도 있을 수 있다. 미국은 달러 패권 시대가 붕괴되면 지금까지 누렸던 모든 것을 잃기 때문에 이들 국가의 통화 위상이 강화되는 것을 막으려고 할 것이다. 그 방법도 어렵지 않다. 거품논쟁이 발생한 시점에서 달러 강세 정책으로 선회하면 된다. 달러가치가 강세로 반전되면 해외에 투자하고 있는 미국계 펀드는 환차손과 주식투자손실을 우려하는 고객들의 환매 요구에 대비해 위험을 관리할 것이기 때문이다.

[그림4-1] 기축통화를 이용한 미국 경기회복 경로

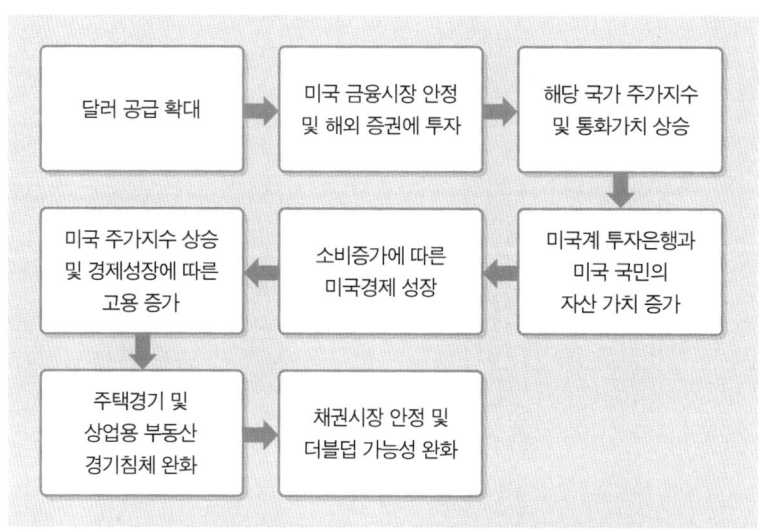

　유로화도 기축통화 역할을 하고 있지만 근본적인 한계를 가지고 있기 때문에 미국 달러 기축통화 질서에 위협적이지 못하다. 중국의 위안화도 상당 기간 기축통화 요건을 갖추지 못할 것이다. 따라서 미국은 앞으로도 계속 기축통화 지위를 이용해 경제위기를 극복하려고 할 것이다.

　2010년 10월 경주에서 개최된 G20 재무장관 회의에서 IMF 지분구조를 개도국에 일부 양보하는 대신, 환율제도를 '시장결정적인 환율제도'로 전환하기로 합의한 것도 기축통화 위상강화를 위한 국제간 협약이다. 이번 회의에서 미국은 기축통화를 이용해서 지속적으로 성장,

발전할 수 있는 기반을 조성한 것으로 평가할 수 있다. 환율이 시장기능에 의해서 결정될수록 미국은 기축통화의 국제간 이동을 통해 세계경제에 대한 영향력을 더욱 확대할 수 있기 때문이다. 만약, 2010년 경주 합의에서 '환율이 정부의 개입 없이 시장기능에 의해서 결정될 수 있도록 강제할 수 있는 규정'이 보완됐다면, 중국이 중장기적으로 위안화를 기축통화로 추진하는 데 큰 장애물 역할을 했을 것이다. 이런 점에서 미국은 IMF 의결권 행사에 필요한 지분 양보에 따른 손실보다 훨씬 더 큰 것을 얻었다고 할 수 있다. 또한, 중국의 경제활동 주체들은 아직까지 시장기능에 의해서 결정되는 환율제도를 경험해보지 못했기 때문에, 환율이 가지고 있는 위력을 제대로 알 수 없다. 따라서 향후 미국과의 환율전쟁에서 실패할 확률이 매우 높다.

일본 등 선진국 경제를 이용하는 전략

2008년 미국발 금융위기를 계기로 일본경제가 엔화 강세 때문에 고전하고 있는 것은 미국의 일본경제 이용 전략일 수 있다. 엔화 강세는 일본 제품 판매를 억제하고 미국 제품 판매에 도움이 되기 때문이다. 미국이 도요타 자동차의 엔진 결함을 오래 전부터 알고 있었음에도 불구하고 2009년도에 언론을 통해 집중 보도한 것도, 미국의 자동차산업 보호전략인 동시에 일본경제를 이용하는 미국경제 성장전략 중 하나로 평가할 수 있다. 일본 정부가 미국의 위상 약화를 틈타 오키나와 미군기지 이전을 요구한 것에 대한 정치적 목적의 응징 성격도 있을 것이다. 일본이 중국이나 프랑스 등과 손잡고 미국의 위상을 약화시킬 수 있기 때문에 이에 대한 견제수단일 수도 있다. 세계 무대에서 미국의 위상 강화는 달러의 위상 강화 전략이면서 미국경제 성장전략과 맞물려 있기 때문이다.

2009년 일본 외환시장에서 달러 당 80엔 선이 붕괴될 것이라는 루머가 확산된 배경도 미국의 일본경제 이용 전략과 무관하지 않다. 달러 캐리 자금으로 일본 국채와 우량 기업이 발행하는 회사채에 투자한 후, 엔 강세를 유도하는 방법으로 환차익을 실현하는 전략이다. 그리고 엔 강세 때문에 일본 주식시장이 충격을 받으면 일본 증시에 투자규모를 늘린 다음, 엔 약세를 유도하는 전략으로 주식시세차익도 실현할 수 있다. 세계경제 환경이 개선되고 미국경제가 회복의 실마리를 찾을 경우, 엔화 약세를 유도하더라도 미국경제에 도움이 될 수 있다. 엔 캐리 자금으로 또 다시 아시아와 중남미 등지에서 자산 가격 상승을 유도하는 방법으로 미국 국민과 미국계 투기성 자본의 소득 증가를 기대할 수 있기 때문이다.

[그림4-2] 2008년 하반기 이후 엔/달러 환율과 니케이지수 추이

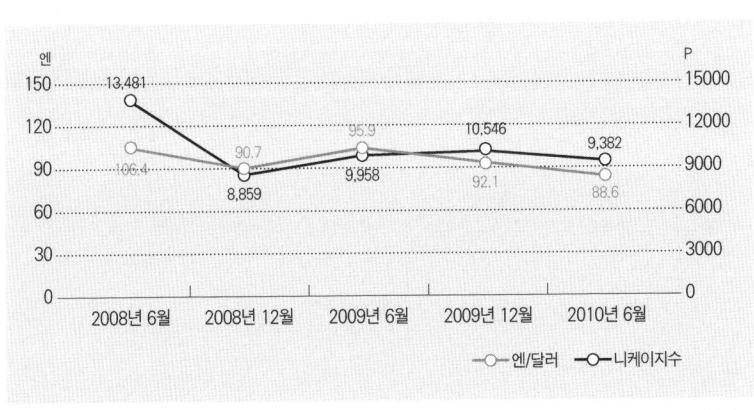

자료: 한국은행, 월말 기준

유로 지역 경제를 이용하는 전략도 가능하다. 2010년 미국계 투기성 자본의 유로화 공격은 성공이 보장된 화폐전쟁이었다. 유로화 사용 국가들은 국가 간에 경제력 차이가 크고 역내 거래에서 환율효과를 기대할 수 없기 때문에, 재정위기에서 벗어나는 데 많은 시간이 걸릴 수밖에 없다는 것을 이용했다.

세계적인 제조업 경쟁력을 갖고 있는 독일경제가 환율효과에 힘입어 성장하면, 그 효과가 유로 지역 전체로 확산되는 성질을 이용하는 전략도 숨어 있다. 유로화 가치 급락 국면에서 독일 증시와 독일경제와 연관성이 높은 유로 지역 증시를 공략하는 방법으로, 주식시세차익

〔그림4-3〕 투기성 자본의 유로화 공격이 유럽 및 세계경제에 미치는 파급 경로

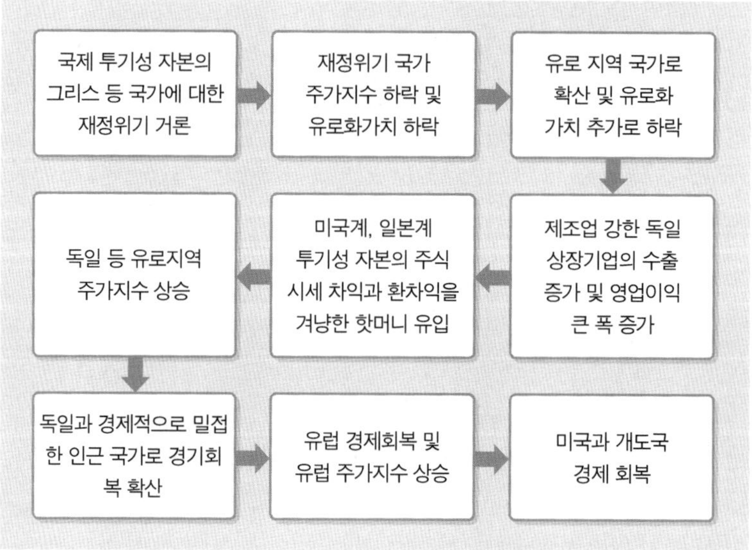

```
국제 투기성 자본의      →   재정위기 국가         →   유로 지역 국가로
그리스 등 국가에 대한         주가지수 하락 및          확산 및 유로화
재정위기 거론                유로화가치 하락           가치 추가로 하락
                                                          ↓
독일 등 유로지역      ←   미국계, 일본계        ←   제조업 강한 독일
주가지수 상승              투기성 자본의 주식        상장기업의 수출
                          시세 차익과 환차익을      증가 및 영업이익
                          겨냥한 핫머니 유입        큰 폭 증가
     ↓
독일과 경제적으로 밀접   →   유럽 경제회복 및     →   미국과 개도국
한 인근 국가로 경기회          유럽 주가지수 상승        경제 회복
복 확산
```

과 환차익까지 기대할 수 있기 때문이다. 즉, 유로 지역 재정위기 사태를 이용해 돈의 흐름을 미국으로 바꾸어 미국경제 위기를 막고, 유로 지역에 대한 구조조정을 유도한 다음에 다시 유로 지역 증시를 공략하는 전략이다. 《화폐전쟁》의 저자 쑹훙빙이 주장하는 '양털 깎기' 전략에 해당된다.

예를 들면, 독일의 세계적인 자동차 벤츠가 환율효과에 힘입어 수출이 증가하는 것을 이용할 수 있다. 유로화가치가 하락하면 독일 자동차 관련 상장기업의 매출액과 영업이익은 큰 폭으로 증가하게 된다. 이는 유로화 가치 상승 요인이면서 벤츠의 주가상승 요인이다. 이에 따라 독일경제가 살아나면 독일경제와 밀접한 이웃 국가들로 확산되면서 유로 경제가 회복되고 미국경제 성장에도 도움이 될 수 있다.

중국과 중남미 경제를
이용하는 전략

2008년 미국발 금융위기를 계기로 미국과 중국의 관계는 더욱 복잡해졌다. 위기 이전에는 미국이 국채를 발행하면 중국이 인수해주고 중국은 미국시장에 자국 제품을 수출하는 협력관계 성격이 강했다. 이른바 미국과 중국이 '윈-윈'하는 '차이메리카'* 전략이다. 그러나 위기 이후에는 위안화 평가절상 문제와 미국 국채 문제 때문에 중국과 미국이 갈등관계로 발전했다.

원자재시장을 두고도 미국과 중국은 갈등할 수밖에 없다. 중국은 미국 국채를 인수하는 것보다 원자재를 확보하는 것이 중장기적으로 유리하기 때문이다. 그러나 미국은 중국이 국채를 인수해줘야 달러가치

---

* China와 America의 합성어. 미국 하버드대학 역사학자인 니얼 퍼거슨 교수가 처음 사용

를 유지할 수 있고 원자재가격 안정도 기대할 수 있다. 만약, 중국이 미국 국채를 매각한 자금으로 원자재를 확보한다면, 미국은 달러가치 하락에 따른 문제점과 원자재가격 상승에 따른 자국민 실질소득 감소까지 감수해야 한다. 이러한 상황은 미국경제 회복의 걸림돌이 되고, 심하면 2010년 초 유로 지역 국가들처럼 재정위기로 번질 수 있다. 중국 정부의 외화보유액을 이용한 원자재확보 전략은《삼국지三國志》에서도 찾아볼 수 있다. 적을 이용해서 적을 공격하는 전략으로, 적벽대전에서 제갈량의 지략으로 조조 군사의 화살을 거두어 역으로 조조 군사를 공격하는 전략과 동일하다.

반대로 미국은 기축통화를 이용해 중국경제 성장에 따른 열매를 자본시장에서 수확하는 전략을 쓸 것이다. 미국 달러의 기축통화 지위가 유지되고, 투기성 재화시장 가격결정에 중대한 영향을 미치는 각종 정보를 미국이 사실상 독점하고 있기 때문에 가능한 시나리오다.

미국이 중국 정부에게 위안화 평가절상을 줄기차게 요구하는 표면적인 이유는 대중국 무역수지 적자 줄이기에 있지만, 실제로는 중국 및 중국경제와 밀접한 아시아 지역 자본시장을 통해서 미국의 이익을 추구하는 전략이라고 할 수 있다. 1985년 프라자 합의(엔화 강세 유도 정책)를 통해 미국 국민이 일본 증시와 부동산시장에서 큰 이익을 얻었던 것처럼, 위안화 평가절상을 유도하여 중국과 아시아 지역 자산시장에서 이익을 보려는 전략이다. 단기적으로는 달러 약세 정책이지만, 중장기적으로 달러의 위상을 강화하는 전략이다. 이밖에도 미국이 말하지 않는 위안화 평가절상의 다른 기대효과가 있다. 위안화 평가절상으로 중국 기업들의 수출경쟁력을 약화시켜 중국경제 성장률 둔화를 유도한다면, 원자재가격 상승 속도를 늦출 수 있고 위안화 기축통화 추진을 지연시키는 효과도 기대할 수 있다.

중국은 2008년 이후 원자재가격이 폭락한 시기를 이용해 세계를 무대로 원자재를 확보했다. 만약, 미국이 중국과의 화폐전쟁에서 승리한다면 중국이 확보한 원자재 생산관련 시설을 헐값으로 다시 사들일 수 있는 효과를 볼 수도 있다. 마치 1990년대 중반 이후 일본이 경제호황기를 이용해 세계에서 확보한 부동산과 문화재를 경기불황을 극복하는 과정에 헐값으로 내놓은 것처럼 말이다.

중국 이외의 아시아 국가의 자본시장을 통해서도 목표를 이룰 수 있다. 아시아 국가의 제조업은 세계적인 경쟁력을 가지고 있기 때문에, 이곳에서 미국의 경상수지 적자와 재정적자 문제를 해결할 수 있는 돌파구를 찾을 수 있다.

미국은 중남미 경제를 이용하여 미국경제가 안고 있는 문제를 해소할 수도 있다. 중남미 경제도 중국처럼 노동력이 저렴하고, 미국과 인접해 있어서 접근성도 용이하다. 미국은 중국 제품 수입을 줄이고 중남미에서 생산된 제품을 수입하는 방법으로 중국을 견제하면서 미국경제와 중남미 경제가 '윈-윈'하는 관계로 만들 수 있다. 예를 들면,

1990년대 일본이 장악한 미국의 가전시장을 2000년대 들어 한국과 대만 제품이 잠식한 것처럼, 중남미에서 생산된 제품이 중국산 제품과 경쟁할 수 있는 환경을 조성해주는 전략이다. 이는 미국이 기축통화 국가이면서 세계 최대의 소비시장이기 때문에 선택할 수 있는 시나리오다.

중남미 국가들 대부분이 원자재생산 국가인 것도 미국경제로서는 매력적이다. 중국과 인도 등 인구가 많은 국가의 경제가 성장할수록 원자재 부족현상이 나타날 수밖에 없기 때문에, 미국은 중남미와 협력관계를 통해서 '윈-윈'할 수 있는 공통분모를 찾으려고 할 것이다.

외환정책을 통한
위기극복 전략

    변동환율제도의 특성상 달러 강세나 달러 약세 현상은 한쪽 방향으로만 계속 유지될 수 없다. 환율은 미국 달러와 다른 나라 통화의 교환비율이므로, 미국경제에 문제가 있으면 달러가치는 하락하게 되고, 미국경제의 성장률이 높아지면 달러가치가 강세로 반전되기 때문이다. 기축통화 국가인 미국은 외환정책으로 기축통화량 및 기축통화 유통속도와 방향을 조절해 이를 조절할 수 있다. 다시 말해, 미국이 어떤 외환정책을 펼치느냐에 따라서 특정 국가의 실물경제와 금융시장은 호황이 될 수도 있고 불황이 될 수도 있다.

    1990년대 중반 클린턴 정부가 월가 출신 '로버트 루빈'을 재무장관으로 기용한 것이 대표적인 사례다. 클린턴 대통령이 집권할 무렵 미국경제는 재정적자 및 무역수지 적자 등으로 매우 어려웠는데, 로버트 루빈 장관이 달러 강세 정책을 펼쳐 돈의 흐름을 일본에서 미국으로 바꿔 놓았고, 이에 힘입어 미국경제는 회생할 수 있었다.

오바마 정부가 월가 출신 '티모시 가이트너'를 재무장관으로 발탁한 배경도 클린턴 정부가 로버트 루빈을 발탁한 배경과 같을 수 있다. 그가 로버트 루빈 전 재무장관과 함께 일했다는 것이 발탁의 배경을 의심케 한다. 따라서 티모시 가이트너도 2009년 이후 미국에서 빠져나간 자금을 때가 되면 달러 강세 정책을 통해 회수하는 전략을 선택할 것이다.

2009년 이후 아시아 경제가 세계경제 성장을 주도하고 있는 현실을 감안할 때, 아시아 경제통인 티모시 가이트너는 이러한 시기에 적합한 재무장관이라고 할 수 있다. 따라서 가이트너는 아시아 경제를 예의주시하고 있다가 '지금이 적기'라고 판단되면 외환시장에 신호를 줄 것이고, 미국계 투기성 자본은 그 신호가 무슨 의미인지 알아듣고 곧바로 행동에 옮길 것이다. 환율이 화폐전쟁에서 핵심무기라는 것을 미국계 투기성 자본이 누구보다 잘 알기 때문이다.

반대로 달러 강세 정책에 따라 국제 유동성이 미국으로 유입되어 미국경제가 과열되면, 2010년처럼 달러 약세 정책을 쓰면 된다. 이때 돈의 흐름은 미국에서 거품이 붕괴된 아시아와 중남미 주식시장이나 채권시장으로 바뀌게 되고, 미국은 또 다시 주식시세차익과 환차익을 얻을 수 있다.

다른 나라의 외환정책을 이용해 미국경제 회생을 도모하거나 중장기적인 성장 전략을 마련할 수도 있다. 예를 들면, 2008년 3월 한국 외환정책 당국의 환율상승 유도 발언을 이용한 것이다. 당시 미국계 투기성 자본은 기획재정부 장관의 발언을 이용하여, 선물환과 현물환은 매수하고 보유 주식을 매도했다. 추가적인 환율상승을 유도하는 전략으로, 환율이 상승하면 투자규모를 늘려서 주식시세차익과 환차익을 기대할 수 있다.

또한, 미국은 주요 국가의 정부가 외환시장에 개입하면 '환율조작국'으로 지정하는 등의 방법으로 통상압력을 가할 수도 있다. 정부가 외환시장에 개입해서 자국 통화의 약세를 인위적으로 유지한다는 것은, 수출기업에게 보조금을 지급하거나 수입기업에게 관세를 부과하는 것과 같기 때문에, 국제무역에서 불공정 거래 성격을 가지고 있다. 이에 따라 미국 수출의존도가 높은 일본 등의 아시아 각국은 외환시장에 개입하려고 할 때 미국의 협조를 구할 가능성이 높은데, 미국계 투기성 자본은 이러한 시기를 이용할 수 있다. 예를 들어, 일본이 지나친 엔화 강세를 이유로 외환시장에 개입할 것으로 예상되면 일본 주식을 매수하는 전략으로 접근한다. 엔화 약세는 일본 수출기업의 영업이익 증가 요인이기 때문이다.

대체에너지 분야에서
미래 성장 동력 찾기

　미국은 세계에서 에너지 소비량이 가장 많다. 자동차 보유 대수가 가장 많은 만큼 석유소비량도 가장 많다. 이는 환경오염의 주요 원인이자, 미국의 만성적인 경상수지 적자 및 재정적자의 원인이기도 하다. 국제에너지기구IEA 등에 의하면, 2008년 미국은 세계 전체 석유생산량의 25% 이상을 소비했고 이중에서 절반을 수입한 것으로 나타났다. 천연가스도 필요한 양의 50% 이상을 수입했다. 이에 따라 오바마 대통령은 대통령 선거 공약으로 그린에너지 개발을 내세웠고, 이는 미국의 새로운 성장 동력 산업이 될 것이라고 말했다. 그린에너지 생산량을 늘리면 환경 문제가 개선됨은 물론, 일자리 창출과 재정적자 감소로 이어지기 때문이다. 좀 더 구체적으로 살펴보자. 수입 석유량만 그린에너지로 대체하더라도 최소한 연간 2,400억 달러의 무역수지 적자가 개선된다. 태양열로 전기를 생산하고 자동차 연료를 석유에서 전기로 대체한다면 집열판 등의 관련 산업이 성장해서, 새로운 일자리가 창출되고 경제성장으로도 이어진다. 그리고 그린에너지 생산시설 및 기술을 개도국에 수출하면 추가적인 무역수지 적자 개선 효과를 볼 수 있다. 또한 대부분의 제조업에서 석유를 많이 사용하기 때문에 석유사용량을 줄이면 석유가격 상승을 억제하는 효과가 있고 소비자물가도 안정된다. 이에 따라 환경문제 개선에 들어가는 예산이 절약돼 정부는 재정적자를 줄일 수 있다. 석유가격이 안정되면 가계에도 도움이 된다. 대부분의 가계지출에서 에너지 관련 비용이 높기 때문에 석유가격이 안정되면 가계의 실질소득은 상대적으로 늘어나게 되고, 이는 미국 가계가 안고 있는 소득 대비 높은 가계부채 문제를 해소할 수 있다.

그린에너지 산업의 성장은 달러의 위상 강화에도 도움이 될 수 있다. 앞서 말했듯이 그린에너지 생산량이 늘어나면 경상수지 적자가 감소하고, 소비자물가가 안정되는 효과가 있기 때문이다. 무엇보다 그린에너지 산업의 성장은 미국의 산업구조 개선에도 기여한다. 미국의 산업구조는 군수 산업과 금융 산업 비중이 큰 반면에 제조업 기반이 약하다. 때문에 그린에너지 산업 육성을 통해 제조업 비중을 높일 수 있고, 월가가 계속해서 세계 금융의 중심이 될 수 있는 기반을 조성할 수 있다. 최소한 금융의 중심이 중국으로 넘어가는 시기를 지연시키는 효과를 기대할 수 있다.

또한, 지구촌 전체가 환경오염으로 고통을 받고 있기 때문에 미국이 석유소비량을 줄이면 다른 나라도 석유소비량을 줄일 것이다. 이산화탄소량 증가 등의 환경오염은 폭염, 폭우, 폭설과 같은 기상이변을 발생시키는데, 이로 인한 농작물 피해를 줄일 수 있는 것도 지구촌 경제에 도움이 된다.

이와 같이 그린에너지 산업은 직간접적인 효과가 아주 크기 때문에, 미국은 그린에너지 산업 육성을 통해 미국경제의 패러다임을 바꿀 수 있고, 달러 기축통화 위상을 제고할 수 있다.

화폐전쟁 깊이 읽기 ❻

달러 기축통화 질서에 대한 도전

기축통화 질서 도전에 대한 미국의 응전

2008년 미국발 금융위기를 계기로 세계 각국이 달러 기축통화 질서에 도전하고 있다. 중동 산유국들은 달러를 대신할 수 있는 석유결제 통화를 구상하고 있고, 프랑스를 중심으로 한 유로 지역 국가들도 유로화의 지위를 강화하려고 한다. 한국과 일본, 중국도 '아시아 통화기금AMF 창설'을 추진하고 있다. 반미 성향이 강한 남미 지역 국가들은 브라질을 중심으로 미국과 체결한 자유무역협정NAFTA을 무력화하는 방안을 천명하기도 했다. 또한, 원자재와 식량을 무기화하는 방법도 모색할 수도 있다.

지역을 초월해 이해관계에 따라 합종연횡하는 방법으로 달러 기축통화질서에 도전할 수도 있다. 중국과 브라질, 프랑스 등이 힘을 합쳐 달러를 대신할 수 있는 새로운 기축통화 시스템을 요구한 것이 대표적이다. 2009년 중국과 브라질 정상은 양국 간 무역에서 자국 통화로 결제하기로 합의했다. 나아가 중국은 위안화 기축통화를 추진하기 위해 화교경제권을 대상으로 위안화 결제를 확대했고, 러시아는 석유 수출 시 러시아 루블화를 결제통화로 할 것임을 밝혔다.

이러한 움직임들은 미국과 미국계 투기성 자본 입장에서는 달러 기축통화 질서에 대한 도전이다. 미국은 달러 기축통화 질서가 무너지면 제2차 세계대전 이후 미국이 지배해오던 달러 패권시대의 종말을 의미하기 때문에, 결사항전을 마다하지 않을 것이다. 따라서 미국은 달러 기축통화 질서에 대한 도전을 미국경제에 대한 선전포고로 인식하고 그에 상응하는 응징을 할 것이다. 기축통화 도전 국가에 대한 응징 수단은 다음과 같다.

① 원자재가격 변동 유도

석유를 비롯한 원자재는 미국 달러표시로 거래되고, 원자재 현물가격은 원자재 선물가격에 의해서 영향을 받는다. 이에 따라 미국은 원자재시장에 개입하는 방법으로 원자재생산 국가와 원자재가 부족한 국가를 응징할 수 있다. 원자재생산 국가에 대해서는 원자재가격 하락을 유도하는 방법으로, 원자재가 부족한 국가에 대해서는 원자재가격 상승을 유도하는 방법으로 해당 국가의 경제에 부정적인 영향을 주는 것이다. 구체적인 전략은 이들 국가의 자산시장에 거품논쟁이 발생하면 원자재가격 상승을 유도하는 방법으로 금융시장과 실물경제에 충격을 줄 수 있다. 2008년 상반기에 국제 유가가 급등했다가 하반기에 급락한 것이 대표적이다.

원자재생산 국가는 자원을 무기화하지만, 미국은 기축통화라는 무소불위의 권력을 이용하여 원자재에 대한 수요를 위축시키는 전략을 선택할 수 있다. 기축통화는 국제간 이동 자체로서 특정 국가의 경제에 충격을 줄 수 있는 힘이 있기 때문이다.

② 소득계층 간 빈부격차 확대 유도

미국이 달러 강세 정책을 선택하면 미국 이외의 국가들은 환율이 상승하게 되고, 이에 따라 가계의 실질소득이 감소한다. 그리고 주택 구입 등으로 가계소득 대비 부채 비율이 높은 국가의 경우, 주택가격이 하락하는 계기로 작용할 수 있다. 특히, 자산시장에 거품이 발생한 국가는 해당 국가의 통화가치 하락을 우려한 미국계 투기성 자본이 이탈할 수 있고, 이 경우 중산층 붕괴 등의 경제적 충격을 받을 수 있다.

③ 재정적자의 심각성 거론

2010년 초 다보스 포럼에서 프랑스 사르코지 대통령은 달러 기축통화 질서에 대한 제도 개선을 요구했다. 그러자 우연의 일치인지 알 수 없지만, 미국은 다보스 포럼이 끝난 직후 그리스 재정위기를 집중적으로 부각했다. 프랑스가 중심이 되어 창설된 유로화를 공격해서 프랑스의 위상을 약화시키는 전략이다. 그리고 이는 위안화 위상 강화를 위해 달러 기축통화의 문제점을 지적한 중국에 대한 경고로 해석할 수도 있다.

④ 금융정책 이용

금리인상이나, 인하를 이용해 달러 기축통화 질서에 도전하는 국가를 응징할 수 있다. 미국의 금리를 인상하는 방법도 있고, 다른 나라의 금리정책을 유도할 수도 있다. 대외의존도가 높은 국가는 국제 투기성 자본이 이탈하면 자금시장이 경색되면서 시장금리가 상승하고 경기가 나빠질 수 있다. 이 경우, 해당 국가의 금융정책 당국은 기준금리를 인하할 수밖에 없고, 미국계 투기성 자본은 이 시기를 이용해 해당 국가의 국채시장을 공격할 수 있다.

⑤ 해당 국가의 문제점 지적

미국의 외환정책뿐만 아니라 다른 국가의 외환정책을 이용하는 전략을 쓸 수도 있다. 예를 들어, 대외부채 규모가 큰 한국이 미국의 뜻을 잘 따르지 않으면, 한국경제가 안고 있는 문제점을 지적해 외환시장의 불안을 조성한다. 위험을 느낀 투기성 자본은 보유 자산을 매도하게 되고, 경제는 충격을 받게 된다.

⑥ 스태그플레이션 유도

경기불황 국면에서 소비자물가 상승을 유도할 수도 있다. 미국의 투자은행이 전 세계를 대상으로 화폐전쟁을 벌이고 있기 때문에 공포 분위기를 조성하면서 자금을 유출시키면 된다. 이 경우, 실업자 증가와 함께 해당 국가는 경제적으로 불안해질 수 있다.

⑦ 통화량 조절

　경제는 화폐부문과 실물부문이 상호작용하면서 성장한다. 통화량이 부족하면 자금경색 현상이 나타나면서 실물경제와 금융시장에 충격을 줄 수 있고, 통화량이 증가하면 소비자물가가 상승하고 자산시장에 거품이 발생하기도 한다. 미국은 이러한 원리를 이용하여 통화량을 조절하는 방법으로 특정 국가의 자산시장에 거품발생과 거품붕괴를 유도할 수 있다. 2010년에 벌어진 환율전쟁이 대표적이다. 미국이 달러의 공급량을 늘리자 수출의존도가 높은 일본경제가 충격을 받았고, 일본 정부는 엔화가치 하락을 유도하기 위해 외환시장에 개입했다. 원자재를 수출하는 브라질도 몰려드는 국제 투기성 자본에게 세금을 부과하는 방법으로 자국 통화가치 하락을 막았다. 이와 같이 미국은 달러 공급량을 늘린 이후 특정 국가의 자산시장에 거품이 발생하면 달러 공급량을 줄여, 거품붕괴를 유도하는 방법으로 미국의 기축통화질서에 도전하는 국가를 응징할 수 있다. 미국은 2010년 'G20 재무장관 회의'에서 합의된 '시장결정적인 환율제도'로 환율 급등락이 보다 쉽게 이루어질 수 있다는 점에서, 달러 통화량 조절을 통해서 특정 국가의 경제에 지속적으로 영향을 줄 수 있게 되었다.

⑧ 미국의 법률로 응징

　미국의 법률로 다른 나라의 경제에 제한을 가하는 전략도 있다. 예를 들면, 미국 통상법 201조 및 301조를 이용하는 무역보복이다. 미국은 이 법으로 국제간 무역을 함에 있어서 자국 기업이 피해를 입었을 경우, 관세인상 등의 수입제한 조치를 취할 수 있다. 통상법 201조는 피해 사실을 증명하지 않아도 되기 때문에 미국이 다른 나라에 대한 보복 수단으로 이용할 수 있는 법률 조항이다. 한편, 통상법 301조는 외국에 대한 미국 기업의 지적소유권을 제도적으로 보호하기 위한 조항이다. 이 조항에 따라 미국무역대표부USM는 외국의 지적소유권 보호 실태를 연례적으로 조사하는데, 필요한 경우 대상국을 선정하여 협상과 보복을 할 수 있다. 즉, 미국 통상법 201조와 301조는 미국의 법률로 다른 국가를 통치할 수 있는 조항이라고 할 수 있다.

달러 붕괴와 유로화 붕괴 시나리오

　2008년 미국발 금융위기 이후 미국이 달러를 100% 이상 늘리자, 일부 경제전문가들과 외환전문가들은 달러가치가 중장기적으로 기축통화 지위를 상실할 것으로 예상했다. 그 근거는 미국의 만성적인 무역수지 적자와 GDP에 육박하는 재정적자 규모, 소득 대비 지나치게 높은 가계부채 비율 등이다. 또한, 브릭스 국가의 도전도 달러 기축통화 질서를 약화시키는 요인이라고 주장했다.

　그러나 달러 붕괴 시나리오는 실현될 가능성이 매우 낮다. 우선, 달러가치 하락은 세계 금융시장을 지배하고 있는 미국계 투기성 자본의 주식투자수익 발생 및 환차익 발생으로 이어지기 때문이다. 앞에서 얘기한 대로 2009년 미국계 투기성 자본이 한국 투자자들이 헐값으로 매도하는 주식을 매수해 2010년 하반기 주가지수 급등으로 100% 정도 주식시세차익을 얻은 것이 대표적인 사례이다.

중국 등의 국가에서 미국 채권을 매각하는 것도 쉽지 않다. 달러가치의 붕괴는 미국경제의 붕괴를 의미하고, 자국의 외화보유액 감소를 의미하는 동시에 수출시장의 붕괴를 의미하기 때문이다. 이와 같은 이유로 달러 붕괴 시나리오는 설득력이 없다.

2010년 초에는 유로화 붕괴 시나리오도 제기되었다. 2008년 미국발 금융위기를 사전에 경고하여 유명해진 누리엘 루비니 뉴욕대 교수와 백악관 경제회복자문위원회 위원장인 폴 볼커가 대표적이다. 이들은 최악의 경우 유로화가 폐기될 수도 있다는 주장을 제기했다.

이는 1998년의 '일본 엔화 붕괴 시나리오'와 유사하다. 당시 일본의 재정적자 규모가 GDP 대비 150%를 넘자, 국제 투기성 자본은 "일본 경제는 심각한 재정적자 때문에 머지않아 파산할 것이다."라는 루머를 확산시켰다. 그러나 이런 루머가 국제 금융시장에 확산된 이후 불과 4개월 후인 1998년 12월, 엔/달러 환율은 오히려 달러 당 118엔대로 하락했다. 엔화표시 대출이 많은 미국계 투기성 자본이 공포분위기를 조성한 후 엔화부채를 상환하는 기회로 활용한 것이다. 그리고 환율효과 때문에 수출이 증가하면서 무역수지가 큰 폭으로 개선될 것을 기대한 투기성 자본이 일본 증시를 공격하면서 늘어난 달러 공급량도 원인이다. 이에 따라 일본 니케이지수는 1998년 9월 1만 3,000선 대에서 1999년 7월 1만 7,000선 대까지 10개월 동안 약 33% 상승했고, 투기성 자본은 환차익도 20% 이상 실현했다.

일본의 GDP 대비 재정적자는 그 이후에도 계속 증가했지만 일본경제는 파산하지 않았고, 엔/달러 환율은 2001년에 일시적으로 달러 당 131엔까지 하락한 이후, 10년 이상 미국 달러에 대해 장기간 강세를 보였다. 2008년에는 미국발 금융위기가 터지자 미국경제가 오히려 파산 직전까지 몰리면서 달러 당 85엔대 수준까지 하락하기도 했다.

2010년 유로화 공격 방법도 1998년 엔화 공격 방법과 비슷하다. 2010년 5월 그리스 재정위기 사태가 유로 지역 전체로 확산되자, EU 회원국 27개국이 유럽 경제위기에 대비하여 7,500억 유로를 조성키로

[그림4-4] 1997년 이후 엔/달러 환율 추이

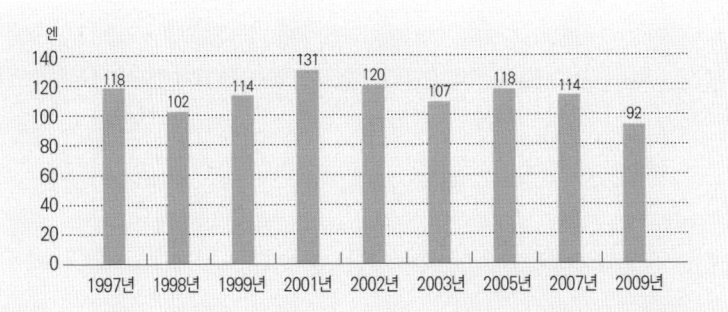

자료 : 한국은행, 연말 종가 환율기준

했다. 이에 국제 투기성 자본은 "기금 조성이 오히려 유럽경제 성장의 발목을 잡을 것이다. 유로화와 달러의 교환비율이 1:1 이하까지 하락할 수 있고 결국은 폐기될 것이다."라는 루머를 퍼뜨리는 방법으로 유로화를 공격했다. 그러나 유로화는 2010년 하반기부터 빠르게 안정되었다. 독일경제를 중심으로 환율효과가 발생하자, 국제 투기성 자본이 유로화에 대한 투자 규모를 늘렸기 때문이다.

하지만 유로화는 미국 달러보다 기축통화 요건을 충족하지 못하기 때문에 유로화 지위는 중장기적으로 약해질 가능성이 높다. 더구나 중국 위안화 지위까지 강화되면 유로화 입지는 더욱 약화될 수밖에 없다. 그리고 유로 지역 국가들의 경제력 차이가 크기 때문에 16개 회원국 중에서 어느 한 국가라도 위기가 발생하면 나머지 국가들로 위기가 확산될 수 있다. 앞으로도 국제 투기성 자본은 기회라고 판단되면 유로화가 가지고 있는 문제점을 거론하며 유로화가치 안정을 위협할 것이다.

그렇지만 미국계 투기성 자본과 미국 경제학자들 주장과 달리 수년 이내에 유로화가 쉽게 폐지되지도 않을 것이다. 1년 동안 달러와 유로화의 교환비율이 20~30% 정도 하락하면 달러로 무역을 하는 국가와의 교역에서는 환율효과를 기대할 수 있기 때문이다. 예를 들어, 유로화가치가 큰 폭으로 하락하면 자동차산업이 발달한 독일의 수출경쟁력이 확보되고, 독일경제가 회복되면 그 영향이 나머지 유로 지역 경제로 파급될 수 있다. 이 경우, 2010년 초에 유로화를 공격한 국제 투기성 자본이 거꾸로 유로 주식과 독일 국채투자 비중을 높여나갈 것이다. 1998년 8월 일본 엔화 가치가 급락하자, 국제 투기성 자본이 일본의 환율수혜업종 주식을 매수한 전략과 동일하다.

위안화의 기축통화 요건

중국의 위안화 기축통화 추진 전략은 정부의 노력에도 불구하고 많은 시간이 걸릴 것이다. 위안화가 기축통화의 요건을 충족해야 하기 때문이다. 중국이 아시아 국가와 브라질과의 상호 무역에서 위안화 결제를 추진하고 있지만 이것만으로 부족하다. 위안화가 기축통화가 되려면 자본시장 개방 및 변동환율제도 도입이 필요하다. 관리변동환율제도가 유리하다는 이유로 중국 정부가 환율을 인위적으로 조절하면 공정한 무역질서가 확립될 수 없기 때문이다. 1970년 고정환율제도가 변동환율제도로 전환된 이유도 국제간 무역불균형 해소를 위한 것이었다. 따라서 변동환율제도로의 전환은 선택이 아닌 필수다.[*]

빈부격차 해소와 소득수준의 증가도 필요하다. 이 문제에 대해 중국은 "기축통화 국가인 미국도 빈부격차 문제가 심각하다. 따라서 위안화 기축통화 추진에 문제되지 않을 것이다."라고 강변할 수 있다. 그러나 미국은 1인당 평균 소득수준이 중국보다 훨씬 높기 때문에, 2008년처럼 미국경제에 충격을 주는 사태가 발생하더라도 흡수할 수 있다. 하지만 중국은 평균 소득수준이 낮기 때문에 유사한 사태가 발생하면

---

[*] 변동환율제도로 전환 시 중국경제가 충격을 받을 수 있기 때문에 점진적으로 접근할 것이다.

충격을 흡수할 수 없다.

  정치제도 역시 좀 더 민주적으로 개선될 필요가 있다. 지금은 하향식 정치제도와 상향식 정치제도가 조화를 이루고 있지만 경제가 성장할수록, 언론의 자유화가 추진될수록 갈등관계로 발전할 수 있다. 때문에 지금보다 더 민주적인 정치제도를 도입해서 사회적 갈등을 흡수할 수 있어야 한다.

  중국의 경제규모도 좀 더 커져야 한다. 위안화가 기축통화가 되려면 전 세계에 위안화를 필요한 만큼 충분히 공급해야 한다. 그래야 결제통화로 이용될 수 있다. 그러나 경제규모가 크지 않은 상태에서 통화량만 늘리면, 2010년 미국이 달러 공급량을 늘릴 때보다 심각한 환율전쟁이 벌어질 것이다. 또한, 중국은 경상수지 흑자도 줄일 필요가 있다. 기축통화 국가가 계속해서 대규모 경상수지 흑자를 기록하면, 나머지 국가들은 위안화 부족 사태에 직면할 수밖에 없고, 금융시장과 실물경제는 자금경색 현상으로 충격을 받을 것이다. 이 경우 중국은 재정적자를 통해 기축통화인 위안화를 공급해야 하지만, 경제규모가 작으면 재정적자가 기축통화 안정성을 해칠 수 있다. 2010년 중국이 미국 달러가치 하락을 우려했던 것처럼, 전 세계는 중국 위안화가치 하락을 우려할 것이다.

  금융시장도 선진화되어야 한다. 그래야 비 기축통화 국가도 중국의 금융시장에 투자를 자유롭게 할 수 있고, 외환시장에서 기축통화인 위안화를 자유롭게 사고 팔수 있다. 금융전문 인력 양성도 필요하다. 금융전문 인력이 부족하면 금융지식이 금융시장 성장속도를 따라가지 못할 가능성이 높고, 중국 금융시장이 국제 투기성 자본의 공격을 받아 충격을 받을 수 있다. 이 경우, 실물경제에도 부정적인 영향을 미칠 수 있고, 중국경제가 충격을 받으면 세계경제도 충격을 받을 수 있다.

기축통화 질서를 구축하기 위해 중국이 취해야 하는 조치는 이외에도 많다. 중국이 다민족 국가로 구성되어 있는 만큼, 경제가 성장할수록 갈등관계로 발전할 수 있기 때문에 이를 해소해야 한다. 세계의 리더로서 일시적으로 어려운 국가에 대해서 지원을 아끼지 않아야 하고, 전 세계 국가들과 '윈-윈' 할 수 있어야 한다.

이와 관련하여 중국의 화폐경제학자들은 2020년 이후에 위안화가 기축통화 지위를 확보할 것으로 전망하고 있다.《메가트렌드 차이나》의 저자 존 나이스비트는 2050년쯤에야 중국이 세계경제의 중심 역할을 할 것으로 전망한다. 이는 중국경제가 건전하게 성장, 발전하기 위해서 보완해야 할 것이 적지 않다는 것을 의미하는 것으로, 위안화의 기축통화 지위 확보는 상당한 시간이 걸릴 수밖에 없다는 것을 보여준다.

New and accurate Mappe of the World, drawne

Eclipse of the Sunne

5장
화폐전쟁의 화약고 대한민국

화폐전쟁을 주도하는 국제 투기성 자본 입장에서 보면 한국은 대단히 매력적인 시장이다. 세계적 경쟁력을 가진 기업이 여러 개 있을 뿐만 아니라, 환율 수준에 따라서 상장기업의 이익이 크게 달라질 수 있는 것도 큰 호재다. 한국 국민의 국민성도 투기성 자본 입장에서는 대단히 매력적이고, 파생금융상품 거래량이 선진국 증시보다 많은 것도 좋은 환경이 된다. 또한, 근시안적인 정부의 정책도 국제 투기성 자본 입장에서 보면 화폐전쟁에서 승리할 수 있는 중요한 요소가 된다.

1997년, 2000년, 2008년, 그 다음은?

　1997년 외환위기 이후 시중 은행의 지분 50% 이상이 외국인 투자자 수중에 있다. 세계적인 경쟁력을 가진 삼성전자 주식도 50% 이상이 외국인 투자자 수중으로 들어갔다. 그것도 현재 가격의 10~20% 수준으로 넘어갔다.

　이에 따라 2010년 10월 외국인 투자자들은 시가총액 기준으로 약 300조 원* 이상의 주식을 보유한 것으로 나타났다. 외환위기 이후 2009년까지 외국인 투자자금 순유입 규모가 470억 달러 안팎 수준임을 감안할 때, 외국인 투자자들이 한국 주식시장에서 약 2,500억 달러 이상의 시세차익을 얻은 것으로 추정한다. 반면 같은 기간 한국의 경상수지

---

* 달러당 1,200원일 때 약 2,500만 달러, 1,000원일 때 3,000만 달러

흑자 총계는 1,938억 달러다. 배당금 등을 통해 유출된 금액까지 합하면 한국이 10년 동안 무역으로 번 외화보다 훨씬 많은 금액을 주식시장에서 번 것이다. 이를 달리 말하면, 무역을 통해 벌어들인 2,000억 달러가 외국인 주머니로 들어간 것으로 평가할 수 있다. 물론, 그들이 수익을 실현하면 주가지수가 하락할 수 있으므로 장부상 금액에 불과하다. 그렇지만 채권시장과, 외환시장, 부동산시장까지 합한다면, 실제 금액 기준으로도 2,000억 달러 이상은 될 것이다. 외환위기 이후 10년 동안 약 2,000억 달러에 육박하는 경상수지 흑자에도 불구하고, 2010년 6월 한국의 순대외채권이 242억 달러에 불과한 것이 이를 말해준다.

2010년 6월 기준으로 외화보유액은 2,742억 달러지만 '순대외채권이 242억 달러에 불과하다'는 것은, 국가도 '하우스 푸어(집을 소유하고 있는 가난한 사람)'처럼 자산 대부분이 부채로 구성되어 있다는 의미로 해석할 수 있다. 총외채 중에는 단기외채도 많기 때문에 외국인 투자자금이 이탈하면 언제든지 외환시장이 불안해 질 수 있다.

한국이 2009년 초 외화유동성 위기를 경험한 것도 외국인 투자자금 유출이 원인이었다. 2007년 말 기준으로 순대외채권이 374억 달러가 있었지만 외국인 투자자금 약 500억 달러가 유출되자, 외화보유액이 2,622억 달러정도 있었음에도 불구하고 외환시장이 충격을 받은 것이다. 이에 따라 1997년 아시아 외환위기 국가들과 달리 한국은 2009년 초에도 외화유동성 위기를 경험했다. 그리고 2009년 3월 이후 외국인 투자자들이 본격적으로 한국 주식을 매수하는 동안 국내

기관투자자들은 공격적으로 매도했다는 점에서, 2009년 3월 이후에도 한국의 국부가 외국인 투자자 수중으로 약 400억 달러 이상 넘어간 것으로 추정된다.

그렇다면 외국인 투자자들은 2009년 3월 이후 쓸어 담은 주식에 대한 시세차익과 환차익을 언제쯤 본격적으로 실현할까? 언제가 될지 정확하게 알 수 없지만, 2007년처럼 한국 경제가 대내외적인 환경에 영향을 받아 어려움이 예상되는 초기 국면이 될 가능성이 높다.

외국인 투자자금 이탈 시기는 여러 가지 변수에 의해서 결정될 것이다. 정부의 경제정책 성공 여부도 시기 선택에 영향을 미칠 수 있고, 부동산시장 거품붕괴 여부도 국제 투기성 자본이 보유 주식을 처분하는 시기 선택에 영향을 미칠 수 있다. 여당과 야당이 선거에서 승리하기 위해 서로 이전투구하고, 공략을 남발하는 대통령선거를 전후한 시점도 떠나기에 적합한 시기가 될 수 있다. 또한, 환율이 지나치게 떨어지거나, 무역수지가 흑자에서 적자로 반전되는 시기가 될 수도 있다.

그러나 긍정적인 변수도 있다. 한국 대기업의 경쟁력 강화와 중국 등 개도국 경제의 빠른 성장은 한국 경제에 긍정적인 역할을 할 수 있다. 물론, 중국경제의 산업구조가 고도화되고 고부가가치 상품이 많이 생산된다면, 한국의 수출시장과 내수시장에 부정적인 영향을 미칠 수 있지만, 최소한 5년 정도는 중국경제 성장에 따른 시너지 효과를 기대할 수 있을 것이다.

그러나 한국 경제가 안고 있는 여러 가지 문제점과 세계경제의 경기 사이클, 국내외 정치, 경제 환경 등을 감안할 때, 떠나는 시기는 앞당겨질 수 있다. 2010년 현재 한국 경제가 안고 있는 문제점을 열거하면 다음과 같다. ①소득 대비 지나치게 높은 가계부채 비율, ②청년인구 감소와 노인인구 증가 속도, ③부실채권이 될 가능성이 높은 엄청난 규모의 부동산개발 관련 PF 자금, ④정부 부채와 공기업 부채의 증가 속도, ⑤환율수준에 민감한 산업구조, ⑥가계 및 기업의 양극화 현상 심화, ⑦김정일 사후의 남북 관계, ⑧원자재가격 급등 및 기상이변에 따른 곡물가격 급등 등이다.

상기 악재들 중에서 2~3개가 특정 연도에 동시에 터지면 외국인 투자자들의 이탈과 함께 또 다시 외화유동성 위기에 직면할 수 있다. 위기 발생 시기를 정확하게 알 수는 없지만 예상 시기는 어느 정도 추정할 수 있다. ①3~5년 주기로 반복되는 경기 사이클을 봐서는 2011년 하반기부터 2013년 하반기에 다시 경기불황이 나타날 수 있다. ②대통령선거가 예정된 2012년 하반기를 전후로 다시 경기불황이 나타날 수도 있다. ③10년을 주기로 나타나는 부동산 경기 사이클을 감안한다면, 2009년 하반기부터 아파트시장이 침체되었기 때문에 2012~2013년 사이에 위기가 올 가능성이 높다. ④태양풍이 지구촌 경제에 미치는 영향을 감안하면, 2012~2013년 사이에 곡물가격 급등과 함께 경기불황이 나타날 수도 있다. ⑤인구가 많은 중국과 인도의 경제성장 속도를 감안한다면 원자재가격이 급등할 수 있는 시기는 2012년 전후가 될 수 있다.

가계발
금융위기 가능성

　국가경제가 지속적으로 성장, 발전할 수 있는 동력은 소비 주체인 가계의 소비능력과 합리적인 소비태도에 달려 있다고 해도 과언이 아니다. 특히, 오늘날의 기업들이 과잉 생산시설을 가지고 있기 때문에 가계의 건전성은 매우 중요하다. 1980년 이후의 화폐전쟁 역사를 통해 '가계와 기업이 은행 차입을 통해 소비를 늘리는 방법으로 경제가 성장하면 결국은 붕괴될 수밖에 없다'는 것을 확인했다. 1990년대 일본의 자산시장 거품붕괴 및 1997년 아시아 외환위기, 2000년 닷컴시장 붕괴, 2008년 미국발 금융위기, 2010년 유럽 재정위기 모두 과다한 부채가 원인이다. 대공황 역시 어빙 피셔 교수의 지적대로 돈을 빌려서 주식에 투자해 거품이 발생했기 때문이다. 가계소득 대비 과다한 부채는 경제 환경이 악화되면 대출금 상환능력 약화로 이어진다. 또한 부동산가격 하락과 함께 금융시장이 경색되고, 이 때문에 금융위기가 발생하고 경제위기로 발전한다. 이른바 부채의 역습이라고 할 수 있다.

안타깝게도 한국의 가계부채는 현재 심각한 수준이다. 한국은행 통계에 의하면 2010년 6월 가계와 기업의 부채는 1,700조 원 이상이다. 이는 2009년 GDP의 약 1.5배 수준이다. 그리고 통계청 자료에 의하면 2009년 말 가계의 가처분 소득 대비 부채비율은 150%에 육박한다. 그중에서도 수도권 거주자의 소득 대비 부채비율은 이보다 훨씬 높다. 2010년 초 서울시정개발연구원에서 서울시민 1,000명을 무작위로 선정하여 설문조사한 결과, 조사에 응한 서울시 주택 보유자의 가구당 평균 부채비율은 1억 9,000만 원이고, 연 평균 소득수준은 4,800만 원이다. 그리고 서울지역 자가 주택거주자의 가구당 소득 대비 부채비율은 380% 이상이다. 수도권 2기 신도시 거주자도 비슷할 것으로 추정된다. 이를 보면 앞으로 대출 원리금을 상환하지 못하는 가계가 적지 않을 것으로 보인다. 2010년 8월 모 은행 주택담보대출 담당자 L씨는 "2007년 이후 은행에서 주택대출을 받은 사람들 중에는 원금은 상환하지 못하고 겨우 이자만 상환하고 있는 사람이 약 70~80%에 달한다."라고 하면서 가계부채 상당액이 부실채권화될 것임을 우려했다.

소득대비 부채비율이 380%라는 것은 자산가치가 감소할 경우 금융위기로 발전할 수 있는 심각한 부채 수준이다. 자산시장은 1997년 외환위기 사태처럼 국내 문제 때문에 충격을 받을 수도 있지만, 대외 경제 환경 때문에 충격을 받을 수도 있다. 2008년 미국발 금융위기와

2010년 초 유럽 재정위기가 대표적이다.

경제연구소 등에서는 "은행 돈을 빌려 소비를 한 것이 아니고 자산에 투자한 만큼 걱정하지 않아도 된다."라고 말하기도 한다. 하지만 화폐전쟁에 실패하면 가계의 자산가치와 실질소득이 크게 감소하기 때문에 이러한 주장은 설득력이 크지 않다. 예를 들면, 1990년대 일본과 한국의 외환위기가 대표적이다. 당시 일본과 한국의 국민도 은행 차입을 통해 자산을 보유하고 있었지만, 자산시장 거품이 붕괴되면서 경제가 충격을 받았다.

그러나 심각한 문제는 시간이 갈수록 가계부채가 감소하기 보다는 오히려 증가할 수 있는 환경이 조성되고 있다는 것이다. 청년들의 절반가량이 학자금 대출을 받았지만, 대학을 졸업하더라도 직장을 구하지 못하고 있다. 또 일부 직장인들이 여러 개의 카드를 가지고 분수에 맞지 않게 과소비를 하는 것도 큰 문제다. 그리고 직장을 떠나는 베이비붐세대들도 사회보장제도 미흡으로 주택을 담보로 생활비를 마련하거나 보유 주택을 매도하고 있다. 정책 당국도 베이비붐세대 퇴출에 따른 사회보장제도 미흡을 주택가격 하락 요인으로 인식하고 있을 정도다.

정부의 외환정책도 문제다. 정부는 경기불황 국면에서 고환율정책을 선택하고, 기업들은 환율상승분을 가계에 전가시키고 있는 것이 현실이다. 한국은행 통계를 보면, 2007년 대비 2009년 연평균 환율은 2년 동안 32% 이상 상승했다. 소비자물가지수는 이 기간 동안 8.0% 상승했지만, 가계의 월평균 명목소득은 7.5% 증가에 불과하다.(표5-1 참조)

또한 환율상승은 단순히 소비자물가 상승만 초래하는 것이 아니라, 대출금리(시장금리) 상승으로 이어진다. 한국은행 통계를 보면 1997년 11월에 발생한 외환위기 전후와 2008년 환율급등 국면에서 시장금리도 상승한 것으로 나타났다.

[표5-1] 2008~2009년 평균 환율 및 소비자물가지수와 도시 가계소득

	평균 환율(원)	월평균 명목소득(만 원)	소비자물가지수
2007년	929	320(260)	104.8
2008년	1,102	339(276)	109.7
2009년	1,276	344(282)	112.8

자료 : 한국은행, 통계청 가구당 소득, ( )는 도시가구 월평균지출액

[표5-2] 환율급등 국면에서 소비자물가와 시장금리 추이

	1997년 3분기~1998년 1분기		2007년 4분기~2008년 4분기	
	97년 3/4	98년 1/4	07년 4/4	08년 4/4
시장금리(%)	12.1	20.7	6.3	8.3
원/달러환율(원)	898	1,606	920	1,362

자료 : 한국은행, 소비자 물가(2005년 : 100.0), 분기별 평균 환율

그러나 환율상승에 따른 가계의 실제 피해 규모는 소비자물가상승률 이상이다. 갈수록 해외 유학생들이 늘어나는 것도 그렇고, 해외 주식투자자 다수가 선물환 매도를 통해 환위험을 관리하고 있기 때문이다. 은행 차입을 통해 해외 증시나 부동산에 투자한 사람들 다수가

2009년 초 환율급등 과정에서 투자원금의 50% 이상의 손실을 입은 것이 대표적이다.

특히, 한국처럼 대부분의 원자재를 수입하는 국가는 원자재가격 상승에 이어 환율까지 상승할 경우 자산가치가 큰 폭으로 하락할 수 있다. 가계소득 대비 부채 비율이 높은 현실을 감안할 때 이러한 상황은 가계에게 엄청난 충격을 줄 수 있고, 심하면 가계발 금융위기로 이어질 수도 있다.

부동산발
금융위기 가능성

한국도 부동산시장 환경이 장기불황의 늪에 빠질 수 있는 환경으로 변했다. 첫째, 대형 주택에 대한 수요는 점점 감소하고 있는데, 아파트는 대형 위주로 건설되었다. 그 결과 매매시장뿐만 아니라 전세시장에서도 대형 주택 거래가 크게 감소했다.

둘째, 가격은 희소가치에 의해서 결정되는데 아파트와 주상복합건물 모두 희소가치가 감소하고 있다. 아파트가 일반 주택보다 공급이 부족했을 때는 아파트가격이 일반 주택가격보다 큰 폭으로 상승했고, 주상복합건물이 처음 등장했을 때도 희소성을 인정받아 아파트가격보다 높은 수준에서 가격이 형성되었다. 그러나 2010년 서울시정개발연구원 조사에 따르면 현재 서울시 거주자의 54% 이상이 아파트에 거주하고 있다. 이에 따라 아파트의 희소가치가 크게 감소해 아파트의 프리미엄이 낮아지고 있다. 예를 들어, 수도권 인기 주거지역인 경기도 성남시 분당의 아파트가격이 큰 폭으로 하락한 것도 아파트의 희소가치가 낮아지고 건물이 노후됐기 때문이다. 물론, 인근 판교지역 아파트 공급량 증가도 원인 중의 하나다.

셋째, 아파트가격 수준이 너무 높은 것도 문제다. 한국산업은행이 2009년 말 수도권 주택가격을 조사한 바에 의하면, 거주자의 연간 소득(4,800만 원) 대비 아파트가격은 12.8배 수준(일본은 5~6배 수준)이다. 통계청 자료에 의하면 2009년 4분기 기준으로 도시 가구 근로자의 월평균 소득은 360만 원인데, 이 기준으로는 약 14배 수준이다. 이는 근로자가 한 푼도 다른 곳에 지출하지 않고 14년 동안 월급을 모아야 주택을 구입할 수 있다는 얘기다. 그러나 이것도 주택가격이 더 이상 상승하지 않아야 가능하다. 만약, 도시 가구의 월평균 지출액 287만 원을 공제한 월평균 저축액 73만 원을 모아서 주택을 구입한다면, 은행에서 돈을 빌리지 않을 경우 80~90년 정도 걸린다.

넷째, 인구가 많은 베이비붐세대가 가지고 있는 재산은 대부분 주택 한 채 정도다. 은행부채를 공제하면 2007년 이후 주택을 구입한 사람은 2010년 10월 기준으로 순자산이 1~2억 원 안팎이다. 아파트가격이 취득가격보다 1억 원 이상 하락한 것이 원인이다. 직장생활을 할 때는 그나마 대출금 이자라도 지급할 수 있다. 그러나 직장을 그만두고 나면 소득 창출이 어렵기 때문에 대출 원리금 상환을 위해 어쩔 수 없이 보유 주택을 처분해야 한다. 또한, 1~2인 가구가 증가하고 있어서,

베이비붐세대가 가지고 있는 중대형 아파트는 2010년 가격수준과 관리비를 감안할 때, 수요를 기대하기 어렵다.

다섯째, 원자재가격이 상승하면 아파트가격이 상승하지만, 그 정도에 따라 하락 요인으로 작용하기도 한다. 원자재가격이 지나치게 상승하면 가계의 실질소득이 감소하기 때문에, 2008년 미국의 사례에서 알 수 있듯이 오히려 주택가격이 큰 폭으로 하락할 수 있다.

여섯째, 2010년 상반기 기준으로 전국 40여 곳에서 진행되는 공모형 PF(프로젝트 파이낸싱) 자금 규모는 120조 원이다.(금융권 추정) 그렇지만 2010년 10월 기준으로 공사가 정상적으로 진행되고 있는 곳이 거의 없다는 것이 건설업계와 금융권의 분석이다. 이들 사업은 대형 프로젝트여서 좌초될 경우, 금융회사 부실채권 증가와 건설회사 연쇄부도로 이어지게 된다. 2008년 미국발 금융위기는 GDP의 1%(1,400억 달러) 수준의 서브프라임 부실채권에서 시작되었다. 그러나 한국 금융회사의 PF 자금 규모는 GDP의 12%(120조 원)에 해당되는 수준이어서, 부동산 경기가 2년 이상 침체된다면 2012년에는 대형 사고로 발전할 가능성이 높다.

일곱째, 경제정책 당국이 부동산 경기 대책을 내놓겠지만, 주택 보급률이 높은 선진국 사례에서 보듯이 실패 가능성이 높다. 2015년까지 공급 예정으로 있는 보금자리 주택과 민영 아파트 150만 세대 역시 실수요자 증가 속도보다 빠른 수치다.

여덟째, 노령화 사회로의 빠른 진입과 미흡한 사회보장제도도 부동산시장의 중요한 장기불황 요인이다. 부동산가격은 경제성장률 및 인구구조와 관계가 있기 때문이다. 인구가 얼마나 중요한 경제성장률 요소인지는 한 사람이 세상에 태어나 소비하는 금액이 얼마나 되는지 추정해보면 알 수 있다.*

2009년 통계청 자료에 의하면, 직장을 다니는 인구의 소비액을 100이라고 봤을 때 퇴직자의 소비액은 60%에 불과하다. 이는 전체 인구가 소폭 증가하더라도 60세 이상의 인구가 크게 증가하면 경제가 빠르게 위축될 수 있음을 의미한다. 60세 이상 인구는 대부분 주택을 구입하지도 않을 것이고, 옷도 직장 생활할 때 착용하던 옷을 그대로 입을 것이고, 승용차도 웬만하면 바꾸지 않을 것이다. 이러한 현상은 상장기업의 매출액 감소 요인이자 부동산 경기불황의 원인이 된다.

더 큰 문제는 한국이 세계에서 노령화 속도가 가장 빠르다는 데 있다. 통계청 자료에 의하면 2005년 총 인구는 4,810만 명이고, 이중에서 60세 이상 인구는 629만 명으로 전체 인구의 13.0%를 차지했다. 그러나 7년 후인 2012년에는 총인구가 약 100만 명 정도만 증가할 것으로 예상되는데, 60세 이상의 인구는 807만 명으로 총 인구의 16%

---

* 하루에 밥 세 끼만 먹더라도 1만 원에서 1만 5,000원 정도이고, 1년이면 약 400만 원, 70년 동안 생존하면 식비만 2억 8,000만 원 이상 지출된다. 한국은행의 국민소득 통계자료에 의하면, 소비지출 총액에서 음식비가 차지하는 비중은 12% 안팎인 것으로 나타났다. 이를 기준으로 다시 계산해보면 70년 동안 1인당 총지출액은 22억 원 이상이 된다.(2억 8,000만 원 + {2억 8,000만 원 × (0.88/0.12)})

를 차지할 것으로 예상된다. 2015년에는 전체 인구는 거의 정체되고 60세 이상 인구만 910만 명으로 증가할 것이라 예상된다.

이에 따라 한국 경제는 지난 40년 동안 경험하지 못했던 잠재성장률 저하 현상 및 내수시장에서의 실질 GDP 감소 현상을 경험할 것이다.* 지난 10년 동안 일본의 내수 경기가 살아나지 않았던 이유 중 하나도 노령화 사회 현상과 무관하지 않다.** 이처럼 2012년 이후 60세 이상 인구의 급증 및 청년 인구 감소 현상은 핵폭탄에 버금가는 파괴력을 지닌다.

[표5-3] 2005년 이후 한국의 총인구 및 60세 이상 인구 추이 (단위: 100만 명)

	2005년	2009년	2012년	2015년	2018년
전체 인구	48.1	48.7	49.1	49.2	49.3
60세 이상	2.6	3.1	8.1	9.1	10.4

자료: 통계청, 연말 기준

---

* 이와 관련하여 경제협력개발기구(OECD)는 2010년 5월 한국의 잠재성장률이 2012년에는 2.4%로 급락할 것으로 추정했다.
** 일본의 1인당 국민소득은 2000년 3만 7,000 달러를 기록한 이후 10년째 제자리걸음을 하고 있다. 노령화 사회로 진입하자 부동산시장도 18년 이상 침체 상태가 지속되고 있다.

중소기업 붕괴로 인한
금융위기 가능성

　한국 경제의 또 다른 문제점은 경영환경이 열악한 중소기업에 전체 근로자의 80% 이상이 근무하는 데 있다. 따라서 중소기업 경영환경이 호전되면 소비가 증가하고 중소기업 경영환경이 악화되면 소비가 감소할 수 있다. 또한, 중소기업 경영환경은 가계부채 상환능력 및 아파트시장 분위기와 상관관계가 높을 수밖에 없다. 대기업에 근무하는 20%의 근로자만으로 국민경제를 지탱할 수 없기 때문이다.

　부동산 중심의 경제정책 이후 중소기업 경영환경은 점점 더 악화되었다. 재벌의 문어발식 확장 경영은 중소기업 영역을 잠식했고, 경기불황 국면에서는 대부분의 대기업들이 중소기업들에게 위험을 전가시키기도 했다. 자금난에 직면한 중소기업에게 현금을 지급하기보다는 어음을 발행하여 납품 대금을 결제하거나 납품 단가 인하도 망설이지 않왔다. 정치권은 선거 때마다 중소기업 육성책을 공약으로 내세우지만, 일단 집권에 성공하면 대기업 중심의 정책으로 선회했다.

대기업 중심의 경제정책 역시 중소기업의 생존 기반을 약화시킨다는 점에서 중장기적으로 금융위기의 원인이 될 수 있다. 중소기업의 생존 기반이 무너지면 가계가 부실해지고, 일자리가 감소하고, 소비 기반이 무너질 수 있다. 한국경제는 GDP 대비 대외 의존도가 높기 때문에 내수기반이 무너지면 대외환경 변화에 무력해질 수밖에 없다. 경제정책 당국이 뒤늦게 심각성을 깨닫고 대기업에게 중소기업과의 협력관계를 강화할 것을 요구하고 있지만, 경기불황 국면에서도 이러한 관계가 유지될지 의문이다.

은행도 마찬가지다. 금융지식이 부족한 중소기업을 공생관계로 인식하지 않고 착취하는 대상으로 인식하고 있다. 예를 들어, 달러를 원화로 환전하거나 원화를 달러로 환전할 때 중소기업에게 높은 수수료를 요구한다. 그리고 대출기간을 연장할 때마다 대출금리 인상은 물론, '꺾기(대출 조건부 예금 유치)'를 요구하는 것도 어제 오늘의 일이 아니다.

이에 따라 한국에서는 일본이나 대만처럼 세계적인 경쟁력을 가지고 있는 중소기업을 찾아보기 어렵다. 몇몇 중소기업이 히든챔피언(세계적인 경쟁력을 가지고 있는 중소기업)을 지향하고 있지만 대기업이 중소기업의 성장을 방해하고, 정치권과 정부가 대기업과의 유착관계 때문에 대기업의 횡포를 수수방관한다면, 꿈을 가진 중소기업도 결국 날개가 꺾일 수밖에 없다.

중소기업의 인식도 문제다. 능력 있는 인재를 확보하기 어렵다면 외부의 유능한 인재라도 활용해야 하는데, 매우 소극적이다. 예를 들면, 2009년 수출 중소기업을 위기로 몰아넣었던 '키코^{KIKO}'라는 환율연동 파생상품이 대표적인 예이다. 상품 구조도 모르는 은행원 말만 믿고 이 상품을 이용한 다수의 중소기업이 부도위기에 직면했다. 수입업체 역시 환율이 상승할 조짐이 보이면 외부 전문가의 도움을 받지 않고 발만 동동 구르고 있는 것이 현실이다. 이뿐만이 아니다. 환율변동에 따른 위험은 감안하지 않고, 일본 엔화표시 대출금리가 원화표시 대출금리보다 낮다는 이유로 자금을 조달해, 부동산이나 주식에 투자한 결과 자본금이 잠식된 중소기업도 적지 않다.

대학을 졸업하는 학생들도 문제다. 중소기업보다는 정부 투자기관이나 대기업에 취업하기 위해 2~3년 이상 취업 재수를 하는 것도 당연한 것으로 받아들이는 분위기다.

일본과 대만, 중국의 중소기업이 경쟁력을 강화하면서 한국 중소기업은 더욱더 어려운 환경에 직면했다. 적지 않은 중소기업이 중국을 기회의 땅으로 생각하고 진출했으나 중국의 중소기업에게 기술만 유출시키고 투자손실을 입고 말았다. 이제는 한국의 중소기업으로부터 기술을 전수받은 중국의 중소기업들까지 강력한 경쟁자로 부상했다.

중소기업은 한국경제를 지탱하는 기반이다. 중소기업이 튼튼해야 한국경제가 건전하게 성장, 발전할 수 있다. 그리고 외부에서 경제위기가 발생하더라도 충격을 흡수할 수 있다. 그런데 한국은 대부분의 도시 근로자가 근무하는 중소기업 기반이 점차 약화되고 있다. 때문에 대외경제 환경이 악화될 것으로 예상되는 2012년경에는 중소기업 붕괴로 인한 경제위기도 현실화될 수 있다.

해외 악재로 인한
금융위기 가능성

한국은행 통계의 의하면 2008년 기준으로 한국 경제의 대외의존도는 GDP 대비 92%에 육박하고 있다. 대외의존도가 높다는 것은 원자재를 수입하여 가공 후, 소비 또는 수출하는 방법으로 먹고사는 구조로 되어 있다는 의미다. 이에 따라 원자재시장에 문제가 발생하거나 수출시장에 문제가 발생하면 경제가 충격을 받을 수 있다.

한국은 연간 약 8~9억 배럴 정도 원유를 수입하고 있다. 유가가 배럴 당 20달러만 상승하더라도 연간 약 180억 달러 상당의 외화가 추가적으로 지출된다. 그리고 원유가격이 상승하면 가스가격도 상승하고 다른 원자재가격도 동반 상승하기 때문에, 전체 수입액이 250~300억 달러 이상 증가할 수 있다. 나아가 원자재가격 상승은 단순히 무역수지에만 영향을 미치지 않는다. 정유회사는 물론 다른 원자재 가공 업체들도 원자재가격 상승분을 소비자에게 전가시키는 경향이 있기 때문에 가계의 실질소득이 감소할 수 있다.

원자재가격 상승이 부담하기 어려울 정도로 상승하면 금융시장에는 자금경색 현상이 나타나면서 기업의 자금조달 금리가 상승하고, 돈의 흐름이 주식시장에서 국채시장이나 은행 예금상품 시장으로 이동한다. 이에 따라 상장기업의 영업환경이 악화되고 대차대조표와 손익계산서에 영향을 미치게 된다.

곡물가격이 급등해도 세계경제는 불황 국면에 진입할 수 있다. 가계 지출 중에서 음식비 비중이 높기 때문이다. 한국은 2009년 말 기준으로 4인 가족 중산층 가계의 하루 식비가 최소 4만 원인 것으로 조사됐다. 1년이면 약 1,500만 원인데, 이는 가처분 소득의 30% 수준이다. 만약, 곡물가격 상승 등으로 음식비 지출이 10%만 늘어나도 연간 150만 원이 증가하고, 20% 상승하면 300만 원을 추가로 지출해야 한다. 가계 입장에서는 유가가 배럴 당 80달러 상승하는 것보다 곡물가격이 20% 상승하는 것이 지출 규모가 크다. 유가가 상승하면 자가용 운행을 줄이면 되지만, 곡물 소비는 줄일 수도 없기 때문이다. 유가가 배럴 당 120달러까지 상승하면 금융 및 경제위기로 발전하듯이, 곡물가격도 연 평균 30% 정도 상승하면 세계적인 경제위기로 발전할 수 있다. 특히, 2009년 한국의 수출총액에서 개도국에 대한 비중이 70% 이상인 점을 감안할 때, 곡물가격 급등은 개도국 경제위축으로 이어지고 한국 상장기업 매출액과 영업이익 및 경상수지 악화 요인이 될 수 있다.

문제는 곡물가격 급등 가능성이 높아지고 있는데 있다. 기상이변 현상과 자연재해 현상은 이제 예외적으로 발생하는 것이 아니라, 일반적인 현상이 되었기 때문이다. 또한 인구가 많은 중국과 인도경제의 성장은 곡물 수요 급증으로 나타날 수 있다. 곡물가격이 큰 폭으로 상승할 수 있는 요건이 갖추어졌음을 의미한다. 지구과학자들은 농산물 생산량에 영향을 주는 태양 활동도 2013년까지 활성화될 것으로 경고하고 있다. 이 경우, 2012년을 전후로 곡물시장발 경제위기가 현실화될 수 있다.

2008년 미국처럼 세계경제에 영향력이 큰 국가의 경제가 악화될 수 있는 것도 문제다. 유로화 사용 국가들의 재정위기가 재발되거나 경제대국인 일본이 재정위기에 직면하면 한국경제가 충격을 받을 수 있고, 영국에서 재정위기가 발생하더라도 한국경제가 충격을 받을 수 있다. 중국은 말할 것도 없다.

한국 이외의 지역에서 화폐전쟁이 발생해서 특정 국가의 통화가치가 큰 폭으로 하락하면 국제 금융시장에서는 자금경색 현상이 나타나면서 한국의 외환시장과 주식시장이 충격을 받을 수 있다. 또한, 한국과 수출시장에서 치열한 경쟁을 벌이고 있는 일본 엔화가치는 큰 폭으로 하락하고 한국의 원화가치가 큰 폭으로 상승하는 경우에도, 외국인 투자자 이탈과 함께 한국 경제가 충격을 받을 수 있다.

김정일 사후의 북한 권력 승계와 관련된 문제도 대한민국 정부가 해결하기 어려운 외부 악재가 될 수 있다. 김일성에서 김정일로 승계된 북한의 권력구도가 차기에는 순탄치 않을 수 있기 때문이다. 독재국가의 특성상 권력 장악에 실패한 쪽에 줄을 선 사람은 본인과 가족이 투옥되거나 고문까지 당할 수 있다. 그래서 막다른 골목에 몰리면 무엇이든 할 수 있다. 박정희 대통령 서거 이후 정치군인들이 권력을 장악하기 위해 광주시민을 학살했듯이, 북한 군부도 유혈사태를 일으킬 수 있고, 남한에 대한 도발도 배제할 수 없다.

　또한, 북한에 권력 누수 현상이 생기면 북한에 매장된 약 1조 달러 이상의 지하자원을 노리고 미국과 중국이 충돌할 수도 있다. 2010년 천안함 사태 이후 한국이 서해상에서 한미 군사 합동훈련 계획을 발표하자, 중국이 발포하겠다는 엄포를 놓은 것도 북한에 매장된 약 1조 달러에 육박하는 지하자원 보호와 무관하지 않다.

　그리고 김정일 사망 이후에는 북한 주민들에 대한 통제 불능 사태로 발전할 가능성도 배제할 수 없다. 북한 주민들이 중국으로 탈출할 수도 있고, 한국으로 탈출할 수도 있기 때문이다.

　통일이 되더라도 문제다. 독일처럼 남북 간 거주이전이 자유로워지면 상당 기간 경기불황이 지속될 수 있다. 독일은 한국과 달리 오랜 시간 통일을 준비했는데도 통일에 따른 경제적 대가를 치렀고, 10년 이상 통일의 후유증을 경험했다.

　한국은 북한의 붕괴에 대비하여 정치적으로나 경제적으로 준비가 되어 있지 않고, 준비도 쉽지 않다. 따라서 김정일 사후 북한 권력질서 붕괴는 북한뿐만 아니라, 한국의 사회혼란으로 이어질 수 있다. 이 경우, 지금까지 남북 간에 있었던 국지적인 긴장관계와는 전혀 다른 성격의 사태로 발전할 수 있다.

─── 화폐전쟁 깊이 읽기 ❼ ───
정부 정책을 이용하는 화폐전쟁

경제정책을 이용하는 화폐전쟁

자본주의 경제질서 유지에 있어서 경제정책은 매우 중요하다. 정부는 경기불황기에 경기회복을 위해 부동산정책 및 신성장동력산업 육성 등의 다양한 경제정책을 내놓는다. 반대로 경기가 과열되면 부동산 경기 억제 대책 및 재정 긴축정책을 통해 경기과열을 억제하기도 한다. 이에 따라 정부의 경제정책은 재테크시장에 중요한 가격변동 요인이 된다. 국제 투기성 자본이나 일반 투자자들이 정부 정책을 이용하여 투자전략을 세우기 때문이다.

그러나 정부의 경제정책이 금융위기의 원인이 될 수도 있다. 기업들이 성장을 위해 대규모 투자를 하지만, 실패할 경우 부도위기에 직면하는 것과 같은 원리다. 실제로 정부의 경제정책 실패 때문에 위기가 발생한 사례도 적지 않다. 2008년 미국발 금융위기의 원인 중 하나도

2000년 닷컴시장 붕괴 이후 저금리 기조를 장기간 유지했기 때문이다. 이에 따라 투자자금이 부동산시장으로 과다하게 유입되어 거품이 발생하고 거품이 붕괴된 것으로 평가할 수 있다.

　1997년 한국의 외환위기 역시 정부의 외환시장 개입이 중요한 원인이라고 할 수 있다. 1994년부터 무역수지 적자가 매년 발생하고 있었음에도 불구하고 독재정권은 환율상승을 억제하고 해외여행을 자유화했고, 그 결과 경상수지적자가 누적되어 외채가 급증한 것이다. 2008년 3월 이후 급등한 환율도 정부의 외환정책 실패와 무관하지 않다. 당시 경제정책 최고 책임자가 경상수지 악화를 우려하여 환율상승 유도발언을 한 것도 원인이지만, 자산운용회사와 증권회사들이 해외 부동산과 주식투자 허용 정책을 이용하여 거품이 발생한 해외 부동산과 주식시장에 투자했다가 큰 손실을 본 것도 원인이다. 이에 따라 국제 투기성 자본은 한국의 외환정책 실패를 이용하여 보유하고 있던 주식을 처분하고 주가지수선물 매도와 선물환 매수 포지션을 확대했다. 또한, 환율파생상품인 '키코'를 개발하여 한국의 시중은행들에게 판매하는 방법으로 금융시장과 실물경제를 공격했다. 이에 따라 주가지수는 1년 만에 반 토막이 났고, 환율은 50% 이상 상승했으며, 중산층 붕괴로 부동산시장 기반도 무너지고 말았다.

　부동산 정책도 마찬가지다. 부동산 거품붕괴를 막기 위해 은행 부채를 통한 부동산 거품유지 정책을 펼치면 중장기적으로 더 큰 위험을 초래할 수 있다. 투기성 재화시장의 가격결정원리상 은행 차입을 통해 거품이 발생하면 반드시 붕괴되기 때문이다.

　지방자치단체가 벌이고 있는 대형 프로젝트 사업도 부동산 경기침체가 장기화될 경우, 재정위기의 원인 중 하나가 될 수 있다. 수도권 지자체의 부채증가 속도를 감안하면 현실화될 가능성이 높다. 경기도 성남시처럼 무리하게 호화청사를 건립했거나 사업성 검토 없이 추진 중인 대형 공사가 적지 않다는 점에서, 지자체의 부채 지불 유예(모라토리엄) 선언을 배제할 수 없다. LH 공사 등이 부도위기에 직면한 건설 회사를 구제하기 위해서 지방의 미분양 아파트를 매입하거나 4대강 사업을 강행하는 정책도 재정 및 금융위기의 원인이 될 수 있다. 부동산 정책 하나 하나만 놓고 보면 국민경제에 충격을 줄 정도는 아니지만, 이러한 부동산 정책 실패가 누적되면 금융 및 경제위기의 진원지 역할을 할 수 있다.

　기획재정부에 의하면 2009년 말 기준으로 한국의 재정적자는 공기업 부채를 포함할 경우, GDP의 55% 수준인 584조 원이다. 이중 공기업 재정적자는 전년 대비 20% 이상 증가했다. 2010년 5월 기획재정부 관계자는 2011년 국가부채도 2009년 대비 10%(약 40조 원) 증가한 447조 원을 넘길 것으로 예상하기도 했다. GDP는 연 5% 안팎으로 성장하는데 국가부채와 공기업 부채가 연 10~20%정도 증가하면, 한국도 2015년경에는 재정적자 규모가 GDP 규모에 육박하면서 그리스처럼 재정위기 문제가 현실화될 수 있다.

자본의 국제간 이동이 자유로운 화폐전쟁 시대에는 국제 투기성 자본은 이와 같은 정부의 정책 실패를 그대로 두지 않는다. 경제정책에 심각한 문제가 있다고 판단되면 이를 집중적으로 부각시키는 방법으로 화폐전쟁을 통해 국민들의 재산을 빼앗아 간다.

금융정책을 이용하는 화폐전쟁

　2008년 미국발 금융위기가 조기에 극복될 수 있었던 것은 미국을 비롯한 세계 각국이 정책 공조를 통해 기준금리를 인하하고 재정지출을 늘렸기 때문이다. 만약, 2008년 미국발 금융위기 국면에서 미국 정부가 공격적으로 시장에 개입하지 않았다면, 미국경제는 물론 세계경제가 공황상태로 발전했을 가능성을 배제할 수 없다. 그리고 충격이 클수록 경기가 회복되더라도 다시 경기가 둔화되는 더블딥 현상이 필연적으로 나타날 수밖에 없었을 것이고, 미국 달러 기축통화 질서도 붕괴되었을 것이다. 실업률도 정부가 개입하지 않았더라면 1930년대 대공황 직후처럼 크게 높아졌을 것이다.

　중국도 마찬가지다. 2008년 10월 이후 중국 정부가 4조 위안 이상의 재정지출을 통해 경기침체를 막고, 각종 세제 혜택 등으로 소비를 진작시켰기 때문에 중국경제가 세계에서 가장 먼저 회복될 수 있었다. 2008년도 노벨 경제학상을 수상한 폴크루그먼 교수의 권고대로, 정부가 공격적으로 재정지출을 확대해 통화 공급을 늘리고 기준금리를 인하했기 때문에, 사상 최악의 경제상황에서도 전문가들의 예상보다 빨리 위기에서 벗어날 수 있었던 것으로 평가할 수 있다.

반대로 경기과열을 억제하기 위한 정책 당국의 금융정책 역시 금융시장과 실물경제에 영향을 미치기 마련이다. 금융정책 때문에 주식투자의 기대수익률보다 채권투자의 기대수익률이 높아지면, 돈의 흐름은 빠르게 주식시장에서 채권시장으로 이동하는 경향이 있다. 예를 들어, 투자여력이 큰 부자일수록 안전자산 선호도가 높기 때문에 금리를 더 이상 인상하지 않는 시점이 되면 채권투자의 비중을 높이는 경향이 있다.

국제 투기성 자본은 이와 같은 정부의 금융정책을 적극적으로 이용한다. 2009년 3월 경기불황 공포가 전 세계로 확산될 무렵, 미국계 투기성 자본이 전 세계를 무대로 주가지수 상승을 견인한 것이 대표적이다.

다만, 금융정책의 효과가 나타나는 데 시간이 필요하므로 국제 투기성 자본은 이를 감안하여 접근한다. 2005년부터 2009년까지 5년 동안 한국과 중국, 미국의 금리정책과 주식시장의 관계를 살펴보면, 정부의 금리정책이 주식시장에 영향을 미치는데 상당한 시차가 있음을 알 수 있다. 한국의 경우, 2004년부터 2007년까지 기준금리가 상승하는 동안에도 주가지수는 상승 추이를 보였지만, 2008년 들어 더 이상 금리가 상승하지 않자 돈의 흐름이 주식시장에서 국채시장으로 이동하면서, 주가지수가 1년 동안 고점 대비 40% 정도 하락하는 현상이 나타났다.

[표5-4] 한국의 콜 금리와 주가지수 추이

	2004년	2005년	2006년	2007년	2008년	2009년
콜금리(%)	3.50	3.50	4.50	5.25	4.00	2.00
코스피지수(P)	895	1,379	1,434	1,897	1,124	1,682

자료 : 한국은행, 연말기준, 콜 금리

금융시장이 가장 발달한 미국의 기준금리와 주가지수 관계도 마찬가지다. 2004년부터 2007년 8월까지는 기준금리 인상에도 불구하고 주가지수가 상승했다가, 2007년 9월부터 2008년 말까지는 기준금리가 역사상 바닥 수준에 도달할 때까지 주가지수가 하락했다. 2009년에는 금융정책 당국이 더 이상 기준금리를 인하하지 않자, 돈의 흐름이 주식시장으로 바뀌면서 세계적인 경기불황 국면에서도 주가지수는 풍부한 유동성에 힘입어 상승했다.

[표5-5] 미국의 연방기금금리와 다우지수 추이

	2004년	2005년	2006년	07년 9월	2007년	2008년	2009년
기준금리(%)	2.25	4.25	5.25	4.75	4.25	0.25	0.25
다우지수(P)	10,783	10,717	12,463	13,895	13,264	8,776	10,428

자료 : 한국은행, 연말(월말) 기준

중국도 기준금리와 주가지수 관계를 보면 비슷한 움직임을 보인다. 2004년부터 2007년 10월까지 기준금리 상승 국면에서 상해(B시장) 주가지수는 75에서 380까지 상승 추세를 이어갔다. 하지만, 2008년 세계적인 경기불황 국면에서 금융정책 당국이 금리를 인하하면서부터 주가지수가 하락하기 시작해, 금리가 바닥 수준에 도달한 2008년

10월에는 주가지수가 88선까지 하락했다. 그러나 정부의 재정 및 금융정책에 힘입어 2009년 말 252까지 약 180% 이상 급등했다.

이와 같은 현상이 나타나는 이유는 시장 영향력이 큰 국제 투기성 자본의 '주가형성 원리에 충실한 합리적인 투자전략' 때문이다. 주가는 궁극적으로 상장기업의 성장성(매출액 증가율)과 수익성(영업이익), 현금흐름을 반영하기 때문에, 이들은 기준금리가 상승하더라도 성장성과 수익성이 담보된다면 매수 규모를 늘리고, 반대로 기준금리를 인하하더라도 상장기업의 성장성과 수익성이 악화된다면 보유하고 있는 주식을 공격적으로 처분하고 있다. 이는 정부 정책 효과가 발생하는 데 걸리는 시차를 이용하는 전략이라고도 할 수 있다.

정부의 경기불황 극복 전략은 화폐전쟁의 시작

일반적으로 경기가 나빠지면 악순환 고리가 형성되는데, 대략적인 순서는 다음과 같다. 처음에는 경기둔화 조짐이 있으면 외국인 투자자 이탈과 함께 주가지수가 먼저 하락한다. 다음으로 가계의 자산가치가 감소하면서 소비가 둔화되면, 기업 매출액이 감소하고 자금경색 현상이 나타난다. 그 다음에는 기업부도로 실업자가 증가하고 일자리가 줄어들면서 금융회사 부실채권이 증가한다. 이 경우, 환율은 추가 상승하고 주가지수도 더욱 떨어지게 된다.

[그림5-1] 경기불황 파급 경로

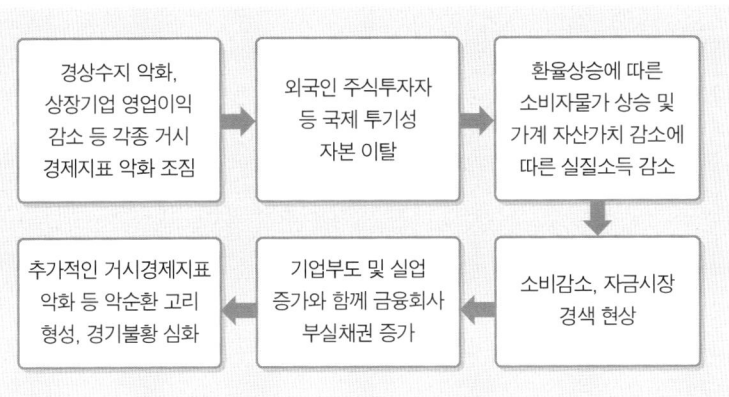

재정 및 금융정책 당국은 이러한 악순환 고리를 끊기 위해 기준금리를 인하하고, 지급준비율을 낮추고, 본원통화 공급을 늘리거나 은행채나 회사채를 직접 인수하기도 한다. 또한, 재정지출을 통해 경기불황이 심화되는 것을 차단하기도 한다.

그러나 경기불황이 시작되는 초기에 기준금리를 인하하면 오히려 주가지수가 하락하는 경향이 있다. 정부가 경기불황을 확인하고 금리인하를 하는 것도 문제지만, 국채가격 상승으로 돈의 흐름이 주식시장에서 국채시장으로 바뀌기 때문이다. 그리고 이러한 시기에는 환율도 동반상승하는 경향이 있다. 이에 따라 국제 투기성 자본은 정부가 경기불황을 극복하기 위해 기준금리를 인하하면 주식을 매도하고 국채를 매수하는 기회로 활용하고 있다. 또한, 상대적으로 안전한 국가의 국채투자를 늘리는 과정에서 환율이 상승하기 때문에, 선물환을 매수하는 방법으로 위험도 관리하면서 환차익을 추구하기도 한다.

반대로 정부의 경기불황 극복 대책에 힘입어 환율이 정점을 찍은 후 하락하기 시작하면, 국제 투기성 자본은 환율효과를 기대하고 경기불황 국면에서 가격이 큰 폭으로 하락한 주식에 더 투자한다. 환율이 하락한다는 것은 상장기업의 영업이익이 증가하거나 외국인 투자자금 유입에 힘입어 달러 공급이 증가한다는 의미이기 때문에, 주식시세 차익과 환차익도 기대할 수 있기 때문이다.

〔표5-6〕 2008년 이후 2009년까지 거시경제지표 추이

	2007년	2008년 상반기	2008년	2009년 상반기	2009년
GDP성장률(%)	5.1	0.8	2.3	1.3	0.2
시장금리(%)	6.73	6.68	8.35	5.21	5.35
본원통화량(조)	50.3	51.3	59.3	59.5	62.6
코스피지수	1,897	1,674	1,124	1,390	1,682
원/달러(원)	936	1,046	1,259	1,273	1,164

자료 : 한국은행, 월(년)말 기준

따라서 경제정책 당국의 경기불황 극복전략은 대규모 자금을 운용하는 국제 투기성 자본에게 화폐전쟁의 시작을 알리는 신호가 된다. 한발 늦게 매도하거나 투자하면 수익률이 낮아지고 위험이 커지기 때문이다. 국제 투기성 자본이 경기불황 초기에 장밋빛 전망을 제시하고 경기회복 초기에 악재를 부각시키는 이유이기도 하다.

경기호황과 경기불황이 반복되는 이유는 대부분 정책 당국의 재정

및 금융정책과 국제 투기성 자본의 이동에 따른 화폐적 현상에 기인한다. 따라서 시장참여자들은 자국 화폐와 기축통화인 달러의 상호작용 관계에 대한 공부를 통해 화폐전쟁에서 승리할 수 있다. 그리고 매수 및 매도 시점을 결정하는 신호도 이러한 상호작용 관계, 즉 환율변동에서 찾을 수 있다. 예를 들어, 환율이 더 이상 상승하지 못하면 주가지수가 더 이상 하락하지 않는다는 신호로 해석할 수 있다. 환율변동은 통화량 증감을 수반하고 상장기업의 매출액과 영업이익에 큰 영향을 미치기 때문이다.

New and accurate Mappe of the World, drawne

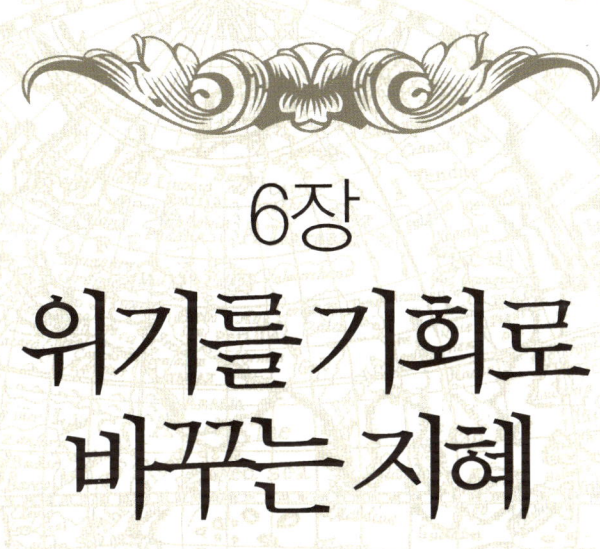

6장
위기를 기회로
바꾸는 지혜

어차피 피할 수 없는 화폐전쟁이라면 이 전쟁을 즐겨보도록 해보자. 자산시장은 거품발생과 거품붕괴가 반복될 수밖에 없기 때문에, 위기를 기회로 만들면 화폐전쟁을 즐길 수 있다. 주가지수 대세하락 초기에는 외화예금으로 즐기고, 환율 대세하락 초기에는 수출 비중이 높은 기업에 대한 주식투자로 화폐전쟁을 즐길 수 있다. 부동산시장도 마찬가지다. 모두가 공포에 떨고 있을 때, 환율을 이용하면 스릴을 만끽할 수 있다. 은행이 고객을 상대로 모럴 해저드를 밥 먹듯이 하듯이, 고객도 은행을 이용하는 투자 전략으로 위기를 기회로 활용할 수 있다.

경기불황 때
부자가 된 사람들

미국의 유력 경제지 〈포브스Forbes〉는 매년 세계 억만장자Billionaire를 발표한다. 억만장자는 보유하고 있는 재산의 가치가 10억 달러 이상인 개인을 기준으로 한다. 개인이 소유한 기업의 지분과 부동산, 그림, 보석, 요트, 비행기 등이 포함된다. 흥미로운 것은 2010년 2월 발표한 억만장자 순위에 지각변동이 나타났다. 마이크로소프트 전 회장 빌게이츠가 1위에서 2위로 밀려난 것도 이채롭지만, 미국인도 아니고 선진국 국민도 아닌 멕시코 국민이 1위에 랭크된 것은 신선한 충격이다.*

2010년 억만장자의 반열에 오른 부자들의 순자산 총액이 경기불황 국면에서 오히려 50% 증가한 것도 흥미롭다. 세계적인 경기불황 국면

---

* 멕시코 통신 재벌 카를로스 슬림 헬루. 535억 달러. 지난해 3위

에서 새롭게 등장한 억만장자의 자산운용 방법도 관심거리다. 2010년 초에 선정된 억만장자의 재산은 대부분 금융자산인데, 2009년 세계적인 경기회복 국면에서 용감하게 주식에 투자한 결과이다.

2009년 1~3월은 전 세계 주식시장에 공포 분위기가 확산되던 시기였다. 한국과 미국에서는 주가지수가 이미 반 토막이 났고, 더 떨어질 수 있다는 공포 분위기가 확산되고 있었다. 누리엘 루비니 뉴욕대 교수는 더블딥 우려를 제기했고, 증권전문가들도 2008년 초와 달리 2009년 증시 전망에 대해 부정적인 보고서를 언론 등에 공개했다.

일반적으로 이러한 분위기에서는 2009년 상반기 한국 사례에서 알 수 있듯이, 일반 투자자들은 보유 주식을 손해가 발생한 상태에서 매도하는 경향이 있다. 그리고 주식보다는 채권이나 은행예금을 선호하는 경향이 있다. 그러나 2010년 〈포브스〉에 새롭게 이름을 올린 억만장자들은 일반 투자자들과 달리 이 시기에 오히려 주식을 적극적으로 매수했다. 이들은 공포 분위기 속에서 용감하게 저평가된 블루칩을 매입했고, 시장에서 적정한 가치를 찾을 때까지 기다린 것이다.

2010년 〈포브스〉 선정 억만장자의 재테크 전략은 재테크시장 참여자들에게 어떠한 투자전략으로 접근하는 것이 현명한지 보여주었다는 점에서 의미가 크다. 서양 격언에 '시간은 돈이다(Time is Money)'라는 말이 있다. 시간을 절약해야 한다는 의미지만 시간을 유용하게 사용하고 때를 현명하게 선택하라는 의미도 있을 것이다. 아마도 억만장자들은 이 말을 투자 시점을 선택하는 기준으로 이해하고 있는 듯하다.

또한, 이들의 입장에서 보면 한국의 재테크시장은 개미 투자자들도 부자가 될 수 있는 필요충분 조건을 갖춘 시장으로 평가할 수 있다. 3~5년을 주기로 환율상승과 환율 하락 및 큰 폭의 주가지수 상승과 큰 폭의 주가지수 하락이 반복되고 있기 때문이다. 그리고 한국경제가 안고 있는 여러 문제점과 수출주도형 산업구조를 감안할 때, 앞으로도 이러한 현상이 반복될 가능성도 높다. 2010년 3월, 〈포브스〉가 선정한 세계 2000대 기업 중 한국 기업이 41개나 되는 것도, '위기는 기회'인 곳이 한국 재테크시장이라는 것을 보여준다.

이해를 돕기 위해 2007년 9월 미국에서 발생한 '서브프라임 사태' 전후를 예로 들어보자. 당시 원/달러 환율이 너무 낮아 수출업체들은 아우성이었고 경상수지는 흑자에서 적자로 반전되었다. 경상수지 악화는 상장기업이 수출시장에서 재미를 보지 못하고 있다는 반증이다. 또한, 외화표시 예금을 하고 주식을 매도하라는 신호로 해석할 수 있다.

반면에 2009년 3월은 원/달러 환율이 달러 당 1,500원을 넘어섰고, 엔화가치는 달러 당 90엔 대까지 상승했다. 한국 수출기업에게는 호재이고 일본 수출기업에게는 악재라는 의미다. 코스피 지수는 1,000선이었고, 주가수익률은 9배 이하였다. 외화예금을 해지하고 주식에 투자하라는 신호로 해석할 수 있다. 필자가 2007년 말에 엔화표시 예금을 조언하고 2009년 3월에 외화예금을 해지하여 주식투자 비중을 늘릴 것을 제안한 배경도 이러한 성질을 이용하는 투자전략이다. 나아가

이 책에서 필자가 독자에게 권고하고 있는 화폐전쟁에서 승리할 수 있는 핵심 전략이기도 하다. 과거에도 국제 투기성 자본은 환율을 이용하여 화폐전쟁을 해왔고, 앞으로도 환율이라는 도깨비방망이를 가지고 재테크시장을 공략할 것이기 때문에 유효한 투자전략이 될 수 있다. 이유는 환율이 상장기업의 영업이익에 미치는 영향이 금리나 다른 어떤 주가 영향요소보다 크기 때문이다.

다만, 행동으로 옮길 수 있는지가 중요하다. 경제전문가들과 증권전문가들까지 공포분위기를 조성하는 상황에서 용감하게 투자할 수 있는 사람은 많지 않다. 그러나 〈포브스〉에 선정된 사람들은 행동으로 옮겼다. 이들이 환율과 실물경제 및 금융시장의 상호작용 관계를 알고 있기 때문이다. 현실성 없는 경제이론으로 무장한 사람이 아니라, 재정 및 금융정책의 효과와 환율효과에 힘입어 실질 GDP가 증가하고, 상장기업 영업이익이 큰 폭으로 증가한다는 사실을 알고 있었기 때문이다.

따라서 일반 투자자들도 이 책에서 기술하고 있는 내용대로 화폐현상이 실물경제 및 금융시장에 미치는 영향을 공부하면 성공할 수 있다. 특히, 한국의 재테크시장은 일반 투자자들도 부자가 될 수 있는 필요충분한 조건을 갖추고 있는 시장이므로, 행동으로 옮기기만 하면 된다.

유비무환 有備無患

중국경제가 비약적으로 발전하고 있는 배경은 중앙정부 차원의 단계별 중장기적인 성장 전략이다. 1980년대에는 농업혁명을 유도했고, 1990년대 중반부터는 해외 자본을 유치하여 중국의 공업화를 유도했다. 그리고 2005년부터는 산업구조 고도화를 추진하는 단계적인 절차를 밟았다.

재테크시장 참여자들도 주식이나 부동산에 투자할 때는 전략을 세워야 하는데, 올바른 전략을 세우려면 다음과 같은 준비가 필요하다. 환율에 영향을 미치는 거시경제지표를 점검해야 하고, 은행의 외화 차입 규모, 수출기업들과 해외 주식형 펀드의 선물환 거래 관련 정보도 살펴봐야 한다. 나아가 화폐의 역할과 재정 및 금융정책을 이해해야 한다. 어려울 것 같지만 상식적으로 접근하면 쉽다. 만약, 정부가 통화량을 공급하는 방법으로 경기를 부양한다면, 돈이 어떻게 상장기업의 수중으로 들어가는지 상상해 보면 알 수 있다. 돈은 물건을 팔아야 벌 수 있기 때문에 통화량 증가는 당연히 상장기업 영업이익에 영향을 미치고 이는 주식에 대한 수요증가로 나타나게 된다. 반대로 자산시장에 거품논쟁이 있는 상황에서 돈의 흐름이 국내에서 해외로 이동하면, 거의 예외 없이 환율상승으로 이어지고 거품이 붕괴되는 과정을 밟는다.

해외 부동산과 주식에 투자할 때는 더욱 철저하게 준비해야 한다. 대상 국가의 GDP에서 수출이 차지하는 비중은 얼마인지, 어떤 품목이 주력 수출 상품인지, 경제정책은 중장기적인 관점에서 이루어지는지, 아니면 임시방편적으로 이루어지는지 등의 기본적인 정보를 수집해야 한다. 다음으로 투자 시기를 결정할 수 있는 정보가 필요하고, 자금은 어떻게 조달할 것인지에 대한 의사결정이 필요하다. 거품논쟁이 있는 시점에 은행 차입을 통해 투자하는 것은 물고기가 눈앞에 보이는 미끼에 현혹되어 낚시 바늘을 삼키는 것과 같다. 일단 낚시 바늘을 물면 빠져나가기 어렵고, 낚시 바늘을 물고 파닥 거릴수록 고통만 심해지고 죽음만 가까워질 뿐이다.

따라서 머니 게임에서 실패하지 않으려면 중장기적인 관점에서 재테크시장 접근 전략을 수립해야 한다. 눈앞에 보이는 현상을 추세적인 것으로 인식하고 은행 대출을 통해서 주택을 구입하면, 1990년대 초반 일본 국민들과 2007년 이후 미국인들처럼 노숙자로 전락하거나 저소득층으로 전락할 수 있다. 예를 들어, 은행에서 50% 이상 대출을 받아 주택을 구입한 사람은 주택가격이 20~30%만 하락하더라도 금융비용 및 재산세 때문에, 본인의 재산은 하나도 남지 않고 은행부채만 남게 된다. 따라서 부동산투자는 최소한 3년 앞을 내다보고 결정해야 한다.

환율에 영향을 미칠 수 있는 정보도 항상 수집해야 한다. 적정한 환율 수준이 얼마인지 항상 관심을 가져야 하고, 환율에 영향을 미칠 수 있는 제반 요소를 점검해야 한다. 기업은 경영자와 외환 담당자 모두 환율 관련 정보를 공유해야 한다. 그래야 외환시장 환경 변화 시 조직 전체가 빠르게 대응할 수 있다.

환율의 중요성은 화폐전쟁의 역사를 통해 알 수 있다. 지폐본위제도 및 변동환율제도가 정착된 1971년 이후 화폐전쟁은 거의 예외 없이 환율이라는 무기가 사용되었다. 1971년 미국 닉슨 대통령이 금과 달러의 태환을 중지시키자 금값이 폭등한 것도 달러가치 하락(평가절하)을 의미한다는 점에서 환율 문제다. 1985년 프라자 합의 이후 미국계 투기성 자본의 일본 금융시장 공략도 환율에 기초한 화폐전쟁이다. 1997년 아시아 외환위기는 달러 부족이 원인이라 점에서 화폐전쟁 자체가 환율전쟁이다. 그리고 아시아 외환위기 극복 과정에 있었던 국제 투기성 자본의 아시아 자본시장 공략도, 사실은 환율을 이용한 아시아 지역 주식과 채권투자 전략이다. 화폐전쟁이 환율전쟁이라는 것은 국제 투기성 자본이 투자하는 주식 종목을 보면 알 수 있다. 그들은 대부분 환율효과가 큰 기업 중심으로 포트폴리오를 구성하고 있다.

국제 투기성 자본이 경기불황 국면에서 보유하고 있는 주식을 공격적으로 매도하는 이유도 환율과 관계가 있다. 환율이 높은 수준에서 하락하는 국면에 있는 국가의 주식을 공격적으로 매수하는 것도 환율효과를 이용하는 대표적인 투자전략이다. 환율이 높은 수준에서 하락하면 소비자물가가 안정되어 가계의 실질소득이 증가하고, 이는 금융회사 대출금 상환능력 향상으로 이어지게 된다. 수입업체의 경우, 환율 상승 과정에서 환차손이 크게 발생하지만, 환율이 다시 하락하는 국면에서 환차손이 감소하기 때문에 재무구조도 건실하게 된다.

한국에 투자하고 있는 외국인 투자자들의 2007년 하반기 이후 환율과 주식순매수 관련 추이를 보면 이들의 투자전략을 알 수 있다. 이들은 환율이 상승하는 국면에서는 주식을 매도했고, 환율이 하락하는 국면에서는 매수했다.

〔표6-1〕 2007년 이후 환율과 주가지수 관계

	2007년 말	2008년 말	2009년 2월	2009년 6월	2009년 말
원/달러(원)	936	1,259	1,534	1,273	1,164
코스피지수(P)	1,897	1,124	1,063	1,390	1,682
외국인 투자	순매도	순매도	매도급감	순매수	순 매수

자료 : 한국은행, 외국인 투자는 기간 개념

위기는 곧 기회다

　유태계 투기성 자본이 국제 금융시장을 지배하는 원리는 위기를 기회로 이용할 줄 아는 능력이라고 할 수 있다. 이들이 대부분의 화폐전쟁에서 승리하는 이유는 네 가지 정도로 요약할 수 있다. 첫째, 환율을 중심으로 금융시장 환경을 분석한다. 환율은 해당 국가, 또는 상장기업의 펀더멘털을 반영하기 때문에, 환율결정원리를 알면 지금이 위험을 관리해야 되는 시기인지, 투자의 적기인지 알 수 있다.

　둘째, 토론식 학습법도 그들이 세계 금융시장을 지배할 수 있는 숨겨진 비밀이다. 토론을 한다는 것은 다른 사람의 의견을 존중하는 동시에, 자신이 몰랐던 지식이나 정보의 사각지대를 없애는 것을 의미한다.

　셋째, 기회가 오면 민첩하게 행동하는 것도 화폐전쟁에서 승리하는 비결이다. 이들은 다수의 시장 참여자들이 확신을 가지지 못하고 머뭇

거릴 때도, 토론식 학습법의 장점을 이용하여 자신감을 가지고 과감하게 행동으로 옮기는 경향이 있다.

넷째, 유태계 투기성 자본은 경제 환경이 최악으로 치닫는 시점에서 공포 분위기를 조성하는 방법을 쓴다. 공포에 질린 일반 투자자들이 손해를 보더라도 보유 주식이나 외화를 매도하도록 유도하는 것이다. 2009년 초 한국의 외화유동성 위기를 여론화해 큰 폭의 환율상승을 유도한 것이 대표적이다.

시장 참여자들이 이러한 경쟁 속에서 승리하려면 정보를 종합적으로 분석할 수 있어야 한다. 재테크시장에서는 부분적으로 옳은 정보라고 하더라도 전체 시장 질서에 부합되지 않는 정보가 많기 때문이다. 예를 들어, 특정 기업의 매출액이 증가하고 영업이익이 증가하더라도 나머지 상장기업들의 경영환경은 악화되는 경우가 적지 않다. 또한, 수출로 성장하는 기업이라고 해도 수출액이 증가하거나 감소하는 경우도 다양하다. 원화가치 등락이 원인일 수 있고, 엔화가치 등락이 원인일 수도 있다. 그도 아니면 수출시장 환경이 원인일 수 있다.

무엇보다 정보 분석이 정확해야 한다. 경제학 교과서 이론과 달리 통화량이 증가하더라도 화폐가치는 오히려 상승할 수 있고, 감소하더라도 소비자물가가 상승하거나 환율이 하락하는 상황도 발생할 수 있다. 재정정책도 마찬가지다. 민간부문이 위기에 직면해 있을 때는 정부의 재정지출이 호재로 작용하지만, 민간부문의 활동이 회복되면 과다한 재정적자가 악재로 작용할 수 있다. 정부가 긴축정책으로 선회할 수 있기 때문이다. 재정지출을 하더라도 그 용도가 어딘지가 중요하다. 재정위기도 경제 환경 변화에 따라 해결될 성질의 재정위기가 있고, 상당 기간 해결되기 어려운 재정위기도 있을 수 있다.

원자재시장도 마찬가지다. 밀의 생산량이 감소하더라도 대체 관계에 있는 옥수수 생산량이 큰 폭으로 증가한다면 밀 가격이 오히려 하락할 수 있다. 또한 유가가 상승하면 옥수수와 사탕수수를 가지고 에탄올을 생산하기 때문에, 유가가 상승하더라도 밀, 옥수수, 설탕 값이 상승할 수도 있다.

때를 살펴라

 대부분의 재테크시장 참여자들이 투자에 실패하는 원인은 주식 종목이나 아파트, 오피스텔 등과 같은 투자 대상을 잘못 선정한 것이 아니다. 외화표시 예금을 해야 하는 시기에 주식투자를 했고, 주식투자를 해야 하는 시기에 외화표시 예금을 했거나, 부동산시장의 거품붕괴가 임박한 시점에 투자했던 것이 중요 원인이다.

 부동산시장만큼 성패 여부를 판단하기 쉬운 시장도 없다. 그럼에도 불구하고 투자자 다수는 부동산시장에서 대부분 희생되고 있다. 수요와 공급에 영향을 미치는 요인을 점검하지 않고 투자하기 때문이다. 좀 더 구체적으로 살펴보자. 가계 평균 소득 대비 부동산가격이 지나치게 높은 상황이라면, 부동산 경기가 좋아서 공급량이 늘더라도 머지않아 수요는 감소할 것이다. 이런 상황에서 시장금리까지 상승한다면 대출금리 부담 때문에 더욱더 수요가 감소할 수 있다. 설상가상으로 환율까지 상승한다면? 소비자물가 상승으로 가계의 실질소득이 줄어들기 때문에 대부분의 가계가 주택을 구입할 여력이 없어지게 된다. 이처럼 수요는 감소하고 공급이 증가할 수밖에 없는 상황이라면 시간의 문제이지 거의 예외 없이 부동산가격은 하락한다. 따라서 이러한 시기에는 아무리 위치가 좋다고 하더라도 투자하면 실패할 확률이 90% 이상이다.

재테크시장 상호 간에 작용하는 성질을 이용해 투자 시기를 결정하는 방법도 있다. 예를 들면, 환율변동은 상장기업의 매출액과 영업이익에 영향을 미치고, 상장기업이 발행한 주식과 채권가격(시장금리)에 영향을 미친다. 따라서 환율결정원리를 이해하면 지금이 주식에 투자할 때인지, 아니면 부동산에 투자할 때인지, 그도 아니면 외화예금을 할 때인지를 알 수 있다.

일반적으로 환율이 상승한다는 것은 외화의 공급보다 외화의 수요가 증가하는 데 원인이 있기 때문에, 수요와 공급에 미치는 요소를 점검하면 된다. 예를 들어, 외화의 부족 원인이 경상수지 적자에 있다면, 상장기업들이 무역을 통해서 손해를 보고 있다는 반증이기 때문에 주식투자는 위험하다. 그리고 외화 수요 증가 요인이 외국인 투자자자들의 공격적인 주식 매도에 있다면 더욱더 주식투자를 해서는 안 된다.

반대로 환율하락은 상장기업들이 해외 무역에서 흑자를 보고 있다는 의미이므로 주가상승 요인이다. 게다가 환율이 높은 수준에서 외국인 투자자들까지 주식투자 규모를 늘리고 환율이 떨어진다면, 주식투자를 늘리는 것이 수익률 제고에 유리하다.

통화 및 금융정책을 기준으로 어떤 시장에 투자하는 것이 유리한지도 알 수 있다. 기준금리 인상 여론이 조성되는 시기는 경기가 좋아지고 있다는 신호이면서, 상장기업 매출액이 증가하고 영업이익이 개선되고 있다는 신호이기 때문에, 주식투자 시기가 될 수 있다. 반대로 기준금리를 더 이상 인상하지 않거나 기준금리 인하가 필요하다는 여론이 형성되면 주식시장에서 떠나는 것이 안전하다.

마지막으로 정보 분석능력이 앞선 국제 투기성 자본의 동향을 확인하는 것도 잊지 말아야 한다. 국제 투기성 자본 역시 투자 대상을 선정하는 기준은 같기 때문이다. 또한, 내국인 투자자들과 달리 어떤 국가가 가장 유리한지 선택할 수 있기 때문에, 이들의 동향을 제대로 파악하면 화폐전쟁에서 승리할 확률은 90% 이상으로 높아진다.

지형지물을 이용하라

전쟁에서 승리하려면 전략만으로는 불충분하다. 전략에 부합되는 전술이 필요하다. 전술을 실행할 때는 지형지물을 잘 이용해야 성공 확률을 높일 수 있는데, 이는 재테크시장도 마찬가지다.

재테크시장 환경은 채권시장이나 환율연동 상품에 투자하는 것이 유리하다고 나오는데, 이를 무시하고 기술적 지표를 토대로 주식에 투자하면 실패하기 십상이다. 또한, 주식시장 대세상승 국면인데도 기술적 분석에 기초하여 매매를 빈번하게 해도 실패할 가능성이 크다. 또한, 앞뒤 따져보지도 않고 시장 분위기에 편승하여 빈번하게 대상 종목을 바꿔도 투자금액 전부를 잃을 수도 있다.

대출을 받아 투자한다면 더욱 신중해야 한다. 은행 대출금액과 대출기간을 얼마로 하는 것이 유리한지 본인의 대출 원리금 상환능력과 향후 부동산시장 및 주식시장 환경을 체크해야 한다. 10년 이상 장기 대출을 받았는데 주택가격이 3년 이후부터 하락세로 반전된다면, 본인의 자산은 공중으로 증발하고 은행 부채만 남을 수 있기 때문이다. 또한, 시장금리가 상승하면 대출 원리금을 상환하지 못해 연체이자가 발생할 수 있기 때문에, 향후 금리 전망을 토대로 고정금리 조건부 대출이 유리한지, 아니면 변동금리 조건부 대출이 유리한지 판단해야 한다.* 앞으로 금리가 어떻게 될지 알 수 없다면 대출 금액을 절반으로 나눠 고정금리와 변동금리를 동시에 적용하는 방법도 있다.

거품논쟁이 있는 시장에는 참여하지 않아야 한다. 대부분의 투자자들이 거품논쟁이 있는 시장에 뛰어들고 있으나, 과거 경험상 성공한 사례를 찾아보기 어렵다. 언제 터질지 모르는 폭탄이 돌아가고 있는 시장에 뛰어드는 것과 같은 무모한 행동이기 때문이다.

반대로 거품이 붕괴된 시장은 정책 당국의 노력과 '보이지 않는 손'이 작동하면서 정상 가격으로 복원되기 마련이다. 공포 분위기 속에서 일시적으로 움츠리고 있더라도 인간은 먹고, 자고, 입어야 하기 때문에 시간이 지나면 소비는 살아나기 마련이다.

따라서 시장 참여자들은 특정 재테크시장에 거품논쟁이 발생하면 안전한 시장으로 피하고, 거품이 붕괴되어 신음소리가 들리는 시장에 투자하는 전략으로 접근해야 안전하면서 수익률도 높다.

---

* 향후 금리가 하락할 것으로 예상되면 변동금리가 유리하고, 향후 금리가 상승할 것으로 예상되면 고정금리가 유리하다.

스스로에게 질문하라

　재테크시장은 이해집단들의 전쟁터다. 이들은 각종 정보를 왜곡하거나 과장하는 방법으로 이익을 추구한다. 부동산시장을 예로 들어보자. 언론은 광고를 확보하기 위해 이해관계자들의 이익을 대변하는 역할을 하기 때문에 보도내용을 비판 없이 받아들이면 위험하다. 건설회사와 정치가, 국토해양부라는 정부 조직이 발표하는 내용도 마찬가지다. 이들은 기본적으로 부동산 경기 활성화를 추구하는 집단이기 때문이다. 금융회사들도 부동산시장의 중요한 이해관계자이다. 부동산을 담보로 대출을 해주기 때문에 부동산가격이 하락하면 위기에 직면할 수 있기 때문이다. 지방 자치단체도 마찬가지다. 부동산 개발이 활발할수록 재산세 수입이 증가하기 때문이다. 이외에 부동산정보 제공업체, 대학 부동산 학과도 부동산 경기가 침체되면 불리하기 때문에 부동산시장의 이해집단이라고 할 수 있다.

그래서 이들이 제공하는 부동산 관련 정보는 대부분 객관성이 약하다. 심지어 관련 통계를 왜곡하기도 한다. 예를 들면, 미분양 아파트 관련 통계를 시행사와 회사 직원 명의로 분양받은 물량을 제외하고 보도하는 것이다.(미분양 주택 규모 축소 발표) 주택보급률 통계도 왜곡하는 경향이 있다. 가격은 수요와 공급에 의해 결정되는 데, 매도 호가를 기준*으로 부동산가격 상승률 정보를 제공한다. 이는 어제 오늘의 이야기가 아니다.

주식시장도 예외는 아니다. 증권회사, 상장기업, 금융정책 당국, 정치가들이 중요한 이해관계자들이다. 이들도 주식시장이 활황을 보여야 유리한 집단이기 때문에, 이들이 제공하는 정보 역시 주가하락보다는 주가상승과 관련된 정보가 대부분이다. 거품이 붕괴될 수밖에 없는 환경임에도 불구하고 투자자를 안심시키는 정보를 제공하는 것이다.** 따라서 이들에게도 객관적인 정보를 기대할 수 없다.

외환시장도 마찬가지다. 은행은 환차손을 고객에게 전가시키는 것이 관례화되어 있다. 대기업 계열사인 민간경제연구소의 정보도 대부분 객관적이지 못하다. 환율변동에 따라 상장기업의 매출액과 영업이익이 크게 달라지고 주가지수도 변동하기 때문에 객관적인 분석을 하

---

* 그럼에도 주택가격이 더 이상 상승하지 못하고 하락한다면 부동산 경기 장기불황의 신호로 해석해야 한다.
** 그럼에도 주가지수가 큰 폭으로 하락한다면 주식시장이 위험하다는 신호로 해석할 수 있다.

지 않고 희망하는 전망을 내놓는 경향이 있다.

원자재 관련 정보도 왜곡되기는 마찬가지다. 부동산시장이나 주식시장 이해관계자들 다수는 부동산이나 주식시장 거품발생은 합리적이고, 원자재가격 상승은 비정상적이라는 논리로 정보를 제공하기도 한다. 원자재가격이 상승하면 불리하기 때문이다. 그리고 한국은행은 소비자물가 안정을 원하는 조직이기 때문에 가능한 원자재가격이 안정될 수 있는 정보를 제공한다. 경제정책 당국도 원자재가격이 상승하면 경상수지가 악화될 수 있기 때문에, 가능한 원자재가격 상승 가능성이 없다거나, 가격이 상승하더라도 소폭 상승에 그칠 것으로 전망하는 경향이 있다.

이처럼 권모술수가 난무하는 화폐전쟁에서 성공하기 위해서는 스스로 정보를 판단할 수 있는 능력이 있어야 한다. 하지만 쉽지 않은 것이 현실이다. 이러한 문제를 해결하려면 전문가들의 상반된 논리를 비교해보거나, 나와 다른 견해를 피력하는 전문가의 목소리에 귀를 기울일 줄 알아야 한다.

무엇보다 이해관계자들이 제공하는 정보가 잘못인 줄 알면서도 시장 분위기에 편승하는 것을 피해야 한다. 그러려면 자신의 마음을 잘 다스려야 하는데, 투자하기 전에 아래의 질문을 자신에게 해보면 많은 도움이 될 것이다.

- 첫째, "현 시점에서 나는 왜 주식이나 부동산에 투자하려고 하고,

지금 투자하면 내 목적을 달성할 수 있을까?"

- 둘째, "미래지향적으로 볼 때, 나는 투자 대상의 현재 가치(가격)가 적정한 수준이라고 보는가?"
- 셋째, "가격이 상승하면 수요가 증가하고 가격이 하락하면 수요가 감소하는 투기 수요곡선의 성격을 감안할 때, 지금 매도하거나 매수하면 나중에 후회하지 않을까?"
- 넷째, "필자가 지금 추격 매수하거나 추격 매도하고 있지는 않나?"
- 다섯째, "내 소득 수준과 지출 수준을 감안할 때, 자산가치가 20% 정도 감소하더라도 은행 대출 원리금을 상환할 능력은 있나?"
- 여섯째, "내가 환율의 경기 자동조절 기능을 중시하는 국제 투기성 자본이라면 현 시점에서 어떻게 할까?"

화폐전쟁 깊이 읽기 ❽
거품발생과 붕괴의 반복

거품발생과 거품붕괴 반복의 원인

① 실물경제와 금융시장의 성장 속도 충돌

주식시장과 채권시장은 상장기업의 얼굴이며, 부동산시장은 가계와 기업의 부동산 구입 능력을 반영한다. 즉, 기업과 가계의 부가가치창출 능력 및 소득수준과 관련이 있다. 외환시장은 국민경제 전체를 반영하는 성격이 있어서 정부와 기업, 가계의 얼굴이라고 할 수 있다.

한편, 투기성 재화시장에서는 앞에서 얘기한 대로 가격이 빠르게 상승하기 때문에 실물경제 성장 속도와 충돌하게 된다. 그리고 은행 대출을 통한 투자로 가격이 상승한 경우, 대출금 상환 등의 원인으로 시장의 에너지가 고갈되면 더 이상 상승하지 못하고 폭락하게 된다. 대출을 받은 투자자들이 불안해할 것이고, 만약 이런 상황에서 악재가

터진다면 부채가 많은 투자자들은 앞다투어 투기성 재화를 매도할 것이다. 이 과정에서 가격은 큰 폭으로 하락하고 거품은 붕괴된다.

2004년 이후 한국과 미국, 중국의 실물경제 동향을 나타내는 경제성장률과 금융시장을 반영하는 주가지수 관계를 보면 성장 속도가 크게 차이남을 알 수 있다.(표6-2 참조) 그리고 실물경제가 투기성 재화가격의 상승 속도를 따라가지 못하면 결국 가격이 하락한다는 것도 알 수 있다.

〔표6-2〕 2004~2007년 한·중·미 3국의 경제성장률과 주가지수 추이

GDP 성장률(%)	2004년	2005년	2006년	2007년	2008년
한국	4.6	4.0	5.2	5.1	2.2
중국	10.1	10.4	11.6	13.0	9.6
미국	3.6	3.1	2.7	2.1	0.4

주가지수(P)	2004년	2005년	2006년	2007년	2008년
한국	896	1,379	1,434	1,897	1,124
중국	75	62	130	366	111
미국	10,783	10,717	12,463	13,264	8,776

자료 : 한국은행, 주가는 코스피지수, 상해B지수, 다우지수, 연말 기준.

② 전산시스템의 발달

전산시스템의 발달로 자본의 국제간 이동이 빨라진 것도 거품생성과 거품붕괴의 중요 원인이다. 주식시장이 좋으면 주식시장에 공격적으로 투자하고, 부동산시장이 좋으면 너도나도 부동산에 투자하는 투

자자의 심리를 더욱 표출시킨 셈이다. 반대의 상황도 마찬가지다. 시장 환경이 나빠지면 경쟁적으로 매도하는 과정에서 매물이 또 다른 매물로 이어진다. 여기에 국제 투기성 자본까지 가세하면 가격은 적정 수준보다 더욱 높게 상승하고, 이들이 이탈하면 거품이 붕괴되는 과정을 밟는다.

③ 정부의 재정 및 금융정책

정부의 시장 개입도 거품발생과 붕괴가 반복되는 중요한 이유다. 정책 당국은 경기불황 국면에서 기준금리를 인하하고, 통화량과 재정지출을 늘리는 경향이 있다. 반대로 경기호황 국면에서는 기준금리를 인상하고 재정긴축을 실시해 경기과열을 억제하는 경향이 있다. 이에 따라 경기불황과 경기호황이 반복되고, 실물경제 동향을 반영하는 재테크시장에도 거품생성과 거품붕괴가 반복된다.

또한, 정책 당국이 기준금리를 지나치게 낮은 상태로 장기간 유지하면, 투자자들은 자금을 은행에 예금하지 않고 투기성 재화인 주식이나 부동산에 투자하기 때문에 거품이 발생한다. 반대로 정책 당국이 경기과열을 우려하여 기준금리를 여러 차례 인상해서 금리가 높아지면, 돈의 흐름은 안전한 금융상품 시장으로 바뀐다. 이 경우 거품이 발생한 시장은 그 에너지가 고갈되기 때문에 붕괴되고 만다.

④ 대출로 부동산과 주식에 투자

금리가 낮으면 대출을 받아서 투자하더라도 수익이 발생한다. 그러나 은행에서 대출받은 돈은 언젠가 갚아야 하는데, 그 사이 투기성 재화의 가격이 하락하면 투자자는 불안해진다. 은행은 담보가치가 하락하면 대출금 상환을 요구하고, 증권회사가 공여하는 신용대출은 증거금이 부족하면 강제로 매각하는 시스템으로 운용되고 있기 때문이다. 이 경우, 매물이 또 다른 매물을 부르면서 가격은 빠르게 하락한다. 거품발생보다 거품붕괴가 훨씬 더 빠르게 진행되는 이유다. 즉, 은행 대출로 투자하는 투자자들과 금융시스템이 투기성 재화시장을 붕괴시키는 '보이지 않는 손'이라고 할 수 있다. 이는 국제 투기성 자본도 예외가 아니다.

⑤ 화폐유통속도

화폐유통속도 역시 거품생성과 거품붕괴가 반복될 수밖에 없는 이유다. 화폐수량방정식(MV=PT)을 가지고 이를 설명하면 다음과 같다. 돈이 특정 투기성 재화시장에서 빠져나가 해당 시장의 화폐유통속도 'V'가 둔화되면 재화의 가격 'P'는 떨어지게 되고 거품이 붕괴된다. 반대로 거품붕괴로 'P'가 지나치게 하락하면 정부의 재정 및 금융정책으로 해당 시장에 다시 돈이 유입되면서 화폐유통속도가 빨라지게 된다.(거래량 증가 수반) 그리고 가격이 적정 수준 이상까지 상승하면 다시 거품논쟁이 발생한다.

⑥ 정보의 과장과 왜곡

투기성 재화시장의 이해관계자들은 정보를 과장하거나 왜곡하는 방법으로 가격 상승을 유도한다. 심지어 악재를 호재로 둔갑시키거나 악재를 침소봉대하는 경향이 있다. 이에 따라 경기호황 국면에서는 거품이 발생하고 경기불황 국면에서는 거품이 붕괴되는 현상이 반복된다.

재정위기 극복 전략과 부작용

2010년 상반기 유럽발 재정위기의 교훈은 "GDP 대비 재정적자 비중이 높은 국가는 국내외 경제 환경이 악화되면 언제든지 재정위기로 발전할 수 있다."라는 것을 보여주었다. 그리고 "경기불황을 극복하기 위해 재정지출을 늘리면 일시적으로는 좋아질 수 있지만 다시 재정위기를 겪을 수 있다."라는 것도 보여주었다.

재정적자는 국민의 조세부담으로 해결돼야 하기 때문에 언젠가는 민간부문에서 부담하게 된다. 그러나 조세를 부담해야 할 민간경제가 어려워지면 정부 부채는 시간이 갈수록 증가할 수밖에 없다. 즉, 금융 및 경제위기 발생 → 재정지출을 통한 위기극복 → 대규모 재정적자 발생 → 저성장 구조 고착화 및 실업률 증가 → 재정지출 증가라는 악순환이 형성된다.

대표적인 예가 일본이다. 1998년 후반 일본의 재정위기가 금융시장에 충격을 줄 무렵, 일본의 GDP 대비 재정적자는 150% 수준에 불과했다. 그러나 10년이 지난 2009년 말 재정적자는 GDP 대비 217%를 넘어섰다.(삼성경제연구소) 20년 동안 조세수입보다 재정지출이 많았기 때문이다.

이에 따라 GDP 대비 재정적자 비중이 높은 국가는 재정적자를 줄이기 위해 고민하고 있지만 재정위기 탈출은 쉽지 않다. 경기불황이 시작되면 또 다시 재정지출이 증가하고, 재정적자가 누적되면 국채발행 금리 부담 등의 추가적인 재정지출을 초래하기 때문이다. 더구나 가계소득 대비 부채비율이 지나치게 높을 경우, 인플레이션을 유도해 명목소득을 증가시키는 방법도 여의치 않다. 인플레이션을 유도하면 가계의 실질소득이 감소하기 때문에 대출금 상환이 어려워져서 또 다시 금융위기로 발전할 수 있다. 따라서 인플레이션 유도를 통한 재정위기 극복 전략은 자칫 금융위기로 발전할 수 있다.

환율상승을 유도하는 전략도 쉽지 않다. 잘못하면 국제 투기성 자본과 내국인 투자자의 이탈로 외화유동성 위기 사태로 발전할 수 있기 때문이다. 2008년 하반기 이후 한국을 보면 알 수 있다. 재정적자가 심각하지는 않았지만 외화부채가 많은 상태에서 환율변동에 따른 위험 관리에 실패하자 외화유동성 위기가 발생했다. 당시 외환정책 당국자의 환율상승 유도 발언과 미국발 금융위기를 계기로 환율은 1년 동안 50% 이상 상승했고, 그 결과 환위험관리를 했던 해외 주식투자자들과 선물환 매도 포지션이 많았던 조선업체, 외화부채가 많은 기업들이 희생되었다. 수입업체도 환율 급등으로 부도위기에 직면했고, 해외 유학생 자녀를 둔 가계도 큰 충격을 받았다.

　공무원 인건비를 동결하거나 정부가 주도하는 각종 공공사업을 줄이는 긴축정책을 통한 재정위기 극복 전략은 민간경제 위축으로 나타날 수 있다. 재정적자를 줄이기 위해 전력이나 수도와 같은 국가 기간산업을 민간이나 해외에 매각하는 방법도 있을 수 있다. 하지만 이 경우 공공요금 인상으로 이어져 근로자의 실질소득이 감소하면서, 가계소득 대비 부채가 많은 국가의 경우 또 다른 위기로 발전할 수 있다.

　정치권의 불균형 성장전략도 재정적자 규모가 클 경우 문제가 될 수 있다. 이론적으로는 대기업 성장을 통한 경기회복 정책이 재정적자를 줄일 수 있다. 그러나 현실에서는 이와 반대의 결과를 가져올 수 있다. 불균형 성장전략으로 빈부의 격차가 확대되면 재정적자가 오히려 심화되기 때문이다. 2010년 아파트 거래 부진을 해소하기 위한 정부의 DTI 규제 완화 정책이 대표적이다. 건설회사와 은행을 보호하기 위해 국민들에게 대출한도를 늘려주는 방법으로 문제를 해결코자 한 것이다. 이러한 정책은 단기적으로는 거품발생의 원인으로 작용하고, 중장기적으로는 가계부채와 재정적자 증가 원인으로 작용하기 때문에 거품붕괴의 원인이 된다.

[맺음말]

최근 환율전쟁이
실물경제에 미치는 영향

　　최근 외환시장 환경은 '환율 세계대전'을 방불케 한다. 미국은 중국 위안화의 평가절상을 유도하기 위해 IMF와 세계은행을 통해 중국을 압박했고, 2010년 11월 한국에서 개최될 G20 정상회의에서도 위안화 평가절상 문제를 정식 의제로 추진했다. 이에 대해 중국 원자바오 총리는 지난 10월초 유럽 순방길에서 "위안화가치가 미국 등 선진국의 요구대로 지금보다 20~30% 정도 평가절상될 경우, 중국경제는 물론 세계경제에 재앙이 될 수 있다."라고 경고했다. 나아가 그는 "미국의 대중국 무역수지 적자는 위안화 평가절상을 통해 해결될 성질이 아니다."라고 강변하면서, "중국은 한국과의 무역에서 적자를 기록하고 있으므로 위안화보다 한국의 원화가치가 더 저평가되어 있다."라는 논리로 미국의 위안화 평가절상 압력에 대응했다.

2010년 10월 들어서는 세계 각국이 서로를 불신하는 '죄수의 딜레마'에 빠졌다. 미국은 중국을 불신하고, 중국은 미국을 의심하고, 유로 선진국과 브라질은 미국과 중국을 싸잡아 비난하고 있다. 심지어 미국 하원이 '인위적으로 외환시장에 개입하는 국가를 보복할 수 있는 법안'을 통과시키면서 미국과 중국의 갈등은 더욱 심화되었다. 수출시장에서 한국과 경쟁하고 있는 일본은 한국의 외환시장 개입을 불신하고 있다. 일본 재무상은 2010년 10월 "한국이 G20 의장국으로서 책임을 다하지 않을 경우, 추궁당할 수 있다."라고 경고했다. 이와 관련하여 세계은행 총재는 "국가 간 환율전쟁으로 보호무역이 확산될 경우, 1930년대 세계 대공황 이후처럼 세계경제가 위기에 직면할 수 있다."라고 우려하기도 했다. 다행히 2010년 경주에서 개최된 G20 재무장관 회의에서 환율 관련 제도를 '시장결정적인 환율제도'로 전환키로 합의했지만, 강제할 수 있는 수단이 없어 효과는 미지수다.

　한편, 미국계 금융회사와 미국 국민은 경기불황 극복 과정에 증가한 달러를 경제성장 속도가 빠른 아시아 지역 및 브라질 등에 투자해, 이들 국가의 통화가치 강세를 유도하는 방법으로 주식시세차익과 환차익을 노릴 것이다. 중국도 경상수지 흑자로 얻은 달러를 미국과 일본, 한국의 증시에 투자해, 달러 약세를 저지하는 동시에 엔화 및 원화 강세를 유도하려고 할 것이다. 미국과 중국 모두 환율이 외화의 수요와 공급에 의해 결정되는 성질을 이용하여 자국 산업을 보호하는 전략이다.

　반대로 달러가 유입되는 국가는 자산시장 거품발생에 따른 거품붕괴와 환율하락에 따른 수출둔화 및 실물경제 위축을 우려할 수밖에 없다. 일본은 기준금리 인하 및 추가적인 양적완화 정책을 검토하고 있고, 브라질은 해외자본 유입 시 조세를 더 많이 부과하는 방법을 검토하고 있다. 대만, 태국 등 아시아 경상수지 흑자 국가들도 대부분 외환시장 개입을 통해 환율 방어에 나설 것이다.

그렇다면 세계적으로 확산되고 있는 환율전쟁의 배경은 무엇일까? 크게 3가지로 요약할 수 있다. 첫째, 2008년 10월 이후 미국발 금융위기를 계기로 미국 등 선진국 중산층이 희생된 것이 중요한 원인이다. 선진국의 중산층 붕괴가 내수기반 약화로 이어졌고, 이에 따라 경기회복의 실마리를 수출시장과 금융시장에서 찾을 수밖에 없게 되었다. 둘째, 선진국의 기술이 개도국으로 이전되면서 기술격차가 빠르게 좁혀지자, 경쟁구도가 품질경쟁에서 가격경쟁으로 바뀐 것도 환율전쟁을 할 수밖에 없는 중요한 이유 중 하나다. 여기에다 세계 각국이 미국발 금융위기 극복을 위해 쓴 재정정책의 '약발'이 2010년 2분기부터 떨어지기 시작했다. 그러자 세계 각국은 수출시장에서 경기회복의 실마리를 찾기 위해 자국의 통화가치 하락을 경쟁적으로 유도하고 있다. 셋째, 미국의 과다한 달러공급 정책도 환율전쟁의 중요한 요인이다. 과다하게 풀린 달러가 경제성장 속도가 빠른 국가로 유입되어, 해당 국가의 통화가 강세로 반전되면서 실물경제에 부정적인 영향을 주자, 이들 국가도 환율전쟁을 피할 수 없게 되었다.

2010년 발생한 환율전쟁의 배경을 보면 장기간 지속될 것임을 예고하고 있다. 붕괴된 중산층이 복원되는 데 많은 시간이 걸릴 것이고, 높은 실업률도 느리게 회복될 것이고, 선진국과 개도국 간 기술격차도 점점 좁혀질 것이기 때문이다. 미국의 추가적인 양적완화 정책도 기대되지만, 문제는 부작용이다. 세계 각국이 환율전쟁에 동참하면 보호무역주의로 회귀할 수밖에 없고, 수출의존도가 높은 국가의 경제는 충격을 받게 된다. 수출지향적인 산업구조를 가진 한국의 경우, 환율하락 속도도 중요하지만 얼마나 하락할지가 관건이다. 환율이 하락하더라도 점진적으로 하락하고 적정 수준 이상에서 유지되면 부작용이 크지 않을 수 있다. 그러나 환율 하락속도가 빠르고 하락 폭이 클 경우에는 부작용이 나타날 수 있다.

　추가적인 원화 강세 요인도 적지 않다. 2010년의 경제성장률은 예상보다 높고, 경상수지 흑자도 연초 목표였던 150억 달러를 3분기에 95억 달러 초과 달성했다. 순대외채권과 외화보유액도 증가 추세고 외국인 증권 투자자금 유입도 지속되고 있다. 한국은행 통계에 의하면 2010년 1월부터 9월까지 외국인 증권 투자자금이 273억 달러 이상 유입되었다. 외화보유액은 2010년 9월 말 기준으로 2,997억 달러를 넘어섰다. 수급 문제만 놓고 보면 달러 당 1,100원 선 붕괴는 시간문제라고 할 수 있다. 정부가 외화보유액을 늘리는 방법으로 외환시장에 간접적으로 개입할 수 있으나, 단지 환율하락 속도만 늦출 수 있을 뿐이다.

[그림7-1] 2010년 하반기 이후 원/달러 환율 추이

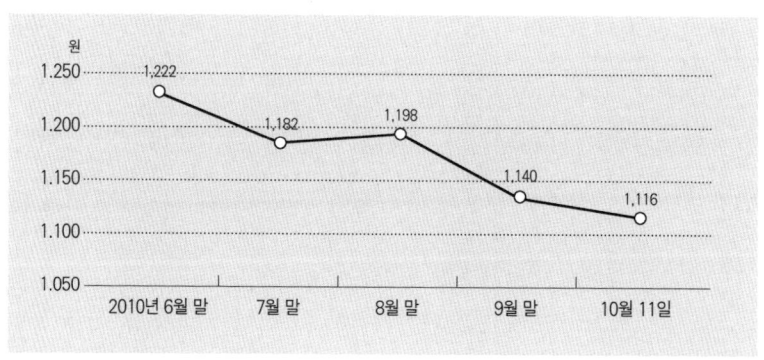

자료 : 한국은행, 월말 기준

경상수지가 균형을 이루는 환율수준도 달러 당 1,100원 이하다. 2010년 상반기 평균 환율은 1,154원이었는데, 경상수지가 9월까지 245억 달러 흑자를 기록했다는 것은 적정 환율수준(균형 환율)이 달러 당 1,100원 이하라는 것을 의미한다. 다만, 외국인 투자자들이 2010년 한국 증권투자에서 얻은 환차익과 주식 및 채권투자 평가차익이 경상수지 흑자 금액 이상인 것으로 추정되는데, 이를 감안하면 적정 환율수준은 달러 당 1,150원 이상이다. 외환정책 당국이 달러 당 1,100원대 초반 수준을 민감하게 받아들이는 이유도, 추가적인 환율하락에 따른 외환시장 불안 및 국민경제 충격 우려 때문이다.

기술적 측면에서도 환율은 추가적인 하락이 예상된다. 2007년 경기 호황 국면에서 연간 평균 환율이 927원이었으므로, 현재 하락 추세에 있는 환율도 기술적으로는 930원대까지 하락할 수 있다.

[그림7-2] 2007년 이후 반기별 환율변동 추이

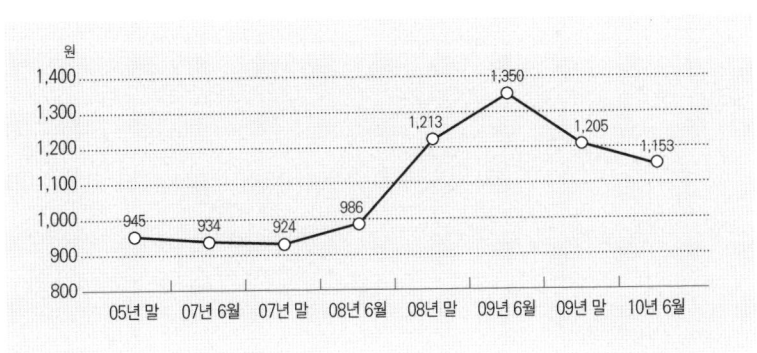

자료: 한국은행, 6개월 평균 환율

2001년 이후 연도별 환율추이를 보더라도 이를 알 수 있다. 2006~2007년 동안 경상수지 흑자가 50억 달러까지 하락했는데도, 환율효과가 사라질 때까지 환율은 하락 추세를 이어갔다.

그러나 중장기적으로 보면 환율상승 요인도 적지 않다. 한국은 석유를 연간 9억 배럴 정도 수입하기 때문에, 유가가 배럴 당 평균 10달러 상승하면 약 90억 달러 정도의 달러 수요가 증가한다. 그리고 2011년 국제 유가 수준이 월가 전문가들의 예상대로 배럴 당 평균 90달러 이상까지 상승하고 환율이 달러 당 1,050원까지 하락하면, 경상수지 흑자가 크게 둔화해서 환율하락 폭이 제한될 것으로 예상된다. 석유를 제외한 원자재시장도 중장기적으로 한국경제에 부담이 될 수 있다. 약 27억 명의 인구를 가진 중국과 인도, 브라질 경제가 빠르게 성장하고

[그림7-3] 2001년 이후 연도별 환율변동 추이

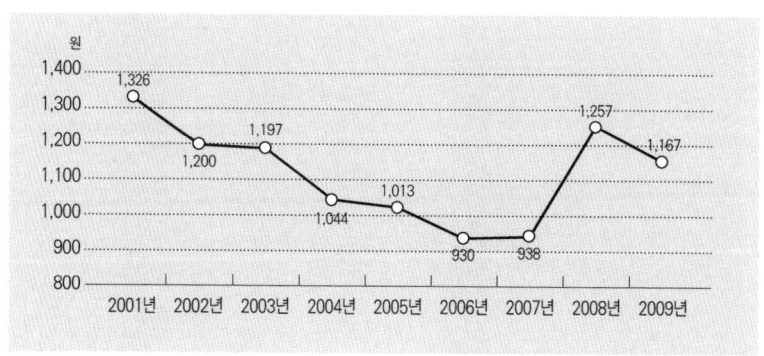

자료 : 한국은행, 연말 환율

있는 것도 수급 측면에서는 원자재가격 상승 요인이고, 미국이 달러 약세를 유도하고 있는 것도 원자재가격 상승 요인이기 때문이다. 한국은행 통계를 보면, 2006년 유가 수준이 한국경제가 부담하기 어려울 정도로 상승해 경상수지가 크게 악화되자, 외국인 투자자들이 이탈하면서 환율이 안정되었다. 2008년 초 이후에는 경상수지가 적자로 반전되자, 환율이 상승세로 반전됐다.

이밖에도 원/달러 환율하락을 제한하는 요인은 많다. 국내 요인으로는 가처분소득 대비 과다한 가계부채 문제, 소득 대비 지나치게 높은 주택가격 수준, 고령화 사회 진입에 따른 잠재성장률 둔화 및 재정지출 증가, 주가지수 상승에 따른 주식시장 거품논쟁, 정부의 외환정책 등이다. 국외 요인으로는 GDP 대비 재정적자가 과다한 일부 국가에

[표7-1] 2006년 이후 유가와 경상수지 및 환율 추이

	2006년	2007년	2008년	2009년
국제유가(WTI)	61	96	45	79
원/달러 환율(원)	929	938	1257	1167
경상수지(억 달러)	54	59	-58	427
증권투자(억 달러)	-232	-260	-241	507

자료 : 한국은행, 환율은 연말기준, 유가는 배럴/달러

서 재정위기가 발생할 가능성, 환율전쟁을 벌일 수밖에 없는 세계경제 환경 등이다.

무엇보다 환율수준 그 자체가 중요한 환율안정 요인이다. 환율이 경기를 자동으로 조절하기 때문이다. 예를 들어, 2009년 1분기처럼 환율이 비정상적으로 상승하면 경상수지가 크게 증가(수출 증가 및 수입 감소)해 외국인 투자자금이 유입되고, 이에 따라 환율이 큰 폭으로 하락하게 된다. 반대로 2007년 4분기 이후처럼 환율이 적정 수준 이하까지 하락하면, 수출이 감소하고 상장기업 채산성이 악화돼서 환율 상승 요인으로 작용하게 된다.

이미 일부 산업에서는 수출 감소를 우려하는 목소리가 들리고 있다. 적정한 환율수준이 달러 당 1,150원인 섬유업계는 비상대책 마련에 들어갔고, 자동차업계 관계자는 "1,100원대 이하에서도 견딜 수 있지만 환율이 10원 하락할 때마다 매출액이 2,000억 원 감소한다."라며 계속되는 환율하락을 우려했다.

2010년 10월 경주에서 개최된 G20 재무장관회의에서는 선진국과

개도국 간의 환율제도를 '시장 지향적'에서 '시장 결정적'으로 합의했다. 이에 따라, 경상수지 흑자 국면에서는 환율하락 폭이 커질 수 있고, 경상수지 적자 국면에서는 환율상승 폭이 커질 것으로 예상된다. 또한, 선진국이 가지고 있는 IMF 지분을 개도국에 양보하는 대신 개도국이 외환시장 개입을 자제키로 한 것도, 과거보다 환율변동 확대 요인으로 작용할 수 있다.

지금까지 얘기한 외환시장 환경을 종합해보면 다음과 같다. 앞으로는 환율변동 폭이 커질 것이기 때문에 경제활동 참여자들은 환율이 하락할수록 이에 상응하는 전략을 마련하는 것이 안전하다. 유학생 자녀를 둔 가계는 가능한 송금시기를 늦춰야 하고, 환율이 박스권에 횡보할 때 외화표시 예금을 들어 환율 상승에 대비하는 것이 좋다. 수출업체는 추가적인 환율하락에 대비해 비용절감 대책을 마련해야 하고, 균형 환율 수준 이하까지 하락하기 전에 선물환 매도 등의 방법으로 위험을 관리해야 한다. 재테크시장 참여자들은 환율이 균형 환율 수준까지 하락할 경우, 위험자산 비중을 줄이고 안전자산 비중을 높이는 전략이 효과적이다. 특히, 부동산시장 참여자들은 환율이 낮은 시기에는 외화 예금에 투자했다가, 환율이 상승하면 외화 예금을 해지한 자금으로 부동산을 구입하는 전략이 효과적이다. 환율이 상승하면 부동산가격이 하락하는 경향이 있기 때문이다.

화폐전쟁3.0
운명을 건 머니 파워게임의 진실

초판 1쇄 발행 2010년 12월 3일
초판 6쇄 발행 2021년 8월 26일

지은이 쑹홍빙
펴낸이 김선식

경영총괄 김은영
콘텐츠사업1팀장 임보윤 **콘텐츠사업1팀** 윤유정, 한다혜, 성기병, 문주연
마케팅본부장 이주화 **마케팅2팀** 권장규, 이고은, 김지우
미디어홍보본부장 정명찬
홍보팀 안지혜, 김재선, 이소영, 김은지, 박재연, 오수미
뉴미디어팀 김선욱, 허지호, 염아라, 김혜원, 이수인, 임유나, 배한진, 석찬미
저작권팀 한승빈, 김재원
경영관리본부 허대우, 하미선, 박상민, 김민아, 윤이경, 이소희, 이우철, 김재경, 최완규, 이지우, 김혜진

펴낸곳 다산북스 출판등록 2005년 12월 23일 제313-2005-00277호
주소 경기도 파주시 회동길 490
전화 02-702-1724 팩스 02-703-2219 이메일 dasanbooks@dasanbooks.com
홈페이지 www.dasan.group 블로그 blog.naver.com/dasan_books
종이 (주)한솔피앤에스 출력·인쇄 (주)북토리

ISBN 978-89-6370-422-7 (03320)

· 책값은 뒤표지에 있습니다.
· 파본은 구입하신 서점에서 교환해드립니다.
· 이 책은 저작권법에 의하여 보호를 받는 저작물이므로 무단 전재와 복제를 금합니다.

다산북스(DASANBOOKS)는 독자 여러분의 책에 관한 아이디어와 원고 투고를 기쁜 마음으로 기다리고 있습니다.
책 출간을 원하는 아이디어가 있으신 분은 다산북스 홈페이지 '투고원고'란으로 간단한 개요와 취지, 연락처 등을 보내주세요.
머뭇거리지 말고 문을 두드리세요.